Joey Mandel

WARUM MACHST DU DAS?

Sozial-emotionale Auffälligkeiten
von Grundschülern hinterfragen
und angemessen reagieren

IMPRESSUM

Titel der deutschen Ausgabe
Warum machst du das? – Sozial-emotionale Auffälligkeiten von Grundschülern hinterfragen und angemessen reagieren

Titel der kanadischen Originalausgabe
Moment to Moment: A positive approach to managing classroom behavior.

© der kanadischen Originalausgabe
Pembroke Publishers Ltd. 2014

Autorin
Joey Mandel

Titelbildmotiv
© Rıza – Fotolia.com

Illustrationen
Anja Boretzki

Übersetzung
Regina Erich

Druck
Heenemann GmbH & Co. KG,
Berlin, DE

Bearbeitung für Deutschland

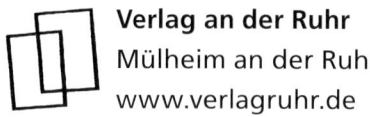

Verlag an der Ruhr
Mülheim an der Ruhr
www.verlagruhr.de

Geeignet für die Klassen 1–4

© der deutschen Ausgabe
Verlag an der Ruhr 2016
Nachdruck 2020
ISBN 978-3-8346-3209-8

Urheberrechtlicher Hinweis
Das Werk und seine Teile sind urheberrechtlich geschützt. Jede Verwendung in anderen als den gesetzlich zugelassenen Fällen oder außerhalb dieser Bedingungen bedarf der vorherigen schriftlichen Einwilligung des Verlages. Im Werk vorhandene Kopiervorlagen dürfen vervielfältigt werden, allerdings nur für Schüler*innen der eigenen Klasse/des eigenen Kurses. Die dazu notwendigen Informationen (Buchtitel, Verlag und Autorin) haben wir für Sie als Service bereits mit eingedruckt. Diese Angaben dürfen weder verändert noch entfernt werden. Die Weitergabe von Kopiervorlagen oder Kopien (auch von Ihnen veränderte) an Kolleg*innen, Eltern oder Schüler*innen anderer Klassen/Kurse ist nicht gestattet.
Der Verlag untersagt ausdrücklich das Herstellen von digitalen Kopien, das digitale Speichern und Zurverfügungstellen dieser Materialien in Netzwerken (das gilt auch für Intranets von Schulen und sonstigen Bildungseinrichtungen), per E-Mail, Internet oder sonstigen elektronischen Medien außerhalb der gesetzlichen Grenzen. Kein Verleih. Keine gewerbliche Nutzung.
Bitte beachten Sie zusätzlich die Informationen unter www.schulbuchkopie.de.

Soweit in diesem Produkt Personen fotografisch abgebildet sind und ihnen von der Redaktion fiktive Namen, Berufe, Dialoge u. Ä. zugeordnet oder diese Personen in bestimmte Kontexte gesetzt werden, dienen diese Zuordnungen und Darstellungen ausschließlich der Veranschaulichung und dem besseren Verständnis des Inhalts.

INHALTSVERZEICHNIS

Vorwort 7
Vorwort der Autorin 10
Danksagung 13
Einführung 14
Fallbeispiele 16
Das Sozial-emotionale Curriculum 19
Zur Anwendung des Buches 23

1 KINDER IM UNTERRICHTSALLTAG FÖRDERN

Verhaltensauffälligkeiten hinterfragen 27
Sozial-emotionale Fähigkeiten
und Fertigkeiten verstehen .31
Kompetenzen gezielt fördern 47
Förderung nach dem
Moment-to-Moment-Konzept 54
 Kopiervorlage: Beobachtungsbogen
 für Verhaltensauffälligkeiten 60

2 FÖRDERUNG MOTORISCHER FÄHIGKEITEN

Feinmotorik 72
Bewegungsplanung 76
Motorische Adaptionsfähigkeit 79
Körperwahrnehmung 83
Soziale Wahrnehmung 86
Verbale Impulskontrolle 90
Selbststeuerung 94

Bewegungsverhalten anpassen 97
Wechsel zwischen Aktivitäten vollziehen 101
Selbstkontrolle 104
    Kopiervorlage: Selbstkontrolle 107
Bewegungssteuerung 109

3 FÖRDERUNG KOMMUNIKATIVER FÄHIGKEITEN

Rezeptives Gedächtnis 114
Informationsverarbeitung .117
Bewusstes Zuhören 121
Non-verbale Kommunikation 125
Intentionaler Sprachgebrauch 128
    Kopiervorlage: Anleitungen für Zeichnungen . .133
Expressiver Sprachgebrauch 131
Perspektive anderer einnehmen 136
Auf Äußerungen anderer eingehen 140
Sprachgebrauch in Konfliktsituationen 143
    Kopiervorlage: Satzanfänge 148
Erzählen 149

4 FÖRDERUNG SOZIALER FÄHIGKEITEN

Gemeinsame Aufmerksamkeit 154
Soziale Gegenseitigkeit 157
Imitation (Nachahmung) 160
Soziales Referenzieren 163
Soziales Beobachten 166
Auf die Gefühle anderer eingehen 169
Soziale Antizipation 172

Bedürfnisse anderer wahrnehmen 175

Distanzverhalten 177

Selbstreflexion 179

FÖRDERUNG EMOTIONALER FÄHIGKEITEN

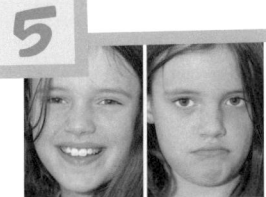

Gefühle ausdrücken 184

Emotionen internalisieren 188

Emotionen externalisieren 191

Emotionen steuern 193

Emotional angemessen reagieren 196

   Kopiervorlage: Situationsbeschreibungen 200

Gebrauch von Stimme und Tonfall 202

   Kopiervorlage: Stimmt der Ton 206

Positives Denken 207

Emotionen anderer positiv beeinflussen 211

Reaktionen auf Auslöser 215

Verantwortlicher Umgang mit den Gefühlen
anderer 220

FÖRDERUNG KOGNITIVER FÄHIGKEITEN

Aufmerksamkeit 226

Integration von Wahrnehmungs- und
Verarbeitungsfunktionen 229

Informationen folgerichtig verarbeiten 232

Kontextuelle Wahrnehmung 235

Flexibilität 237

Symbolisches Denken .241

Eigenschaften anderer Personen wahrnehmen 244

Soziale Kognition 246
Verhalten an soziale Erwartungen anpassen. 250
Über soziale Situationen berichten 254

7 UMGANG MIT KRISEN

Umgang mit Krisen 258
Krisenprävention 263
Deeskalationsfähigkeit fördern 265
    Kopiervorlage: Veranschaulichung
    einer Eskalation. 268

Schlusswort. 269

VORWORT

Zum ersten Mal bin ich Joey Mandel während meiner Arbeit als Kinderpsychologin begegnet. Als engagierte Lehrerin machte sich Joey Mandel um einen ihrer Schüler[1] Sorgen. Während wir den Fall besprachen, wies ich darauf hin, dass das betreffende Kind im Unterricht Unterstützung im Sinne des *Moment-to-Moment*-Konzepts benötigen würde, um soziale Fähigkeiten erlernen zu können. Ich hatte diese Methode durch meine Mentorin Dr. Debra Pepler, wissenschaftliche Co-Leiterin von PREVNet (Promoting Relationships and Eliminating Violence), kennengelernt. Diese Strategie befähigt Eltern und Lehrer, zu Hause und in der Schule sensible Momente aufzugreifen, um Kinder beim Aufbau entwicklungsrelevanter Kompetenzen proaktiv zu unterstützen.

Bei der Erwähnung des *Moment-to-Moment*-Konzepts leuchteten Joey Mandels Augen auf. Sie erfasste intuitiv, dass die Rolle des Klassenlehrers ideale Voraussetzungen bietet, um diese naturgemäß auftretenden, sensiblen Momente im täglichen Unterrichtsgeschehen zu nutzen und die soziale Interaktions- und unterrichtliche Teilnahmefähigkeit eines Kindes zu fördern.

Das war der Beginn einer langen Reihe von Gesprächen mit Joey Mandel, die bestrebt war, ihre Kenntnisse über kindliche Entwicklung zu erweitern. Sie interessierte sich vor allem dafür, wie Kinder komplexe motorische, sprachliche, soziale, emotionale und kognitive Fähigkeiten entwickeln – Fähigkeiten, die sie für eine erfolgreiche schulische Entwicklung und für ein befriedigendes Erwachsenenleben benötigen.

Als erfahrene Lehrerin wusste sie, dass ein positives Lernklima von einem achtsamen, zugewandten und inklusiven Beziehungsgeflecht innerhalb der Klassengemeinschaft bedingt wird. Diese Beziehungen sollten davon geprägt sein, dass sich alle Beteiligten gegenseitig respektieren, einbeziehen und umeinander kümmern. Joey Mandel hatte bereits den Schritt vom „lehrplanorientierten Unterricht" zur individualisierten Förderung von Kindern vollzogen. Sie informierte sich gewissenhaft über den aktuellen Stand von Forschung und Lehre zur kindlichen Entwicklung, um ihr Verständnis von Problemen der kindlichen Sozial- und Verhaltensentwicklung zu vertiefen.

---

[1] Aus Gründen der besseren Lesbarkeit haben wir in diesem Buch durchgehend die männliche Form verwendet. Natürlich sind damit auch immer Frauen und Mädchen gemeint, also Lehrerinnen, Schülerinnen etc.

Diese Kenntnisse bilden die Grundlage für ihr umfassendes Förderkonzept, das sich am *Moment-to-Moment*-Ansatz orientiert und das in diesem Buch anschaulich beschrieben ist.

In fast jeder Klasse sind Kinder anzutreffen, die mit Erwartungen überfordert sind, die als altersangemessen gelten. Zu solchen Erwartungen zählen selbstständige Impulskontrolle und Verhaltenssteuerung, soziale Interaktionsfähigkeit sowie Lernkompetenzen.
Joey Mandel verlässt sich bei ihrem Ansatz nicht allein auf diagnostische Beurteilungen, sondern setzt ihren Schwerpunkt auf die Förderung der sozialen Fähigkeiten der betroffenen Kinder. Konsequent folgt sie dem Grundsatz, dass Kinder dann Verhaltensprobleme entwickeln, wenn ihnen die Fähigkeiten zu konstruktivem Verhalten fehlen. Entsprechend beweist sie umfassende Sachkenntnis und Professionalität bei der Analyse von kindlichem Problemverhalten und den zugrundeliegenden Ursachen. Ihr beachtliches, wissenschaftlich fundiertes Konzept befähigt Lehrkräfte, Verhalten differenziert zu beobachten und einzuschätzen. Auf diese Weise können entscheidende Rückstände in der Kompetenzentwicklung identifiziert und geeignete Fördermaßnahmen abgeleitet werden.
Joey Mandel gelingt es zudem, ihr Konzept anhand detaillierter Beschreibungen in einfacher und allgemeinverständlicher Sprache zu vermitteln. Der von ihr entwickelte Beobachtungsbogen kann von Lehrern genutzt werden, um sozial-emotionale Lernziele individuell an die Bedürfnisse einzelner Kinder anzupassen und gleichzeitig die Gruppendynamik der gesamten Klasse positiv zu beeinflussen.

Der vielleicht interessanteste Aspekt ist jedoch Joey Mandels Kreativität bei der Gestaltung und Differenzierung von Spielen und Lernaktivitäten, die eine bestimmte soziale Verhaltensfähigkeit fördern. Dieses Buch bietet eine vielfältige Sammlung von Unterrichtsaktivitäten, die die Entwicklung sozialer Fähigkeiten unterstützen. Gleichzeitig vermitteln sie Kindern Lernfreude und Erfahrungen von sozialer Zugehörigkeit und persönlichem Erfolg. Zusammengestellt von einer erfahrenen Lehrerin für andere Lehrkräfte, beweisen sie Joey Mandels fachliche Kompetenz bei der Auswahl praktikabler und effektiver Lernangebote für die Förderung sozialer Fähigkeiten. Detaillierte Aktivitätsbeschreibungen, Impulse für Gruppengespräche vor und nach der Aktivität sowie Vorschläge für besondere Hilfen für Kinder mit spezifischen Lern- und Förderbedürfnissen sorgen dafür, dass Lehrer diese Angebote mühelos in ihren täglichen Unterricht einbinden können.

Ich hatte das Glück, vor einigen Jahren diese Spiele im praktischen Einsatz zu sehen, während Joey Mandel auf ihrem Gartengrundstück ein Sommerlager leitete. Zwei meiner Schützlinge nahmen daran teil und ich war tief beeindruckt, wie gut sie ihre neuen Fähigkeiten in einer Kleingruppe anwenden konnten.

Ich erinnere mich noch lebhaft an die Freude und das Selbstvertrauen in den Gesichtern von Kindern, die bis dahin an Verhaltensanforderungen oft gescheitert waren und die sich vor dem Zusammensein mit Gleichaltrigen scheuten. Deshalb sind Joey Mandels Spiele und Aktivitäten so wichtig: Sie garantieren jedem Kind die Beteiligung an lebensnahen, relevanten, sozialen Lernerfahrungen in geschützten Lernsituationen, die persönliches Wachstum anregen und Freude bereiten.

Ich empfinde es als großen Gewinn, dass Joey Mandel ihr Fachwissen, ihre unerschöpfliche Kreativität und ihr Engagement für sozial-emotionales Lernen in diesem Buch weitergibt. Meine größte Hoffnung besteht darin, dass Lehrer das vorliegende *Moment-to-Moment*-Konzept dauerhaft in ihre Unterrichtspraxis übernehmen und die Lernaktivitäten regelmäßig einsetzen. Auf diese Weise werden die sozialen Kompetenzen aller Kinder gefördert und letztendlich ihre Fähigkeit zum Aufbau tragfähiger, befriedigender Beziehungen im späteren Leben gestärkt. Es ist das wertvollste Gut, das wir unseren Kindern mit auf den Weg geben können.

Dr. Joanne Cummings, Ph. D., C. Psych.
Psychologin, Blue Balloon Health services
Leiterin Knowledge Mobilization, PREVNet

VORWORT DER AUTORIN

Vor etwa vier Jahren erhielt ich ein Buch mit dem Titel *The Explosive Child* von Ross W. Greene, das meine bisherige Sicht auf Unterricht und Elternschaft grundlegend ändern sollte. Dr. Greene schreibt, dass sich hinter dem Verhalten eines Kindes oft weitaus mehr verbirgt als Destruktivität oder Renitenz. Ein tieferes Verständnis vom Verhalten und seinen Ursachen schafft die Voraussetzung, dem betroffenen Kind Einsicht in sein Handeln und seine Situation zu ermöglichen. Gleichzeitig eröffnet sich die Möglichkeit, eine Strategie zu entwickeln, die Entwicklung des Kindes zum Vorteil aller Beteiligten in positiver Weise zu beeinflussen. Dr. Greenes Ansatz zur kollaborativen Lösung von Problemen gibt Pädagogen konkrete Hilfestellungen für die Bewältigung schwieriger Situationen und die Erarbeitung von Strategien für Problemverhalten.

Problemverhalten signalisiert, dass der betreffende Schüler nicht über die erforderlichen Fähigkeiten verfügt, um sich auf die jeweiligen Umgebungsbedingungen einzustellen.[2] Wenn wir als Lehrer und Eltern dieses Verhalten jedoch übereilt, mit negativen Konsequenzen und in harschem Tonfall beantworten, tragen wir maßgeblich zur Eskalation des Problems bei. Das Kind wird sich folglich in Unzugänglichkeit flüchten und noch weniger bereit sein, sein Verhalten zu ändern. Es stellt sich also die Frage, welche Fähigkeiten dem Kind fehlen und wie sie das Verhalten beeinflussen. Ich zog die Arbeiten von Dr. Till Davy heran, der wesentlich zur Erforschung von Störungen der exekutiven Funktionen (z. B. bei ADHS) und der damit verbundenen Entwicklungsbereiche beigetragen hat. Dr. Davy weist darauf hin, dass es irreführend sei, die Kontrollfunktionen des Gehirns mit einer „obersten Instanz" oder einem „Orchesterdirigenten" gleichzusetzen. Dadurch würde der Eindruck entstehen, dass Kinder sich nur „etwas mehr anstrengen" müssten, um ihre mentalen Kontrollfunktionen zu verbessern.[3] Tatsächlich ergeben die Kontrollfunktionen des Gehirns aber ein viel komplexeres, automatisch funktionierendes Gesamtsystem, das unsere Wahrnehmungen, Emotionen, Denkprozesse, Gedächtnisfunktionen und Handlungen überwacht, steuert, hemmt, initiiert, leitet, ausgleicht, auslöst, überprüft und korrigiert.

---

[2] vgl. Greene, R. (2005): The Explosive Child. New York, HarperCollins.
[3] vgl. Davy, T. (2014): Developmental Executive Skills Disorder (DESD). (http://pediatriciantoronto.ca/Dr._Till_Davy_M.D./Website/wp-content/uploads/2014/07/DESD2015-Irene1.pdf, Zugriff am 17.03.2016)

Damit war ich zu der Erkenntnis gelangt, dass sich hinter dem Verhalten Kompetenzen in verschiedenen Entwicklungsbereichen verbergen, die die Verhaltensweise eines Kindes beeinflussen. Dazu kam die Einsicht, dass man sich in kritischen Situationen Zeit nehmen sollte, um sich in das Kind einzufühlen und herauszufinden, warum es in der betreffenden Situation überfordert ist.

Zwar fand ich die neugewonnenen Erkenntnisse einleuchtend, aber gleichzeitig stieß ich auf zwei Probleme. Erstens sind die meisten Kinder, mit denen ich arbeite, zu jung, um die Gründe für ihre Überforderung zu verstehen. Tatsächlich gehören der Mangel an Bewusstsein für individuelle Auslöser und das entwicklungsbedingt eingeschränkte Artikulationsvermögen zu den Problemen, mit denen diese Kinder zu kämpfen haben. Zweitens brauchen Lehrer nicht nur ein Instrument, mit dem sie Kinder in Krisen und bei Kontrollverlust unterstützen können. Sie benötigen zudem ein Verfahren, mit dem sie den Erwerb wichtiger Fähigkeiten fördern können, sodass die betreffenden Schüler seltener in Krisen geraten.

Die Entdeckung der Autorin Michelle Garcia Winner und ihr Konzept des *Social Thinking*® brachte mich auf eine geeignete Lösung für dieses Problem. Ihr Ansatz konzentriert sich auf die Fähigkeit, in sozialen Situationen die Absichten, Motive und Erfahrungen anderer Personen zu berücksichtigen. Aus meiner Sicht besteht Michelle Garcia Winners wichtigster Beitrag in ihrer Untersuchung zum körperlichen Distanzverhalten von Menschen und wie sie räumliche Nähe mit anderen teilen.

Das vorliegende Buch enthält Vorschläge für Lehrkräfte, wie sie Kindern verbale Denkanstöße und Entscheidungshilfen geben können, sowie Hinweise zur Fähigkeit, zu anderen eine sozial angemessene Distanz zu halten. Beides beruht auf dem *Social Thinking*-Konzept und seinen Strategien zum sozialen Wahrnehmen und Denken.

Aber es geht nicht nur um Denkprozesse. Es genügt nicht, einem Kind eine neue Verhaltensweise kognitiv zu vermitteln in der Erwartung, dass es dieses Wissen im gegebenen Moment adäquat anwendet. Wir sollten nicht vergessen, dass auch Erwachsene ihre Schwachpunkte und negativen Gewohnheiten durchaus kennen und es trotzdem nicht schaffen, ihr Verhalten zu ändern – gleichgültig, wie sehr sie sich auch anstrengen. Kindern dabei zu helfen, die Notwendigkeit positiver Verhaltensänderung nicht nur einzusehen, sondern das neue Verhalten mit Erfolg anzuwenden, ist der schwierigste und gleichzeitig entscheidende letzte Schritt. Dieser Prozess

braucht Zeit und einfühlsame, situativ angemessene Unterstützung.
Für sein Gelingen benötigen Lehrer detaillierte, schrittweise Anleitung.

Vor diesem Hintergrund entstand das vorliegende Buch. Lehrer brauchen Unterstützung, Anleitung, Hilfe und Werkzeuge, um im Unterrichtsalltag den Verhaltensproblemen ihrer Schüler begegnen zu können. Es reicht nicht, einem Lehrer nahezulegen, seine Klasse freundlich zu behandeln, den Unterricht an den Bedürfnissen seiner Schüler auszurichten und dafür zu sorgen, dass die Kinder sich miteinander vertragen. In einer Klasse mit dreißig Schülern, die tagtäglich zusammen lernen und denen Lernstoff in verschiedenen Fächern und auf unterschiedlichem Lernniveau vermittelt werden soll, ist dieser Anspruch nur schwer zu verwirklichen.
Dieses Buch regt dazu an, sich den Ursachen problematischen Schülerverhaltens mit wachsender Einsicht, Kenntnis und Einfühlung zuzuwenden. Gleichzeitig ermutigt es, Problemverhalten weniger als „Ungezogenheit" zu verstehen, sondern als Ausdruck eines Förderbedarfs im Bereich sozialer Fähigkeiten. Darüber hinaus wird konkret beschrieben, was Lehrer in alltäglichen Unterrichtssituationen tun können, um Schüler beim Erwerb von Kompetenzen zu unterstützen, von denen sie ein Leben lang profitieren werden.

Joey Mandel

DANKSAGUNG

Ohne die zuverlässige Unterstützung und das Vertrauen meiner Familie und Freunde wäre dieses Buch wahrscheinlich nichts weiter als eine Datei in meinem Computer. Ich habe großes Glück, dass ich von so viel Hilfsbereitschaft und guten Freunden umgeben bin. Ich mag zwar die Autorin dieses Buches sein, aber es beruht auf dem Feedback, den Einsichten und dem Wissen von Menschen, mit denen ich beruflich als Lehrerin und privat als Mutter viele Erlebnisse und Erfahrungen teile.

Ich möchte allen Familien danken, die ich besuchen durfte und die gemeinsam mit mir meine Spiele ausprobiert und von ihren Erfahrungen erzählt haben – ihre Kommentare und Rückmeldungen bilden die Grundlage für dieses Buch.

Weiterhin gilt mein Dank Jennifer Cumming und Marsha Hamilton von der *St. Clements Early Learning School*, denen soziales Lernen ein natürliches, pädagogisches Anliegen ist; meinen Freunden, die sich Zeit nahmen, um mein Buch zu lesen und ihre Gedanken und Ideen beizusteuern; insbesondere Christine Lenouvel, Lisa Byrne, Hannah Sung, Fran Clark, Jeannie Melardi, Leah-Ann Lymer, Laura Cornish, Sophie Awai, Linka Hiraki, Nancy Ng, Jennifer Wigmore, Lauren Speer, Ilaria Sheikh, Shira Katzberg, Sarah Waldman, Melissa Frew und Jill Sanderson.

Ferner danke ich der Pembroke-Mitarbeiterin Mary Macchiusi für ihre unschätzbare Unterweisung und Beharrlichkeit sowie ihrer Kollegin Kat Mototsune für ihre Arbeit und Kompetenz bei der Erstellung und Optimierung der Endfassung des Buches; Jill Farber, Cat White, Lauren Baker, Ida Marissen und Joan Gardiner – Expertinnen für Frühförderung, die ihre Fachkenntnis an mich weitergaben. Ian Roth schulde ich Dank für seine zahlreichen konstruktiven Kommentare zu den Spielen sowie für seine fundierte Sachkunde und seine Ermutigung während meines eigenen Lernprozesses. Mein Dank gilt auch Joanne Cummings für ihren unbeirrbaren Enthusiasmus sowie Ginnelle Elliott und Frank Sawyer, die mich durchgängig bestärkt sowie die Arbeit redaktionell und mit viel Sinn für Humor begleitet haben.

Dieses Buch hätte nicht geschrieben werden können, hätte mein Vater nicht felsenfest an das Projekt geglaubt und hätte meine Mutter kein Zutrauen zu mir als Autorin gehabt. Beide verbrachten Stunden damit, den Text zu diskutieren und jede Neufassung zu lesen, die ich produzierte. Und nicht zuletzt danke ich meinem Mann und meinen beiden Söhnen, die mir mein Lebensglück bedeuten und durch die ich täglich neu dazulerne.

EINFÜHRUNG

Die Lehrerausbildung konzentriert sich auf einen Hauptschwerpunkt und vermittelt drei unterschwellige Botschaften. Im Mittelpunkt der Ausbildung steht der Lehrplan. Angehende Lehrkräfte werden darin unterwiesen, wie sie Sprachen unterrichten, eine Lektüre erarbeiten, Rechenhilfen einsetzen und naturwissenschaftliche Versuche durchführen sollen. Den Grundton dieser detaillierten didaktischen Unterweisung bilden drei allgegenwärtige Erwartungen:

- ☑ Der Erfolg des Lehrers hängt von der Qualität seiner Klassenführung ab.
- ☑ Unterricht ist inklusiv und Lehrer fördern jeden Schüler entsprechend seiner individuellen Bedürfnisse und Voraussetzungen.
- ☑ Für Mobbing gilt das Nulltoleranzprinzip.

Die didaktisch-methodischen Ausbildungsanteile werden Lehrern explizit und ausführlich vermittelt. Jedoch die Kompetenzen, die sich auf die anderen drei Botschaften beziehen, werden meist stillschweigend vorausgesetzt.

Man kann nicht erwarten, dass jeder Lehrer weiß, wie er mit einem verhaltensschwierigen Schüler umgehen kann, ohne auf autoritäre Mittel zurückzugreifen oder ein Kind auszusondern und dem Urteil der Mitschüler auszusetzen. Lehrer brauchen eine klare Anleitung für den Einsatz von Techniken und Strategien, um für die Arbeit mit solchen Kindern ein bewertungsfreies, soziales Klassenklima schaffen zu können.

Im Rückblick auf mein erstes Jahr als Lehrerin erkenne ich, wie schwierig es ist, die Kontrolle des Unterrichts zu behalten und dabei auf den Einsatz negativer Mittel zu verzichten. Da ich didaktisch-methodisch gut ausgebildet und vorbereitet war, richteten sich das Lerntempo und die Prioritäten meines Unterrichts nach der ausführlichen und sachgerechten Erfüllung des Lehrplans. Vorbereitung und Unterricht kreisten um das Curriculum; alles andere störte die tägliche Unterrichtsplanung und die Inhalte, die es zu vermitteln galt. Bei einer so intensiven Beschäftigung mit Unterrichtsinhalten konnte ich mich kaum auf solche Kinder konzentrieren, deren Verhalten signalisierte, dass sie in Schwierigkeiten steckten.

Niederschwelliges Problemverhalten einiger Schüler hatte kaum Auswirkungen auf den Fortgang meines Unterrichts. Deshalb entgingen mir ihre sozialen Nöte weitgehend. Wenn aber das Verhalten eines Kindes die Klasse nachhaltig störte und das Lernen der anderen Schüler beeinträchtigte,

orientierte ich meine Interventionen vorrangig an meinem Bestreben, den Fortgang des Unterrichts zu sichern. Anstatt die Bedürfnisse des betreffenden Schülers wahrzunehmen und zu beantworten, setzte ich oft direkte und negative Sanktionen ein, um ihn zur Aufgabe zurückzuführen.
Wenn eine Lehrkraft wiederholt negative Mittel gebraucht – z. B. ein Kind aussondert, vor der Klasse korrigiert oder zur Weiterarbeit zwingt, obwohl es mit der Aufgabe überfordert ist –, mag sie damit vielleicht die Kontrolle über den Unterricht behalten. Aber das geschieht, indem ein Klima von Bewertung und Intoleranz geschaffen wird. Wenn wir die Botschaft vermitteln, dass das „Benehmen" eines Schülers „schlecht" ist, werden auch die Mitschüler nach einiger Zeit dem Kind seine Fehler vorhalten und es ausgrenzen. Ungewollt kann damit ein Kreislauf in Gang gesetzt werden, in dem individuelle Verhaltensprobleme einzelner Kinder und stigmatisierendes Verhalten der Mitschüler sich gegenseitig verstärken.

Eine starke Lehrerpersönlichkeit ist nicht durch einen herausragenden Mathematikunterricht oder meisterlich gestaltete Unterrichtsprojekte gekennzeichnet. Die wichtigsten Voraussetzungen, die ein Lehrer mit in den Unterricht einbringt, sind positive persönliche Eigenschaften und Empathiefähigkeit – auch und gerade in kritischen Situationen.
Das vielleicht wirksamste Handwerkszeug, das einem Lehrer zur Förderung konstruktiven Schülerverhaltens zur Verfügung steht, ist er selbst. Durch sein tägliches Vorbild zeigt er seinen Schülern Grundprinzipien wie Offenheit für die Gedanken und Vorstellungen anderer, eine positive innere Haltung, grundsätzliche Wertschätzung und Akzeptanz aller Schüler, Toleranz gegenüber Fehlern, Geduld in schwierigen Situationen sowie die Einbeziehung aller in die Gemeinschaft. Auf diese Weise nimmt er direkten Einfluss auf die Art und Weise, wie Kinder miteinander umgehen und lernen.
Ein Lehrer mit einem ausgeprägten Bewusstsein für die Bedeutung sozialen Lernens weiß, dass ihm eine elementare Rolle in der Vermittlung sozial-emotionaler Fähigkeiten zukommt, und wird diese Fähigkeiten proaktiv in seinem täglichen Unterricht fördern.

FALLBEISPIELE

Pädagogischer Handlungsbedarf lässt sich einschätzen, indem Verhalten unmittelbar und gezielt beobachtet und reflektiert wird. Im Folgenden werden vier Fallbeispiele vorgestellt, die in diesem Buch wiederholt herangezogen werden. In den Beschreibungen werden Sie möglicherweise das Verhalten einiger Ihrer Schüler wiedererkennen. Die Beispiele können Ihnen helfen, Strategien abzuleiten, die Sie in unterschiedlichen Situationen zur positiven Verhaltens- und Unterrichtssteuerung einsetzen können.

> **FALLBEISPIEL**
>
> **Jenny**
> Jennys Probleme beginnen bereits vor dem Unterricht. Alle Schüler sind auf dem Schulhof versammelt und bereit, in die Klasse zu gehen. Nur Jenny hält sich noch an der Schulhofumzäunung auf und ist damit beschäftigt, Blätter in ein Erdloch zu stopfen. Als die Schulglocke klingelt, rührt sie sich nicht. Ihre Mutter geht auf sie zu und ruft ihren Namen. Als sie Jenny erreicht hat, beugt sie sich über sie und berührt ihre Schulter. Jenny fährt überrascht hoch, als ob ihre Mutter urplötzlich aus dem Nichts aufgetaucht wäre. Für die Mutter beginnt nun ein zähes Verhandeln und Ankämpfen gegen Jennys Verweigerung. Jenny lässt sich nicht umstimmen. Argumentieren ist zwecklos, Rückwärtszählen hilft nicht, Drohungen bleiben ohne Wirkung. Schließlich zieht die Mutter Jenny hoch. Sofort zieht Jenny sich noch weiter in ihren Widerstand zurück. Sie geht auf ihre Mutter zu und läuft wieder von ihr weg, mault, legt sich auf den Boden.
> Im ersten Kindergartenjahr findet die Erzieherin Jenny oft zusammengekrümmt unter einem Tisch in der hintersten Ecke des Raums, als ob eine unbekannte Gefahr im Gruppenraum lauerte. Wenn die Gruppe den Raum verlässt, stellt Jenny sich nicht mit den anderen auf. Auf dem Weg zum Turnen läuft Jenny einmal von der Gruppe weg und bleibt lange unauffindbar.
> Im späteren Verlauf der Kindergartenzeit braucht Jenny 1:1-Betreuung, um kleine Aufgaben zu Ende zu führen. Im ersten Schuljahr kommt Jenny regelmäßig ohne ihr Mitteilungsheft in die Schule, ihre Schultasche ist in ständiger Unordnung und sie vergisst meistens ihre Frühstücksdose.

> **FALLBEISPIEL**
>
> **Nils**
> Kein Tag vergeht, ohne dass Nils' Beteiligung am Schulleben durch seine Verhaltensprobleme beeinträchtigt wird. Seine Eltern üben in Gesprächen moralischen Druck aus und treten mit so viel Bestimmtheit auf, dass auch erfahrene Lehrer sich entmutigt und in die Defensive gedrängt fühlen. Für die Unterrichtshilfen und speziellen Maßnahmen, die Nils' Eltern für ihren Sohn einfordern, würden drei Lehrkräfte benötigt.
>
> Nils' Klassenlehrerin kennt sein Problemverhalten und versucht, es durch kompromisslose Strenge zu kontrollieren. Seine Verhaltensschwierigkeiten verstärken sich jedoch. Er dominiert die Klasse, sobald er sie betritt. Seine Stimme übertönt alles und jeden. Bestimmtheit, Schärfe und Aggressivität seiner Äußerungen steigern sich im Laufe der Zeit. Er fordert massiv Aufmerksamkeit ein und bewegt sich durch den Raum wie ein Bulldozer. Seine Wutanfälle, Kontrollverluste und verbalen Ausfälligkeiten intensivieren sich. Beim Spiel zeigt er sich unsensibel für die Gefühle der anderen Kinder. Er nimmt sich, was er will. Schlimmer noch, er scheint nicht zu bemerken, wenn ein Mitschüler traurig oder verletzt ist. Wenn andere Kinder weinen, reagiert er verärgert. Manche Mitschüler meiden ihn, weil sie Angst vor ihm haben oder ihm nicht trauen. Er spricht kaum mit den anderen Kindern. Stattdessen ruft er ständig nach dem Lehrer, um sich über seine Mitschüler zu beschweren oder sie zu „verpetzen".

> **FALLBEISPIEL**
>
> **Melanie**
> Melanie ist eine leistungsfähige Schülerin, allerdings gilt ihr Sozialverhalten als schwierig und unterscheidet sich von dem ihrer Mitschüler. In der Pause rennt sie herum und spielt für sich allein. Im Laufe des 4. Schuljahres wird es für Melanie immer schwieriger, mit anderen Kindern zusammenzuarbeiten. Ihre Teampartner arbeiten zwar gern mit ihr, denn sie kann Gruppenarbeiten gut leiten und weiß praktisch alles über das betreffende Thema. Aber es wird auch immer deutlicher, dass Arbeiten mit Melanie bedeutet, alles zu tun, was Melanie will. Äußert ein Mitschüler eine andere Idee oder Meinung, reagiert sie sehr aufgebracht. Sie zeigt eine angespannte Körperhaltung und verteidigt vehement ihre eigenen Vorstellungen. Entscheidet sich die

Gruppe durch Abstimmung und Gruppenkonsens für ein anderes Vorgehen, verweigert Melanie jede weitere Mitarbeit.

Der Klassenlehrerin fallen neue Verhaltensweisen bei ihrer Schülerin auf. Wenn Melanie in die Klasse kommt, wirkt sie fahrig. Bevor sie sich an ihren Platz setzt, wandert sie durch die Klasse und stößt dabei an Mobiliar und Mitschüler. Während Einzelarbeitsphasen steht sie auf, um sich etwas aus ihrem Fach zu holen. Manchmal verlässt sie ohne Vorankündigung oder Erklärung den Klassenraum. Sie beklagt sich bei der Lehrerin, dass die anderen Kinder unfreundlich zu ihr sind und sie nicht mögen.

Melanie sucht vermehrt den Kontakt zu anderen Kindern, allerdings verhält sie sich dabei distanzlos und unterbricht ihre Mitschüler mitten im Gespräch. Sie möchte mit anderen Kindern spielen, spricht sie aber oft an, wenn sie gerade mit einem Spiel beschäftigt sind. Teilen die Mitschüler ihr dann in freundlichem Ton mit, dass sie ihr Spiel nicht unterbrechen möchten, besteht Melanie nachdrücklich auf ihren eigenen Spielvorschlag.

FALLBEISPIEL

Leon

Leon ist ein allseits beliebter, quicklebendiger Schulanfänger voller Vitalität und mit einer lebhaften Vorstellungskraft. Erwachsene staunen oft über seinen Witz und sein ausdrucksvolles Naturell. Im Unterricht muss Leon jedoch ständig daran erinnert werden, ruhig zu sitzen, sich langsam durch die Klasse zu bewegen und darauf zu achten, seine Arbeitsblätter nicht versehentlich vom Tisch zu stoßen.

In der Nachmittagsbetreuung beschweren sich die anderen Schüler bereits nach wenigen Minuten über Leons Spielverhalten. Ohne zu fragen, nimmt er anderen Kindern das Spielzeug weg. Wenn ein anderes Kind Leon bittet, z.B. ein Spielzeugauto mit ihm zu teilen, bebt er am ganzen Körper und presst es so heftig an sich, als ob es das einzige verfügbare Spielzeug wäre. Er schreit das Kind an und manchmal stößt oder schlägt er es. Im Sitzkreis auf dem Spielteppich starrt Leon entweder vor sich hin oder rempelt seinen Sitznachbarn an.

Obwohl Leon über einen überdurchschnittlichen Wortschatz verfügt, der sogar ein paar englische Wendungen enthält (möglicherweise aus dem Fernsehen), scheint er im Spiel mit anderen Kindern nicht verbal zu kommunizieren. Er greift sich ein Spielzeug, drängt sich in Spiele anderer oder bewegt sich stoßend und rempelnd durch den Raum, wobei er verbal vorwiegend mit einsilbigen Lauten auf seine Mitschüler reagiert.

Im Unterricht hat Leon bisher weder etwas erzählt noch erklärt. Er stellt nur selten Fragen und formuliert von sich aus keine Antworten. Wenn man ihn etwas fragt, erscheint er nervös und unsicher. Zumeist beantwortet er eine Frage mit „Weiß ich nicht." Dennoch kann die Lehrerin bezeugen, dass Leon mit seinen Eltern lange und ausführliche Gespräche führt.

DAS SOZIAL-EMOTIONALE CURRICULUM

Wie kann eine einzelne Lehrkraft Leon dazu bewegen, am Platz zu bleiben, und Nils davon überzeugen, sein dominierendes Verhalten aufzugeben? Wie soll sie Melanie darauf einstimmen, auf die Wünsche ihrer Teampartner einzugehen, und Jenny dazu bringen, lernbereit zum Unterricht zu erscheinen? Wie kann man eine ausgewogene Prozesssteuerung im Unterricht erreichen und dabei sowohl den komplexen Bedürfnissen dieser vier Kinder als auch den Lernbedürfnissen der übrigen Schüler gerecht werden? In der schulischen Realität müssen Lehrer sich um Kinder mit Verhaltensprofilen kümmern, die den vorgestellten Fallbeispielen entsprechen, und gleichzeitig ca. zwei Dutzend weitere Schüler mit ihren jeweiligen Bedürfnissen, Stärken und Schwächen unterrichten.

Viele Bücher enthalten effektive Strategien für kooperatives und inklusives Unterrichten. Aber einige dieser Veröffentlichungen gehen am eigentlichen Problem vorbei. In Wahrheit gibt es keine schnellen Lösungen für Schüler wie Nils. Gleichgültig mit wie viel Wohlwollen, Hilfsbereitschaft und Akzeptanz ein Lehrer Nils auch begegnet, dieser Schüler wird in seinem Verhalten ständig an seine Grenzen stoßen. Seine Schwierigkeiten werden Abweichungen von der Stundenplanung erfordern und er wird immer wieder andere Kinder anrempeln, wahrscheinlich mit Absicht. Es wird viele Situationen geben, in denen ein Kind wie Melanie auf seinen eigenen Vorstellungen beharrt, in Wut gerät, uneinsichtig bleibt und solchen Kindern aus dem

Weg geht, die eine eigene Meinung vertreten. Jenny wird ihre Schultasche zu Hause lassen oder sie wird vergessen, bestimmte Materialien mitzubringen, die die Schüler z. B. für eine Gestaltungsaufgabe brauchen. Und Leon wird weiterhin anderen Kindern ihre Spielsachen wegnehmen.

Lassen Sie uns zum Vergleich einen Blick auf andere Aspekte des Lernens werfen. Zum Beispiel wird niemand einem Kind Vorwürfe machen, wenn es Probleme beim Lesenlernen hat. Ebenso wenig werden die Eltern dafür verantwortlich gemacht. Vielmehr versuchen wir, dem Kind Versagenserlebnisse im Unterricht zu ersparen: Wir vermeiden es, den Schüler laut vorlesen zu lassen; wir erwarten nicht von ihm, Texte auf dem Klassenniveau zu lesen; bei Aufsätzen ordnen wir ihm eventuell einen Mitschüler zu, der seine Ideen aufschreibt; wir lassen nicht zu, dass andere Kinder ihn auslachen oder hänseln.

In der Regel verfügen Schulen über Fördergruppen für Schüler mit Lese-Rechtschreibschwächen. Lehrer sind darin ausgebildet, die Leselernentwicklung eines Kindes einzuschätzen und ggf. entsprechende Fördermaßnahmen einzuleiten. Sie werden die Eltern in die Förderung einbinden und eventuell außerschulische Fördermöglichkeiten empfehlen. Das alles bedeutet nicht, dass der Schüler sich umgehend Lesekompetenz aneignen wird, aber niemand wird von ihm eine beschleunigte Lernentwicklung erwarten.

Eine vergleichbare Strategie für die Umsetzung eines sozial-emotionalen Curriculums fehlt. Lehrer werden nicht kinderpsychiatrisch fortgebildet. Wenn sie an sonderpädagogischen Fortbildungen teilnehmen, erwerben sie oberflächliche Kenntnisse zu verschiedenen Diagnosebildern und Symptomen, die allgemein gehalten sind und im Wesentlichen nur beschreiben, was ein Kind nicht kann. Der Begriff „Legasthenie" sagt uns lediglich, dass ein Kind nicht lesen kann. Diese Erkenntnis ist jedoch nur der erste Schritt in der Leseförderung des betreffenden Kindes.

Wenn ein Kind wiederholt soziale Verhaltenserwartungen nicht erfüllt, kann es je nach Befund mit Autismus, Asperger-Syndrom, Aufmerksamkeitsdefizit-Hyperaktivitätsstörung (ADHS), Zwangsstörung oder Nichtsprachliche Lernstörung diagnostiziert werden. Die Diagnose wird als Grund dafür genannt, dass das Kind Verhaltensnormen nicht erfüllt. Schulämter versorgen Lehrer mit kurz gefassten Definitionen dieser Diagnosestellungen. Sie sind gleichzeitig ein Hinweis darauf, dass der Lehrer diesen Schüler im Vergleich zur übrigen Klasse anders unterrichten und seine Lernentwicklung anders bewerten muss. Eine Diagnosestellung impliziert zudem, dass der Lehrer das abweichende Verhalten des Schülers akzeptieren muss.

Das sind die Erwartungen, die an Lehrer gerichtet werden, die in inklusiven Settings Schüler mit unterschiedlichen Lern- und Entwicklungsbedürfnissen unterrichten. Allerdings wird nicht erklärt, wie eine solche Differenzierung für ein bestimmtes Kind konkret vorgenommen wird oder warum das Verhalten des Schülers sich von dem der Mitschüler unterscheidet. Ebenso fehlen Hinweise darauf, welche Verhaltensweisen das Kind selbst kontrollieren kann und welche nicht. Zudem wird nicht erklärt, welche konkreten Hilfen das Kind braucht.

Es fehlt an Fortbildung, Information und Vermittlung von Kenntnissen, die es dem Lehrer ermöglichen würden, die Fähigkeiten des Schülers zu fördern. Stattdessen bleibt dem Lehrer oft nichts anderes übrig, das Problemverhaltens des Kindes zu sanktionieren.

Während der vielen Jahre, die ich mit Kindern gearbeitet habe – manche mit und manche ohne Diagnose – sind mir zwei Dinge aufgefallen. Erstens zeigt ein Kind mit Diagnosestellung sein Problemverhalten nicht durchgängig. Zum Beispiel konnte ein Schüler mit Sprachentwicklungsstörungen und resultierenden Kommunikationsproblemen dann nach einem Spielzeug fragen, eine kleine Geschichte erzählen und an einem wechselseitigen Gespräch mit einem Mitschüler teilnehmen, wenn er sich in einer ruhigen Umgebung befand. In der Schule sprach er jedoch kaum. Er stotterte und gebrauchte höchstens Ein-Wort-Sätze, um nach etwas zu fragen.

Dieses uneinheitliche Verhalten ist der Grund, weshalb es manchen Eltern schwerfällt, die Förderbedürftigkeit ihres Kindes zu akzeptieren. Kinder können durchaus zu Hause und in der Schule unterschiedliche Verhaltensweisen zeigen. Es ist auch der Grund dafür, dass oft angenommen wird, der Schüler entscheide sich bewusst für ein bestimmtes Verhalten.

Es scheint nahezuliegen, von einem Kind erwarten zu können, dass es sich jederzeit angemessen verhalten kann, wenn es die betreffende Verhaltensweise zu einem bestimmten Zeitpunkt zeigt. Wir vernachlässigen oft die Tatsache, dass ein Kind in einer ruhigen und entspannten Verfassung durchaus zu angemessenem Verhalten fähig sein kann, während es bei emotionaler Verunsicherung (z. B. in Überforderungs- oder Stresssituationen) dazu nicht in der Lage ist.

Zweitens decken sich Diagnosestellungen oft nicht mit dem Verhalten eines Kindes. Im Lauf der Zeit wurde deutlich, dass es für meine individuellen Förderprogramme für einzelne Kinder keine Entsprechungen hinsichtlich diagnostischer Kategorien gab.

So brauchten Kinder mit derselben Diagnose (ADHS) unterschiedliche soziale Fördermaßnahmen. In anderen Fällen benötigten Schüler ohne formale Diagnose genau dieselbe Art der Förderung, wie sie bei einem Kind mit einer Autismus-Spektrum-Störung (ASS) vorgesehen ist. Ein Kind mit einer diagnostizierten ASS brauchte wiederum andere Fördermaßnahmen. Woran orientierte ich meine Förderplanung also, wenn ich mich nicht von Diagnosestellungen leiten lassen konnte? Die Förderpläne aller Kinder, mit denen ich arbeitete, beruhten auf individuellen Fähigkeiten, die anhand von gezielten Interventionen aufgebaut werden sollten. Die betreffenden Fähigkeiten ermittelte ich nicht aufgrund von Diagnosen, sondern anhand konkreter Verhaltensbeobachtungen.

Was lässt sich aus diesen zwei Feststellungen schließen? Sie bedeuten, dass Problemverhalten nicht auftritt, weil das Kind selbst „schwierig" ist oder weil es über Gebühr die Aufmerksamkeit anderer einfordert. Es wird nicht durch Motivationsmangel, elterliches Erziehungsversagen oder Disziplinlosigkeit verursacht. Lehrer müssen lernen, das Verhalten eines Kindes im Kontext der Entwicklung sozial-emotionaler Fähigkeiten zu sehen und entsprechend zu deuten. Sobald ein Lehrer weiß, welche Rückstände im Erwerb sozial-emotionaler Fähigkeiten bei einem Kind vorliegen, kann er die jeweiligen Kompetenzen konkret fördern. Der Lernprozess der betreffenden Schüler erfordert im Unterricht oft zusätzliche Hilfen und Geduld. Zu den Kompetenzen, die diese Schüler erwerben müssen, gehören …

- ☑ die Fähigkeit, die Perspektive einer anderen Person einzunehmen,
- ☑ positive Reaktionen auf positive soziale Erfahrungen,
- ☑ Konzentration und Aufmerksamkeit,
- ☑ Anpassungsfähigkeit an wechselnde Situationen und entsprechende Anpassung des Verhaltens.

Diese Kompetenzbeschreibungen haben verallgemeinernden Charakter und müssen im Kontext der konkreten Situation verstanden werden. Sie sind nur schwer zu definieren oder zu klassifizieren und die korrespondierenden Verhaltensweisen können nicht jederzeit und unter jeder Umgebungsbedingung beobachtet werden. Hat ein Kind die entsprechenden Fähigkeiten jedoch noch nicht erworben, ist seine soziale Erfahrung in demselben Maße beeinträchtigt wie die Leseerfahrung eines Kindes mit Legasthenie. Und wie bei der Lesefähigkeit handelt es sich bei sozial-emotionalen Fähigkeiten um Kompetenzen, die ermittelt und dann über einen längeren Zeitraum durch Anleitung und Übung aufgebaut werden müssen.

Dieses Buch soll Lehrer darüber informieren, welche Verhaltensweisen auf Rückstände im Erwerb bestimmter Fähigkeiten hindeuten und wie diese Fähigkeiten die sozial-emotionale Entwicklung beeinflussen. Wenn ein Lehrer mit häufig vorkommenden Verhaltensmustern vertraut ist, weiß er, worauf er bei seinen Schülern achten sollte und wie er das sozial-emotionale Lernen einzelner Kinder fördern kann. Umfassende Kenntnis dieser Entwicklungsrückstände befähigt Lehrer dazu, Schüler in Lernsituationen und kritischen Momenten wirksam zu unterstützen und zu begleiten.

ZUR ANWENDUNG DES BUCHES

Der Einsicht in die Entwicklungsrückstände eines Kindes sollte die Auswahl geeigneter Förderstrategien folgen. Jeder Lehrer ist grundsätzlich in der Lage, Schüler zu unterstützen, anzuleiten und ihnen zu helfen. Um jedoch die Lernentwicklung eines Kindes mit einem Förderbedarf wirksam beeinflussen zu können, sollten bestimmte Bedingungen erfüllt sein:

- ☑ Der Lehrer sollte die inneren und externen Ursachen für das betreffende Problemverhalten kennen.
- ☑ Er sollte wissen, welche Verhaltensweisen für bestimmte sozial-emotionale Entwicklungsrückstände charakteristisch sind.
- ☑ Er sollte mit den Erscheinungsformen von Entwicklungsrückständen vertraut sein.
- ☑ Er sollte wissen, wie Fähigkeiten, die noch fehlen, vermittelt und aufgebaut werden können.

Diese Kompetenzen befähigen Lehrer, Kinder in Situationen und Momenten zu unterstützen, die sich als Lernerfahrung nutzen lassen.

Sowohl Klassenlehrer wie auch die Schule selbst benötigen ein fundiertes Verfahren für die Förderung betroffener Kinder. Ein solches Verfahren sollte sich auf vier wesentliche Aspekte beziehen:

Beobachtungsschwerpunkte

Spezifische Verhaltensweisen und ihre Auslöser beobachten und Rückschlüsse über das sozial-emotionale Fähigkeitsprofil eines Kindes ziehen.

Spezifische sozial-emotionale Kompetenzen – Fähigkeiten und Fertigkeiten

Einschätzung, welche Entwicklungsrückstände einem bestimmten Verhalten zugrunde liegen; Planung, wie die entsprechenden Fähigkeiten vermittelt werden können.

Förderschwerpunkt

Gezielte Einbindung sozial-emotionaler Fähigkeiten in Unterrichtsaktivitäten.

Förderstrategien

Konkrete Hilfen für einzelne Schüler beim Erlernen und Üben bestimmter Fähigkeiten.

WARUM MACHST DU DAS?

1
KINDER IM UNTERRICHTSALLTAG FÖRDERN

1 WARUM MACHST DU DAS?

In der Einführung habe ich Probleme beim Lesenlernen mit Problemen im Sozialverhalten verglichen und Gründe dafür genannt, warum wir ähnlich systematische Ansätze für die Förderung sozialer Fähigkeiten brauchen wie für die Förderung der Lesefähigkeit.
Ich gebe zu, dass dieser Vergleich nur eingeschränkt gilt. Wenn es um ein Kind mit Legasthenie (Lese-Rechtschreibschwäche) geht, ist die Situation eindeutig. Seine spezifischen Lernschwächen sind klar definiert und die Auswirkungen auf sein Lernen sind ebenso offensichtlich wie die Fördermaßnahmen, die ergriffen werden sollten. Wir differenzieren (verändern) seinen Lernstoff und integrieren (fördern) es, während es an seinen Aufgaben arbeitet. Wir tun das, weil das Kind anders lernt als Gleichaltrige. Wir können das tun, weil wir ihm Gleichbehandlung zukommen lassen und gleichzeitig den anderen Schülern gerecht werden. Das Kind kann an differenzierten Aufgaben arbeiten, ohne das Lernen der anderen zu beeinflussen. Wenn es dagegen um die Förderung sozial-emotionaler Fähigkeiten geht, sind die Anforderungen an eine faire Lernumgebung komplexer. An sozialer Interaktion sind zwangsläufig andere Kinder beteiligt. Sozial-emotionale Lernrückstände eines Schülers wirken sich immer auf andere Kinder aus, ob in einer Kleingruppe oder im Klassenverband. Entsprechend betrifft die Differenzierung (Veränderung) von sozialen Regeln für ein einzelnes Kind gleichzeitig alle Schüler der Klasse.

Soziale Erwartungen, Regeln und Routineabläufe für ein Kind mit sozial-emotionalem Förderbedarf und resultierenden Verhaltensschwierigkeiten abzuwandeln, verwischt die Grenze zwischen fair und unfair.
Dieses Dilemma beschränkt sich nicht auf das Klassenzimmer. Wenn ein Kind im Schwimmunterricht, beim Einkaufen oder während einer Feier einen Kontrollverlust oder eine emotionale Krise erleidet, denkt kaum jemand: „Das arme Kind braucht andere Bedingungen, damit es seine Emotionen besser kontrollieren kann. Wir sollten jetzt Ruhe bewahren und uns in das Kind hineinversetzen. Wir sollten ihm zuhören und herausfinden, was in ihm vorgeht und was es in diesem Moment, in dieser Situation, verunsichert. Wenn die junge Schwimmtrainerin ihr Verhalten gegenüber dem Kind ein wenig ändern könnte, würde sie ihm helfen, sein Verhalten besser zu kontrollieren." Stattdessen ist die Vorstellung sehr verbreitet, dass die Eltern strenger und konsequenter sein müssten und dass das Kind sich seinem Alter entsprechend benehmen sollte.

Damit wird ein zentraler Aspekt berührt. Im Allgemeinen führt es zu Unausgewogenheit in der Klasse, wenn Regeln und Erwartungen nur für ein einziges Kind modifiziert und verändert werden. Das heißt nicht, dass eine solche Maßnahme tabu ist. Es erschwert die Arbeit jedoch, wenn in einer Gruppe für verschiedene Kinder unterschiedliche Regeln gelten. Langfristig erweist sich dieses Vorgehen für das betroffene Kind als unproduktiv. Dagegen ist es durchaus fair, die Bedürfnisse aller Kinder zu berücksichtigen und jedes Kind so zu fördern, dass es lernen kann, die jeweilige Regel oder Erwartung zu erfüllen.

> Es ist nicht immer erforderlich, Regeln zu verändern. Manchmal genügt es, dem Kind mehr Zeit, Hinweise und Hilfen zu geben, damit es zum Ziel kommt. Wenn wir solche Hilfsmaßnahmen in den Unterricht einbauen, wird das betreffende Kind mit sozial-emotionalen Förderbedürfnissen erfolgreicher mitarbeiten können.

VERHALTENSAUFFÄLLIGKEITEN HINTERFRAGEN

In der Einführung wurden vier Fallbeispiele vorgestellt. Einzelne Merkmale dieser Kinder wird man wahrscheinlich in der Schülerschaft fast aller Klassen antreffen. Natürlich zeigt jedes Schulkind seine eigene, individuelle Prägung, aber bei genauer Betrachtung wird erkennbar, dass sich Verhaltensmuster und -profile ähneln. Solche Verhaltensweisen, wie sie im täglichen Unterricht zu beobachten sind, sind die äußeren Zeichen sozial-emotionaler Beeinträchtigungen.

Was liegt dem Verhalten dieser Kinder zugrunde? Was bedingt ihre oft befremdlichen, dominierenden, übergriffigen, unflexiblen, zänkischen, überdrehten oder desorganisierten Verhaltensweisen? Bei unseren Beobachtungen müssen wir uns deshalb fragen, warum …

1 WARUM MACHST DU DAS?

> **FALLBEISPIELE**
>
> Jenny
> - im Mathematikunterricht ständig auf ihren Stift starrt,
> - nicht bevorzugte Aktivitäten nur unter großen Widerständen beginnt und beendet,
> - das Fahrradfahren erst sehr spät erlernt hat,
> - so unordentlich und desorganisiert ist,
> - müde und verlangsamt erscheint,
> - nicht zuhört,
> - sich ungewöhnlich lange mit demselben Spielzeug oder Material beschäftigt,
> - kaum Fragen stellt,
> - nur selten das Spiel mit anderen sucht,
> - mit bestimmten Spielsachen in stereotyper Weise spielt,
> - Blickkontakt meidet;
>
> Nils
> - oft wütend und nachtragend ist,
> - gereizt reagiert,
> - weder an Familie noch Freunden interessiert ist,
> - sich weigert, sich in eine Gruppe einzufügen,
> - oft die Beherrschung verliert,
> - zu plötzlichen und extremen Stimmungsschwankungen neigt,
> - ohne ersichtlichen Anlass unglücklich wirkt,
> - aufgebracht reagiert, wenn jemand laute Geräusche verursacht,
> - kein Mitgefühl zeigt, wenn eine andere Person traurig oder verletzt ist,
> - sich ständig beschwert,
> - mit nichts zufrieden ist und ständig etwas anderes oder Besseres verlangt,
> - sich bei den Erwachsenen über das Verhalten der anderen Kinder beschwert;
>
> Melanie
> - für alles eine bestimmte Ordnung braucht,
> - sich schnell erschrickt,
> - bestimmte soziale Situationen meidet,
> - übermäßig auf Sauberkeit achtet,

- → vor vielem Angst hat,
- → von Umgebungsgeräuschen schnell abgelenkt wird,
- → Probleme hat, sich in Menschenansammlungen aufzuhalten,
- → aufgebracht reagiert, wenn jemand die Anordnung ihrer Materialien verändert;

Leon
- → ungeschickt ist,
- → ständig in Bewegung ist,
- → oft stolpert,
- → Freunde gewinnt, aber schnell wieder verliert,
- → ruhelos und übermäßig aktiv ist,
- → gern mit Freunden zusammen ist, aber danach nicht weiter den Kontakt sucht und nicht von sich aus mit ihnen spielt,
- → Angefangenes oft nicht zu Ende bringt,
- → vorzeitig Antworten gibt, bevor eine Frage vollständig formuliert ist,
- → Dinge, Reaktionen oder Aktivitäten unmittelbar einfordert,
- → andere Kinder oft anrempelt,
- → anderen Kindern Sachen aus der Hand nimmt.

Auslöser von Verhaltensauffälligkeiten

Bevor Verhaltensweisen analysiert werden, gilt es zunächst zu betrachten, was dieses Verhalten ausgelöst hat. Auslöser werden gelegentlich auch als Ursache, vorangehender Vorfall oder Anstoß bezeichnet. Es handelt sich dabei um den Anlass, der ein Kind in einer gegebenen Situation zu einem bestimmten Verhalten bewegt.

Wenn Kinder sich nach Lust und Laune in einer Umgebung beschäftigen, in der sie sich aufgehoben fühlen, sind sie in der Regel zufrieden und verträglich. Ein Kind, das zu Hause seine Lieblingssendung im Fernsehen schaut und dabei Eis essen darf, wird in dem Augenblick kaum zu Problemverhalten neigen.

Kinder zeigen dann problematische, befremdliche oder unangemessene Verhaltensweisen, wenn sie mit einer Auslösesituation überfordert sind und aufgrund mangelnder Verhaltenskompetenzen nicht wissen, wie sie damit umgehen sollen.[4]

---

[4] vgl. Greene, R. (2005): The Explosive Child. New York, HarperCollins.

1 WARUM MACHST DU DAS?

Es ist wichtig, sich ein Gespür für bestimmte Verhaltensweisen anzueignen und sich dafür zu sensibilisieren, wo, wann und in Gegenwart welcher Personen sie auftreten. Wenn ein Schüler sich z. B. nur widerwillig mit Mathematik beschäftigt, sollte man herausfinden, was genau er an diesem Fach nicht mag und welche Hilfen er braucht, um mit Erfolg am Mathematikunterricht teilnehmen zu können. Daraus kann eine Strategie abgeleitet werden, mit der sich Problemverhalten in Mathematikstunden reduzieren lässt. Es kann durchaus sein, dass der Schüler sich in Mathematik störend verhält, weil die Stunde direkt vor der Frühstückspause liegt und er hungrig ist. Entsprechend kann man dem Störverhalten zuvorkommen, indem er vorher einen Imbiss zu sich nehmen darf. Oder die Mitarbeit fällt ihm schwer, weil Kinder aus verschiedenen Klassen an seiner Lerngruppe teilnehmen und der Stundenbeginn mit Unruhe und Lärm durch die eintreffenden Mitschüler verbunden ist. In diesem Fall kann es einfacher sein, Gruppenregeln für leises Arbeiten einzuführen, als während der ganzen Stunde auf das Verhalten eines einzelnen Schülers zu reagieren.

Andere Auslöser sind ebenso relevant, aber schwieriger zu identifizieren. Wenn sich z. B. in der Hofpause ein Kind vom Lärm, der Unüberschaubarkeit und Offenheit der Umgebung überfordert fühlt und sich in Unzugänglichkeit flüchtet, sollte überlegt werden, mit welchen Verhaltensfähigkeiten die meisten Gleichaltrigen diese Umgebungsbedingungen bewältigen. Woran liegt es, das dieses bestimmte Kind nicht mit Anforderungen umgehen kann, mit denen jeder im Alltag zurechtkommen muss? In den meisten Fällen wird man an den Bedingungen der Hofpause kaum etwas ändern können. Wenn wir jedoch herausfinden, welche Fähigkeiten dem Kind fehlen, um am Spiel in der Pause teilnehmen zu können, erhalten wir Anhaltspunkte für unsere weitere Arbeit. Wir können geeignete Methoden und Strategien auswählen, um diesem Kind zu helfen. Anstatt ihm beispielsweise zu sagen „Geh' und spiel' mit den anderen Kindern!", können wir es konkret beim Erwerb der Fähigkeiten unterstützen, die es für das Spiel mit Gleichaltrigen braucht.

FALLBEISPIELE

Jenny
Jenny versteckt sich unter dem Tisch, weil ihre sensorische Wahrnehmung durch Lärm überfordert wird. Sobald die Lautstärke im Klassenzimmer einen bestimmten Pegel erreicht hat, wird sie zum Auslöser. Jenny flüchtet sich unter den Tisch, wo sie bewegungslos verharrt.

Nils
Nils reagiert heftig auf negative Emotionen und Autorität. Je mehr eine Lehrkraft sein Verhalten widerspiegelt, z. B. indem sie ihn durch lautes Androhen von Sanktionen zu steuern versucht, desto mehr steigert er sich in Störverhalten.

Melanie
Verstößt ein Kind gegen Melanies Überzeugungen oder gegen Regeln, reagiert sie mit mehr Vehemenz und Selbstgerechtigkeit als die meisten anderen Kinder. Aufgrund ihrer rigiden Denkprozesse kann Melanie nicht erkennen, dass ihre Reaktionen übersteigert sind.

Leon
Direkte Fragen an Leon verursachen ihm Stress und hemmen seine Fähigkeit, Sprache zu gebrauchen. Er antwortet dann hastig mit „Weiß ich nicht" oder Ein-Wort-Sätzen.

Es geht nicht darum, in jeder Situation alle Auslöser zu eliminieren. An Schulen wie im Alltagsleben existieren Regeln, feste Abläufe und Verhaltenserwartungen. Entsprechend wird einem Kind nicht beim Erwerb wesentlicher Verhaltensfähigkeiten geholfen, wenn alle Schwierigkeiten und Anforderungen aus seiner Umgebung entfernt werden.

SOZIAL-EMOTIONALE FÄHIGKEITEN UND FERTIGKEITEN VERSTEHEN

Wenn ein Kind mit bestimmten Situationen überfordert ist, weil ihm die nötigen Verhaltenskompetenzen fehlen, sollte betrachtet werden, welche Fähigkeiten im Laufe der Entwicklung erworben werden und wie sie Verhalten beeinflussen. Dieses Buch konzentriert sich auf fünf geläufige, weit gefasste Bereiche der Entwicklung: Motorik, Kommunikation, soziale, emotionale und kognitive Fähigkeiten.

1 WARUM MACHST DU DAS?

Kindliche Entwicklung vollzieht sich in aufeinanderfolgenden Schritten und als Kontinuum, in dem Kinder sich bestimmte Fähigkeiten in einer gewissen Altersstufe aneignen. Der Erwerb dieser Fähigkeiten ist Voraussetzung dafür, dass sie die Erwartungen, die die Gesellschaft an sie richtet, auf altersgemäße Weise erfüllen können. So wird von Kindern erwartet, dass sie ab einem gewissen Alter bestimmte Situationen und Aufgaben bewältigen können. Der Erfahrungshintergrund und die Umgebung eines Kindes beeinflussen jedoch seinen individuellen Entwicklungsverlauf. Das bedeutet, dass kindliche Entwicklung im Einzelfall zwar dem normalen Verlauf durchaus entsprechen kann, während sie gleichzeitig individuelle Unterschiede aufweist. Obwohl sich die Gesamtentwicklung eines Kindes also normal vollzieht, kann es dennoch zur Verzögerung oder abweichenden Entwicklung einzelner Fähigkeiten kommen. Trotz vielfältiger Lernerfahrungen und einer stimulierenden Umgebung kann ein Kind beim Aufbau wichtiger Fähigkeiten in einen Rückstand geraten. Im Spiel und in sozialer Interaktion zeigt sich dieser Rückstand, wenn das Kind Verhaltensweisen zeigt, die nicht seinem Alter entsprechen.

Manche Beeinträchtigungen sind so tiefgreifend, dass ein Kind wesentliche Meilensteine der Entwicklung gar nicht erreicht. Es liegt bei den Eltern, Pädagogen und Kinderärzten, solche Entwicklungsbeeinträchtigungen und den resultierenden Förderbedarf frühzeitig im Leben eines Kindes zu erkennen und Interventionen einzuleiten.
Es gibt verlässliche Methoden, um Entwicklungsverzögerungen bei Kindern festzustellen, sowie entsprechende Beratungs- und Therapiemöglichkeiten. Allerdings besteht noch Nachholbedarf hinsichtlich Kindern, die zwar ähnlich beeinträchtigt sind, jedoch in moderater und nicht unmittelbar augenfälliger Weise. Das betrifft Schüler in der Vor- und Grundschule mit Entwicklungsrückständen, die einerseits für eindeutige Diagnosestellungen nicht gravierend genug sind, die andererseits aber so ausgeprägt sind, dass sie ihnen Probleme und Schwierigkeiten bereiten.
Ein Hauptproblem besteht für diese Kinder darin, dass von ihnen erwartet wird, bereits altersgemäße Fähigkeiten zu besitzen. In der Schule werden sie einer bestimmten Jahrgangsstufe zugeordnet. Dabei wird vorausgesetzt, dass sie sich wie ihre Altersgenossen verhalten können. Neigt ein Drittklässler z. B. dazu, sich in Wut oder Ärger hineinzusteigern, ohne sich beruhigen zu können, zeigt er ein Verhalten, das nicht den altersgemäßen Erwartungen entspricht. Bei einem erheblich jüngeren Kind dagegen würde dasselbe Verhalten kaum Verwunderung oder Anstoß erregen.

Problemverhalten sollte unter dem Aspekt eines Rückstands in der Entwicklung spezifischer Fähigkeiten betrachtet und verstanden werden. Damit öffnet sich der Weg, um bei den betroffenen Kindern den Entwicklungsbedarf zu ermitteln und sie beim Erwerb der noch fehlenden Fähigkeiten anzuleiten, zu unterstützen und zu fördern.

Bedeutung von motorischen Fähigkeiten

Die motorische Entwicklung wird oft in zwei Bereiche eingeteilt: Grobmotorik (Krabbeln, Hand-Ausstrecken, Sitzen, Laufen) und Feinmotorik (Schneiden, Schreiben, Auge-Hand-Koordination). Es ist wichtig, diese motorischen Fähigkeiten nicht einzig unter dem Aspekt zu betrachten, ob ein Kind Kompetenzen wie Laufen, Hüpfen oder Sprechen durchgängig zeigt oder nicht. Den meisten Kindern in einer Klasse fallen diese Handlungen leicht und sie vollziehen sie spontan, ohne Anleitung und ohne bewusst darüber nachdenken zu müssen.

Für manche Kinder trifft das jedoch nicht zu. Auch wenn sie eine bestimmte motorische Handlung erlernt haben, kann es ihnen schwerfallen, sie zu wiederholen. Das liegt daran, dass die Fähigkeit, eine Bewegung auszuführen, von mehreren Faktoren bestimmt wird: gedankliche Vorwegnahme, Planung und schrittweise Ausführung des Bewegungsablaufs. Auch Bewegungsabläufe, die ein Schüler mehrfach erfolgreich vollzogen hat, können ihn dennoch große Mühe kosten. Die Aneignung einer neuen, ungewohnten Bewegung erfordert von allen Kindern ein hohes Maß an Bewegungsplanung. Manchen Schülern gelingt das mühelos und sie brauchen sich kaum darauf zu konzentrieren. Andere hingegen müssen sich jeden einzelnen Schritt von der Bewegungsabsicht bis zur Ausführung explizit bewusst machen.

Die Bewegungen von Kindern mit motorischen Beeinträchtigungen wirken oft ungelenk, stereotyp, unkoordiniert und ungeschickt. Zwar können sie laufen, rennen und sprechen, aber anderen Kindern geschickt auszuweichen oder sich zu mehreren gleichzeitig durch die Turnhalle zu bewegen, stellt an sie Anforderungen, die ihre mentalen Energien schnell erschöpfen.
Ein Rückstand in den motorischen Fähigkeiten bringt soziale Implikationen mit sich. Diese Kinder rempeln versehentlich Mitschüler an, treten ihnen auf die Füße und werden bei Mannschaftsspielen oft als Letzte gewählt.

1 WARUM MACHST DU DAS?

Motorische Fähigkeiten umfassen:

- ☑ **Feinmotorik:** Koordination kleiner Muskelgruppen wie Finger-, Hand-, Arm-, Schulter- und Halsmuskeln sowie Auge-Hand-Koordination
- ☑ **Bewegungsplanung:** einen ungewohnten Bewegungsablauf gedanklich zu planen und schrittweise auszuführen
- ☑ **Adaptionsfähigkeit:** Generalisierung von erlernten Bewegungen und Fähigkeiten
- ☑ **Körperwahrnehmung:** sich der eigenen Körperbewegung und der Wirkung der eigenen Körperlichkeit auf die Umgebung bewusst sein
- ☑ **Soziale Wahrnehmung:** sich der Gegenwart anderer bewusst sein und sich ihnen zuwenden
- ☑ **Verbale Impulskontrolle:** sich von spontanen und lauten Äußerungen oder von der Kommentierung von Äußerungen anderer zurückhalten
- ☑ **Selbststeuerung:** Fähigkeit, einem Anreiz, inneren Drang, Handlungswunsch oder Impuls zu widerstehen
- ☑ **Bewegungsverhalten anpassen:** andere beobachten und ihre Bewegungen oder Handlungsmuster imitieren
- ☑ **Wechsel zwischen Aktivitäten vollziehen:** von einer Handlung/Aktivität zu einer anderen wechseln
- ☑ **Selbstkontrolle:** eigenes Bewegungsverhalten an die Erfordernisse der Umgebung anpassen
- ☑ **Bewegungskontrolle:** einen Bewegungsablauf beginnen und stoppen

---

FALLBEISPIELE

Jenny → BEWEGUNGSPLANUNG
Jenny bewegt sich langsam und vorsichtig. Wenn die Schüler aufgefordert werden, von ihren Tischen aufzustehen und sich in der Erzählecke auf den Teppich zu setzen, rührt Jenny sich nicht. Sie verharrt an ihrem Platz, als ob sie die Aufforderung nicht gehört hätte. Die Lehrkraft muss zu Jenny hingehen, ihre Schulter berühren und auf den Teppich zeigen, damit sie aufschaut, nickt und sich den anderen anschließt.

Nils → IMPULSKONTROLLE
Nils schlägt und stößt andere Kinder, wenn er verärgert oder wütend ist. Obwohl diese Handlungen unangemessen sind, sind sie nicht bewusst intendiert. Nils plant nicht im Voraus, Kinder zu stoßen. Vielmehr sind seine Reaktionen Ausdruck eines inneren Kontrollverlusts.

> **Melanie → BEWEGUNGEN NACHVOLLZIEHEN**
> Melanie nimmt nicht wahr, wie andere Kinder sich bewegen, und passt ihre eigenen Bewegungen nicht entsprechend an. Auf dem Schulhof beobachtet sie nicht, was die anderen Kinder tun, um sich dann ins Spiel einzubinden. Stattdessen entfernt sie sich von der Gruppe, verfolgt ihre eigene Spielidee und erwartet von anderen, ihr Spiel zu übernehmen.
>
> **Leon → SELBSTKONTROLLE**
> Leon hat große Schwierigkeiten, seine Bewegungsenergie zu steuern. In fliegendem Wechsel zwischen verschiedenen Aktivitäten flitzt er durch das Klassenzimmer. Seine Bewegungen wirken hastig, überstürzt und planlos.

Bedeutung von kommunikativen Fähigkeiten

Soziale Kommunikationsfähigkeit ist die Fähigkeit, soziale Bedürfnisse verbal oder non-verbal ausdrücken zu können. Sie ist mehr als die Aneignung von Vokabular, obwohl auch diese Kenntnisse wesentlich für funktionierende soziale Interaktionen sind. Vielmehr handelt es sich um die Fähigkeit, auf verbale und non-verbale Weise mit Kommunikationspartnern sozial in Beziehung zu treten. Soziale Kommunikation befähigt eine Person, anhand von Sprache nach etwas zu fragen, um Hilfe zu bitten, etwas zu erzählen oder Gedanken und Gefühle in Worte zu fassen. Das gesprochene Wort orientiert sich dabei an dem Gespür dafür, was man sagt, wie man es sagt und wann man es sagt. Der verbale Ausdruck wird begleitet und betont durch non-verbalen Ausdruck wie Blick, Mimik und Gestik.

Für Eltern und Lehrer ist es nicht immer einfach, Beeinträchtigungen der sozialen Kommunikationsfähigkeit zu erkennen. Kinder können über umfassende Sprachkompetenzen und einen weitreichenden Wortschatz verfügen, ohne ihn jedoch in sozialem Kontext anzuwenden. Es kommt vor, dass ihnen das Gespür und die Fähigkeit fehlen, im sozialen Miteinander verbale und non-verbale Äußerungen angemessen zu nuancieren. Solche Schüler werden oft für still, schüchtern oder wenig begabt gehalten. Tatsächlich brauchen sie Hilfe, um ihr Kommunikationsbedürfnis befriedigen zu können.
Kinder mit sprachlichen Entwicklungsrückständen weisen häufig auch Rückstände in der Sozialentwicklung auf. Dabei geht es nicht nur darum,

1 WARUM MACHST DU DAS?

dass sie nicht mit Gleichaltrigen kommunizieren und spielen können. Eine Vielfalt an sozial-emotionalen Kompetenzen ist betroffen, von denen die gesprochene Sprache nur eine ist. Diese Kinder zeigen in der Regel Probleme bei vielen kommunikativen Fähigkeiten, die an sozialen Interaktionen beteiligt sind, z. B. Gesten, Blickkontakt, Beteiligung an einem wechselseitigen Gespräch oder der Ausdruck von Gedanken und Gefühlen. Folglich kann bereits das Spiel in der Hofpause zur Überforderung werden. Weil den betroffenen Schülern die Fähigkeiten zur zielgerichteten Kommunikation mit anderen fehlen, sind sie nicht in der Lage, die sozialen Botschaften ihrer Mitschüler zu entschlüsseln oder selbst welche auszusenden.

Zu kommunikativen Fähigkeiten gehören:
- ☑ **Rezeptives Gedächtnis:** Information ins Gedächtnis aufnehmen, speichern und zu einem späteren Zeitpunkt wieder abrufen
- ☑ **Informationsverarbeitung:** Information aufnehmen, mit zuvor aufgenommenen Informationen verknüpfen und modifizieren; wird die Information im Gedächtnis abgerufen, ist sie in einen Bedeutungskontext integriert
- ☑ **Bewusstes Zuhören:** sich beim Zuhören sowohl auf den Inhalt als auch auf den Sprecher konzentrieren
- ☑ **Non-verbale Kommunikation:** Botschaften durch Körpersprache und Mimik vermitteln
- ☑ **Verbale Kommunikation:** sich durch Sprache mitteilen
- ☑ **Intentionaler Sprachgebrauch:** durch Sprache detaillierte Informationen mit einer anderen Person teilen
- ☑ **Expressiver Sprachgebrauch:** Sprache gebrauchen, um detaillierte Informationen weiterzugeben
- ☑ **Perspektive anderer einnehmen:** den Blickwinkel einer anderen Person erfassen und anerkennen, dass diese Person eigene Ideen, Kenntnisse und Überzeugungen hat
- ☑ **Auf Äußerungen anderer eingehen:** die Äußerungen einer anderen Person durch die Formulierung von Gedanken, Kommentaren oder Aussagen inhaltlich aufgreifen und weiterführen
- ☑ **Sprachgebrauch in Konfliktsituationen:** sich des eigenen Tonfalls und der eigenen verbalen und non-verbalen Signale bewusst sein und sie angemessen steuern
- ☑ **Erzählen:** Ereignisse oder eine Geschichte in einer sinnvollen Reihenfolge wiedergeben

> **FALLBEISPIELE**
>
> **Jenny → INFORMATIONSVERARBEITUNG**
> Wenn die Schüler bei Unterrichtsende aufgefordert werden, ihren Platz aufzuräumen und ihre Sachen wegzupacken, bleibt Jenny sitzen, ohne auf die Aufforderung zu reagieren. Die einfache verbale Anweisung, aufzuräumen, enthält viele einzelne Denk- und Handlungsschritte, die koordiniert werden müssen. Jenny ist damit überfordert.
>
> **Nils → SPRACHGEBRAUCH IN KONFLIKTSITUATIONEN**
> Auch wenn Nils seinen Mitschülern einen konstruktiven Spielvorschlag macht und ihnen das Spiel erklärt, nimmt die Härte und Vehemenz seines Tonfalls zu, je mehr er über seine Spielidee spricht.
>
> **Melanie → ERZÄHLEN**
> Melanie scheint einerseits über eine hohe Sprachkompetenz zu verfügen, besonders wenn sie Fakten wiedergibt oder ihre Meinung vertritt. Andererseits ist sie weder in der Lage, eine Geschichte im Zusammenhang zu erzählen, noch ihren Eltern über ihren Schultag zu berichten.
>
> **Leon → NON-VERBALE KOMMUNIKATION**
> Wenn Leon mit Mitschülern spricht, nimmt er keinen Blickkontakt auf und wendet sich ihnen nicht zu. Stattdessen ist sein Körper in ständiger Bewegung und sein Blick wandert umher. Folglich entgeht es den anderen Kindern, wenn Leon mit ihnen sprechen will.

Bedeutung von sozialen Fähigkeiten

Manchen Kindern scheint das Spiel mit anderen viel Freude und keinerlei Mühe zu bereiten. Sie fühlen sich nicht nur zu anderen Kindern hingezogen, sie selbst werden von Gleichaltrigen als Spielpartner gesucht.
Soziale Kompetenz und die Fähigkeit, positive soziale Beziehungen anzuknüpfen und zu pflegen, erfordert eine Reihe sozial-emotionaler Fähigkeiten. Dazu gehören soziales Referenzieren, Orientierung am Vorbild, Gegenseitigkeit und Perspektivenwechsel. Noch wichtiger sind die Motivation und der Wille, auf ein anderes Kind zuzugehen, sich ihm zuzuwenden und anzuschließen.

1 WARUM MACHST DU DAS?

Diese sozial-emotionalen Fähigkeiten sowie eine natürliche Spielmotivation ermöglichen es einem Kind, Spielsituationen auszuprobieren und durch häufige Wiederholung diejenigen Fähigkeiten zu erlernen und zu üben, die erfolgreiches Spiel ausmachen. Fehlen einem Kind diese Fähigkeiten und die Motivation, ein bestimmtes Spiel mehrfach zu spielen, kann es keine Spielerfahrung sammeln. Damit entgeht ihm auch die Möglichkeit, sich soziale Kompetenzen anzueignen. Im Laufe seiner weiteren Entwicklung wird ein solches Kind im Fähigkeitserwerb immer weiter hinter Gleichaltrigen zurückbleiben und schließlich den Umgang mit ihnen meiden.

Soziale Fähigkeiten umfassen:
- ☑ **Gemeinsame Aufmerksamkeit:** sich mit einem Interaktionspartner zur selben Zeit derselben Sache zuwenden
- ☑ **Gegenseitigkeit:** Geben und Nehmen in einer sozialen Interaktion
- ☑ **Imitation (Nachahmung):** eine andere Person ansehen und ihre Gesten, Bewegungen und Handlungen imitieren
- ☑ **Soziales Referenzieren:** Blickkontakt mit einer anderen Person herstellen und ihre emotionalen Signale deuten
- ☑ **Soziales Beobachten:** andere Personen und die soziale Umgebung beobachten, um Informationen zu gewinnen
- ☑ **Auf die Gefühle anderer eingehen:** Stimmungen und Gefühle anderer wahrnehmen und angemessen darauf reagieren
- ☑ **Soziale Antizipation:** das eigene Handeln auf die Handlungen anderer abstimmen
- ☑ **Bedürfnisse anderer wahrnehmen:** die Bedürfnisse anderer erkennen, akzeptieren und bei den eigenen Handlungen berücksichtigen
- ☑ **Distanzverhalten:** mit anderen räumliche Nähe teilen und dabei angemessenen Körperabstand halten
- ☑ **Selbstreflexion:** das eigene Verhalten beobachten und sich der eigenen Handlungen bewusst sein anstatt die Aufmerksamkeit auf das Verhalten anderer zu richten

---

FALLBEISPIELE

Jenny → ORIENTIERUNG AM VORBILD
Im Unterricht gibt der Lehrer einem Schüler positives Feedback in Form von konkretem, verbalem Lob, z. B. „Du sitzt ruhig an deinem Platz und arbeitest an der Aufgabe. Prima!" Hat der Lehrer ein solches Lob ausgesprochen, sehen die meisten Kinder zu diesem Mitschüler

hin und imitieren sein Verhalten (fast alle Schüler wünschen sich die Anerkennung des Lehrers).
Jenny entgeht dieses Lernen am Vorbild, denn sie schaut nicht zu dem betreffenden Schüler hin. Entsprechend sieht sie auch nicht, dass er ruhig sitzt und auf sein Arbeitsblatt schaut. Deshalb kann sie auch keine konkrete Vorstellung vom erwarteten Verhalten gewinnen und das Vorbild übernehmen. Jenny konzentriert sich folglich nicht auf die Aufgabe, was sich negativ auf das Lernklima in der Gruppe auswirkt.

Nils → SELBSTWAHRNEHMUNG
Nils fühlt sich durch das Verhalten anderer Schüler gestört und fordert, dass der Lehrer sie ermahnt oder bestraft, wenn sie Regeln verletzen oder sich unangemessen äußern. Er scheint sich nicht bewusst zu sein, dass er selbst solche Verhaltensweisen zeigt, und merkt nicht, wenn er seinerseits zum Fehlverhalten von Mitschülern beiträgt.

Melanie → GEGENSEITIGKEIT
Wenn Melanie mit anderen spielt, entsteht kein reibungsloses, kooperatives Spiel. Sie dominiert den Spielverlauf und versucht, Spielideen, Spielmaterialien und die Auswahl von Spielen zu kontrollieren.

Leon → GEFÜHLE TEILEN
Leon erweckt den Eindruck, gegenüber den Gefühlen anderer unsensibel zu sein. Tatsächlich nimmt er sie im Übermaß wahr und empfindet emotionale Lautäußerungen und Reaktionen anderer als verunsichernd und beunruhigend. Hat sich ein anderes Kind beispielsweise wehgetan, erscheint Leons Reaktion darauf befremdlich, harsch oder nach Aufmerksamkeit heischend. Zwar sind diese Verhaltensweisen sozial unangemessen, jedoch verfügt er über keine anderen Fähigkeiten, um seine Betroffenheit über den Schmerz des anderen Kindes auszudrücken.

Durch die täglichen Begegnungen und sozialen Interaktionen mit anderen entwickeln sich positive oder auch negative soziale Beziehungen. Besonders solche Beziehungen, in denen negative Gefühle vorherrschen, begünstigen Mobbing unter Schülern.

Fehlen Kindern wesentliche soziale Fähigkeiten, ist damit auch ihre Fähigkeit zum Aufbau positiver Beziehungen beeinträchtigt. Besonders in schwierigen oder konfliktträchtigen Situationen brauchen sie konkrete Unterstützung und Anleitung, damit sie sich diese Kompetenzen aneignen können. Auf diese Weise lernen sie den Umgang mit Konflikten oder Missverständnissen und stärken ihre Fähigkeit, zufriedenstellende Beziehungen zu entwickeln.

Bedeutung von emotionalen Fähigkeiten

Es gibt Kinder, die immer gut gelaunt zu sein scheinen und sich an allem freuen können, was der Tag für sie bereithält. Andere hingegen stehen oft abseits, wirken ständig unzufrieden, sind zu schüchtern zum Mitspielen oder werden einfach übergangen. Das heißt jedoch nicht, dass ein immer fröhliches Kind automatisch auch netter ist als die anderen oder von seinen Eltern besonders gut erzogen wird. Man sollte auch nicht annehmen, dass Eltern die Ängste eines unsicheren Kindes durch Überbehütung verstärken oder dass ein Schüler, der zu heftigen Widerstandsreaktionen neigt, zu Hause extreme Strenge erdulden muss.

Stimmungen haben innere Ursachen und entstehen durch ein komplexes Zusammenspiel der äußeren Umgebung (Auslöser, z.B. ein großer Hund) mit neurophysiologischer Veranlagung (physiologische Reaktion, z.B. erhöhte Herzfrequenz) und kognitiver Deutung (positive oder negative Voreingenommenheit bei der Interpretation von Situationen; *Beispiel:* „Vor mir steht ein großer Hund. Mein Herz klopft vor Angst. Der Hund wird mich bestimmt anfallen und beißen."). Stimmungen zu kontrollieren ist für viele Kinder sehr schwierig. Ihr Verhalten sollte deshalb keinesfalls als bewusstes Überreagieren verstanden werden.

Werden Kinder darin unterstützt und angeleitet, Stresssituationen ruhig zu durchdenken, können sie schrittweise lernen, ihre Emotionen zu kontrollieren. Dabei sollten sie ganz allmählich, behutsam und regelmäßig an solche Situationen herangeführt werden, die in ihnen leichte Ängste auslösen, ohne sie jedoch zu überfordern. Die Situationen sollten entsprechend der kognitiven und handlungsbezogenen Kompetenzen des Kindes ausgewählt werden, damit es seine Angst überwinden, die Situation meistern und aus seinem Erfolg lernen kann. Geeignet sind Situationen, die das Kind zwar geringfügig verunsichern, die es aber realistisch bewältigen kann.

Emotionale Fähigkeiten umfassen:
- ☑ **Gefühle ausdrücken:** Gefühle angemessen zeigen
- ☑ **Emotionen internalisieren:** die Verbindung zwischen Gefühlen und Körperreaktionen erkennen
- ☑ **Emotionen externalisieren:** die Verbindung zwischen Gefühlen und Handlungen erkennen
- ☑ **Emotionen steuern:** Stimmungen und Gefühle bei sich selbst erkennen, sie verstehen, beobachten und angemessen damit umgehen; auf Stimmungen und Emotionen positiv, konstruktiv und situationsgerecht eingehen und sich einfühlen
- ☑ **Emotional angemessen reagieren:** angstauslösende Situationen oder die Schwere eines Problems einschätzen und entsprechend reagieren
- ☑ **Angemessener Gebrauch von Stimme und Tonfall:** den stimmlichen Ausdruck von Emotionen steuern
- ☑ **Positives Denken:** erkennen, dass man das eigene Denken positiv beeinflussen kann und dass sich dadurch das eigene Fühlen und Handeln positiv verändert
- ☑ **Emotionen anderer positiv beeinflussen:** wissen, dass man die Gefühle anderer in positiver Weise beeinflussen kann
- ☑ **Emotionale Reaktionen auf Auslöser:** erkennen, dass positive oder negative Verhaltensweisen in anderen Gefühlsreaktionen erzeugen
- ☑ **Verantwortlicher Umgang mit den Gefühlen anderer:** Fähigkeit, sich in die Gefühle anderer hineinzuversetzen

---

FALLBEISPIELE

Nils → EXTREME GEFÜHLSREAKTIONEN KONTROLLIEREN
Nils reagiert mit vehementen Wutausbrüchen auf geringfügige Anlässe.

Melanie → EMOTIONEN STEUERN
Melanies starres Denken manifestiert sich in Regeln und Problemstellungen, die sie selbst geschaffen hat und die für andere irrelevant sind. Ihre Liebe zur Natur und ihr Eifer, sie zu schützen, führt oft dazu, dass sie sich übermäßig über das Tun Gleichaltriger aufregt. Betroffen sind Verhaltensweisen, die die beteiligten Mitschüler für völlig normal halten würden.

1 WARUM MACHST DU DAS?

> **Leon → EMOTIONEN EXTERNALISIEREN**
> Leon hat ein feines Gespür für negative Emotionen, z. B. wenn eine neue Lehrkraft Frustration oder Ärger über Leons Problemverhalten zeigt. Diese Wahrnehmungen lösen in ihm Stress aus, der dazu führt, dass er sich weiter in sein destruktives Verhalten hineinsteigert.
> Er handelt dabei nicht aus Böswilligkeit, sondern weil seine innere Fehlsteuerung ihm keine andere Wahl lässt: Er kann nicht erkennen, dass sein Verhalten durch seine Emotion bedingt ist.

Bedeutung von kognitiven Fähigkeiten

Kognitive Fähigkeiten sind eine wesentliche Voraussetzung für das Lernen in der Schule. Ihre Entwicklung wirkt sich auf wichtige Bereiche mentaler Leistung aus, z. B. Gedächtnis, Verarbeitungstempo, Konzentration und Aufmerksamkeit, in Zusammenhängen denken, Prioritäten setzen. Immer mehr erziehungswissenschaftliche Veröffentlichungen widmen sich diesen Kompetenzen und wie sie das Lernen beeinflussen. Dieses Buch konzentriert sich auf die Beteiligung kognitiver Funktionen an sozial-emotionalen Fähigkeiten und ihren Einfluss auf erfolgreiche soziale Interaktion.

Das betrifft auch Aspekte, an denen metakognitive Prozesse beteiligt sind, z. B. das eigene Lernen bewusst reflektieren zu können. Kinder müssen sich gedanklich damit auseinandersetzen, auf welche Weise sie sich an Aktivitäten beteiligen, mit anderen interagieren, spielen und lernen. Je mehr sich ein Kind über seine Interaktionen mit anderen bewusst wird, desto mehr wird es das eigene Verhalten im Spiel und im Unterricht reflektieren können. Wenn es seinen Anteil an sozialen Situationen erkennt, kann es seine Denkweise modifizieren und damit auch sein Verhalten ändern.

Kognitive Fähigkeiten umfassen:
- ☑ **Aufmerksamkeit:** sich einer weniger bevorzugten Aufgabe zuwenden und sich darauf konzentrieren
- ☑ **Integration von Wahrnehmungs- und Verarbeitungsfunktionen:** Aufmerksamkeit auf unterschiedliche Reiz- bzw. Informationsquellen richten und dabei verschiedene Wahrnehmungs- und Verarbeitungsfunktionen abwechselnd nutzen
- ☑ **Informationen folgerichtig verarbeiten:** Information aufnehmen und sie in logischer Reihenfolge gedanklich verarbeiten

- ☑ **Zusammenhänge wahrnehmen:** sich auf eine Aktivität konzentrieren und sich dabei der Umgebung bewusst bleiben
- ☑ **Flexibilität:** eigene Gedanken, Bedürfnisse und Wünsche entsprechend der Bedürfnisse anderer anpassen
- ☑ **Symbolisches Denken:** Denken vom Konkreten lösen und Objekte in abstrakten, variierenden und repräsentativen Begriffen reflektieren
- ☑ **Eigenschaften anderer Personen wahrnehmen:** Eigenschaften erkennen und beschreiben, die für eine andere Person charakteristisch sind
- ☑ **Soziale Kognition:** sich selbst und andere in Bezug auf soziale Qualitäten und Situationen wahrnehmen
- ☑ **Verhalten anpassen:** Wissen, welche Verhaltensweisen sozial erwartet und akzeptiert werden; motiviert vom Wunsch nach sozialer Bedürfniserfüllung eigene Verhaltensweisen ändern oder anpassen
- ☑ **Über soziale Situationen berichten:** soziale Situationen und Ereignisse erklären oder schildern

---

FALLBEISPIELE

Jenny → PERSÖNLICHE EIGENSCHAFTEN ERKENNEN
Jenny würde einen Spielpartner wahrscheinlich anhand seiner Kleidung beschreiben, z. B. würde sie auf sein rotes T-Shirt und seine Ringelsocken hinweisen. Sie wäre damit überfordert, seinen Namen zu nennen, eines seiner persönlichen äußeren Merkmale zu beschreiben oder etwas über ihn zu sagen, das ihn als Freund oder Spielkameraden ausweist. Dieser Mangel an Wahrnehmung für persönliche Eigenschaften gleichaltriger Spielpartner beeinträchtigt ihre Fähigkeit, freundschaftliche Beziehungen aufzubauen.

Nils → SOZIALE KOGNITION
Nils verfügt weder über eine adäquate Selbstwahrnehmung noch über eine zutreffende Wahrnehmung anderer Personen. Soziale Situationen und Aktionen nimmt er über seine negativen Emotionen wahr und versteht sie deshalb als gegen sich gerichtet.

Melanie → FLEXIBILITÄT
Melanies Denken und ihre Überzeugungen sind sehr rigide. Hat sie sich eine Regel oder einen Gedankengang zurechtgelegt, ist es für sie kaum möglich, sich davon zu lösen. Sie ist z. B. davon überzeugt,

1 WARUM MACHST DU DAS?

> dass es der Natur schadet, wenn einzelne Grashalme aus einer großen Wiese gezupft werden. Gegenargumente, besonders wenn sie in einer hitzigen Debatte vorgebracht werden, können sie nicht von dieser Vorstellung abbringen.
>
> **Leon → ÜBER SOZIALE SITUATIONEN BERICHTEN**
> Nach einem Streit auf dem Schulhof ist Leon kaum in der Lage, über die Vorgänge und die beteiligten Personen zu berichten.

Solange pädagogische Zielsetzungen sich nicht darauf richten, dass Kinder das „Lernen lernen" und sie die dafür notwendigen sozial-emotionalen Fähigkeiten erwerben, werden Schüler mit Konzentrations- und Aufmerksamkeitsstörungen weiterhin als Störer und Belastung für den Unterricht gesehen.

Entwicklungsrückstände feststellen

Genauso wie man anhand von Klassenarbeiten, Tests und anderen Lernzielkontrollen den Lernstand von Schülern ermittelt, lässt sich auch einschätzen, welche sozial-emotionalen Fähigkeiten ein Kind bereits erworben hat. Dazu eignet sich z. B. der Beobachtungsbogen auf S. 60–69.

1. Lesen Sie den Beobachtungsbogen mehrmals durch, um sich mit den einzelnen Beschreibungen vertraut zu machen und sich einen Eindruck zu verschaffen, welche Abschnitte auf bestimmte Schüler zutreffen könnten.
2. Notieren Sie ggf. bereits vor Beobachtungsbeginn die Namen der Schüler in den Abschnitten, die in Ihrer Einschätzung für diese Kinder relevant sind. Heben Sie die Namen der einzelnen Schüler mit jeweils derselben Farbe hervor, sodass Sie sofort erkennen können, in welchen Bereichen sich Förderschwerpunkte ergeben könnten.
3. Schreiben Sie mit Bleistift die Namen der Schüler dazu, bei denen Sie noch unsicher sind, ob die betreffende Fähigkeitsbeschreibung zutrifft.

Auf diese Weise erhalten Sie einen Überblick über das Fähigkeitsprofil der ganzen Klasse. Es weist auf die Kompetenzen hin, an denen die Gruppe zunächst arbeiten sollte. Daraus lassen sich Förderschwerpunkte und entsprechende Aktivitäten oder Spiele ableiten, die für die ganze Lerngruppe geeignet sind. Diese Angebote werden gleichzeitig als Lernerfahrungen für einzelne Schüler genutzt. Dabei erlernen und üben sie bestimmte Fähigkeiten, während sie gemeinsam mit anderen an derselben Aktivität teilnehmen. Konzentrieren Sie sich jeweils auf nur einen Entwicklungsbereich. Orientieren Sie sich dabei an den Kompetenzen, die zunächst gefördert werden sollten und deren Vermittlung sich am einfachsten im Unterricht verwirklichen lässt. Beginnen Sie mit der Auswahl eines Spiels, bei dem Sie die Fähigkeiten aufgreifen können, bei denen Ihrer Einschätzung nach der größte Handlungsbedarf für die ganze Klasse besteht.

Spiele, die Förderschwerpunkte ansprechen, können Sie mehrfach einsetzen, um den Kindern ausreichend Lern- und Übungsmöglichkeiten zu geben. Solche Angebote eignen sich besonders für die Unterrichtsphasen vor Pausen oder vor Schulschluss. Sie können als wiederkehrende Aktivität in den täglichen Unterrichtsablauf integriert und auch als Teil eines sozial-emotionalen Lernprogramms als Lernstationen gestaltet werden.

Aus dem Beobachtungsbogen wird auch ersichtlich, welche Schüler einen spezifischen Förderbedarf aufweisen und zur Unterstützung geeignete Förderstrategien benötigen. Förderstrategien sind zwar auf Fähigkeiten abgestimmt, die gefördert werden sollen, ihr Einsatz ist aber nicht unbedingt an die Spiele gebunden. Vielmehr können sie jederzeit im Unterricht und in Pausensituationen eingesetzt werden. Kinder können sich soziale Fähigkeiten dann am effektivsten aneignen, wenn Förderstrategien konsequent und durchgängig im Schulalltag angewandt werden.

Bezogen auf die Fallbeispiele würde ein Lehrer wissen, welche Fähigkeitsbereiche beeinträchtigt sind. Bei Jenny sind vorwiegend motorische Fähigkeiten, bei Leon soziale und kommunikative Fähigkeiten, bei Nils emotionale und bei Melanie kognitive Fähigkeiten betroffen. Zunächst würden die Namen der Kinder in den Spalten für die jeweiligen Entwicklungsbereiche notiert und dann neben den konkreten Fähigkeitsbeschreibungen vermerkt. Diese Eintragungen können noch vor der tatsächlichen Beobachtungsphase vorgenommen werden.

1 WARUM MACHST DU DAS?

> **FALLBEISPIELE**
>
> **Jenny**
> Aus dem Beobachtungsbogen ist ersichtlich, dass Jennys motorische Entwicklung beeinträchtigt ist. Anpassung an und Verarbeitung von geringfügige(n) Veränderungen in ihrer Umgebung überfordern sie. Entsprechend kostet es sie große körperliche und geistige Anstrengung, sich auf Bewegungsabläufe einzustellen und zu konzentrieren, die für andere Kinder selbstverständlich sind. Verschiebt ein Mitschüler z. B. seinen Tisch, ist es für Jenny sehr schwierig, das Hindernis zu umgehen. Ihre Mutter hat Jenny beim Klettern beobachtet: Konfrontiert mit einem neuen Klettergerüst, verhält sich Jenny so, als ob sie zum ersten Mal versuchen würde zu klettern.
>
> **Nils**
> Nils' größter Förderbedarf liegt im emotionalen Bereich. Für ihn würde sich ein Förderprogramm eignen, das ihn darin unterstützt, seine eigenen Gefühle und die damit verbundenen Verhaltensreaktionen besser zu verstehen. Eine solche Förderung sollte ihm auch dabei helfen, ein zunehmendes Bewusstsein für die Gefühle anderer zu entwickeln.
>
> **Melanie**
> Melanies Probleme im Sozialverhalten sind eine direkte Folge ihrer Ängste (emotionale Beeinträchtigung) und ihrer Denkstrukturen (kognitive Barrieren).
>
> **Leon**
> Leons soziale Probleme resultieren aus einer beeinträchtigten physischen Steuerung, die dazu führt, dass er sich überhastet bewegt und entweder zu viel oder zu wenig redet.

Der Beobachtungsbogen zeigt, dass die vier Beispielschüler sich zwar unterschiedlich verhalten, sie aber gleichzeitig ähnliche Beeinträchtigungen in einzelnen sozial-emotionalen Fähigkeiten aufweisen. Wenn die Einschätzung ergibt, dass mehr als einem Kind die gleichen sozial-emotionalen Fähigkeiten fehlen, kann sich die unterrichtsbegleitende Förderung an diesem Förderbedarf orientieren.

KOMPETENZEN GEZIELT FÖRDERN

In der sonderpädagogischen Praxis erhalten Schüler sowohl Unterricht in ihrer Klasse als auch spezielle Fördermaßnahmen außerhalb des Klassenverbands. Das gilt weitgehend für inklusive Settings sowie für die Förderung an einer Sonder- bzw. Förderschule. Am bereits angeführten Beispiel der Leseförderung kann das Vorgehen verdeutlicht werden. Ein Kind mit einer festgestellten Lese-Rechtschreibschwäche verlässt zeitweise den Unterricht und wird außerhalb der Klasse anhand eines gezielten Programms gefördert. Solche Fördermaßnahmen können neben schulischen Fördergruppen auch fachgerechte Nachhilfe und häusliches Üben umfassen. Gleichzeitig wird vom Lehrer erwartet, dass er seinen Unterricht entsprechend der Lernvoraussetzungen des Kindes differenziert und es nicht durch seine Leseschwäche benachteiligt wird.

Die gleiche Art von Förderung wird für Kinder mit Beeinträchtigungen des Sozialverhaltens benötigt. Förderschwerpunkt ist dabei die konkrete Vermittlung und der schrittweise Aufbau sozial-emotionaler Fähigkeiten. Viele Kinder brauchen Anleitung, um beispielsweise zu lernen, sich zu beruhigen, ihre Atmung unter Kontrolle zu bringen oder das Ausmaß eines Problems einzuschätzen. Manche Schüler lernen elementare sozial-emotionale Fähigkeiten bereits als Kleinkinder von ihren Eltern. Im Kindergarten werden diese Fähigkeiten weiter geübt und gestärkt. Im Laufe der Grundschulzeit festigen sich viele Kompetenzen so weit, dass die Schüler ohne ständige Rückmeldung auskommen. Die betreffenden Fähigkeiten brauchen also nicht mehr gesondert vermittelt und geübt zu werden, sondern sind Teil des Verhaltensrepertoires.

Die Spiele in diesem Buch sollten als unterrichtliche Lernerfahrungen verstanden werden. Sie knüpfen an spezifische Entwicklungsrückstände an, die bei der Beobachtung der Schüler ersichtlich werden. Die Spiele sind so aufgebaut, dass sie jeweils eine bestimmte sozial-emotionale Kompetenz aufgreifen und Aktivitäten anbieten, die diese Fähigkeit fördern. Sie können im Klassenunterricht oder bei außerschulischen Angeboten eingesetzt werden, z. B. in Betreuungsgruppen nach der Schule oder auch als spielerische Aufgabe für zu Hause. In sonderpädagogischen Fördergruppen oder in Klassen an Förderschulen, in denen Kinder mit ähnlichen Förderbedürfnissen unterrichtet werden, können jeweils ein oder zwei Spiele als Ergänzung in den Förderplan der Gruppe einbezogen werden.

1 WARUM MACHST DU DAS?

> Liegen bei einen Kind tatsächlich Entwicklungsrückstände vor, nützt es nichts, wenn eine bestimmte Lernerfahrung nur einmal angeboten wird. Der Aufbau einer neuen Fähigkeit kann nur gelingen, wenn die betreffenden Aktivitäten oft wiederholt und auch zu Hause von Eltern und Kind geübt werden. Viele Aktivitätsbeschreibungen enthalten daher Übungen für zu Hause. In manchen Fällen ist es sinnvoll, diese Übungen formal als Hausaufgabe zu stellen.

Eine Einbindung der Aktivitäten in den Unterricht heißt nicht, dass nach einer Fähigkeit gesucht wird, die einem Kind fehlt, um sie dann anhand eines Spiels zu trainieren. Das wäre nicht praktikabel. Das im Buch beschriebene Verfahren soll Lehrer darin unterstützen, ihr Verständnis für die Kinder in ihrer Klasse zu vertiefen. Damit gewinnen sie Einsicht in mögliche Entwicklungsrückstände, die einzelne Schüler am Lernen hindern.

Die Spiele und Aktivitäten eignen sich, um die korrespondierenden Fähigkeiten im Rahmen des Unterrichts aufzugreifen und behutsam aufzubauen. Sie ergänzen die Lernangebote in Fächern wie Sport oder Sprache und können auch in Spiel- und Bewegungspausen eingesetzt werden.

Spiele und Übungen zur Förderung sozial-emotionaler Fähigkeiten

Die Spiele, die in diesem Buch vorgestellt werden, richten sich nicht nach dem Alter der Kinder, sondern nach den sozial-emotionalen Fähigkeiten, die sie erwerben sollen. Zwar wird bei jedem Spiel angegeben, für welche Altersgruppe es sich eignet, aber letztlich entscheidet der Entwicklungsstand eines Kindes, ob die Aktivität angemessen ist. Zum Beispiel kann ein Spiel einen Schüler dann überfordern, wenn er bestimmte Fähigkeiten noch nicht entwickelt hat – auch wenn Kinder gleichen Alters die Anforderung mühelos bewältigen.
Entwicklungsrückstände bewirken, dass die betroffenen Kinder kaum eine Chance haben, ihre Kompetenzen zu erweitern. Im Laufe ihrer Entwicklung bleiben sie hinter ihren Altersgenossen zurück und können die sozial-emotionalen Lernprozesse in ihrer Peer-Gruppe nicht mitvollziehen. Sie haben keine Möglichkeit, sich soziale Fähigkeiten auf ihrem eigenen Lern- und Entwick-

lungsniveau anzueignen. Jedoch wird in ihrer Umgebung vorausgesetzt, dass sie aufgrund ihres Alters die betreffenden Kompetenzen bereits beherrschen sollten.

Mit etwas Kreativität kann dieses Problem gelöst werden. Viele Aktivitätsbeschreibungen enthalten Hinweise, wie die soziale Gruppenstruktur (Schüler mit unterschiedlichen Stärken und Schwächen, die einander ergänzen) genutzt werden kann, um das Lernen in der Gruppe zu unterstützen. Dabei werden Schüler mit unterschiedlichen Fähigkeiten so kombiniert, dass die Gruppe einzelne Mitschüler mitträgt und die Kinder in der Zusammenarbeit individuell an Kompetenz dazugewinnen können (Peplar, 2006). Andere Spiele eignen sich für Gruppen mit Schülern auf etwa demselben Entwicklungsstand. Die Auswahl und Anforderung richten sich dabei nach den Förderbedürfnissen der Gruppe. Für eine Lerngruppe, in der alle Kinder dieselbe Fähigkeit lernen müssen, eignet sich ein Spiel, das diese Kompetenz auf einem Niveau anspricht, das von allen Gruppenmitgliedern bewältigt werden kann.

> Bei entsprechender Differenzierung (z. B. Erhöhen des Schwierigkeitsgrads oder Veranschaulichung der zu übenden Fähigkeit durch konkrete, altersgemäße Beispiele) eignen sich die Spiele für alle Altersgruppen.

Es kann vorkommen, dass ein einzelnes Kind einen so erheblichen Entwicklungsrückstand im Vergleich zu der übrigen Klasse aufweist, dass gemeinsames Üben mit den Mitschülern kontraproduktiv wäre. Das Kind würde unweigerlich an der Anforderung scheitern und sein Versagen würde die Aufmerksamkeit der Mitschüler auf sich ziehen. Unter solchen Bedingungen kann kein Lernen stattfinden. In diesem Fall sollten Lösungen gefunden werden, damit der Schüler geeignete Aktivitäten in separaten, geschützten Settings üben kann.

Beispiele:
- ☑ Lehrer in der Ausbildung oder pädagogische Assistenzkräfte führen die Aktivitäten als Einzel- oder Kleingruppenförderung mit einem bis zwei weiteren Schülern mit ähnlichen Förderbedürfnissen durch. Dazu eignen sich Räumlichkeiten außerhalb des Klassenzimmers oder des Schulgebäudes.

1 WARUM MACHST DU DAS?

☑ Der betreffende Schüler kann als Mentor in eine jüngere Klasse geschickt werden, um mit den Kindern dort bei einem Spiel eine bestimmte Fähigkeit zu üben. Dadurch kann das Selbstvertrauen des Schülers gestärkt werden und er kann gleichzeitig an seinem Förderziel arbeiten. Dieses Vorgehen eignet sich auch als proaktive Strategie: Anstatt den Schüler in Störverhalten abgleiten zu lassen und ihm dann eine Auszeit z. B. im Schulleiterbüro zu verordnen, können ihm Bewegungspausen in Klassen mit jüngeren Kindern angeboten werden, bevor das Problemverhalten auftritt.

Sozial-emotionale Fähigkeiten sind entwicklungsbedingt und sollten deshalb keinesfalls in Abhängigkeit zum biologischen Alter eines Kindes betrachtet werden. Dennoch werden bei den einzelnen Spielen großzügig bemessene Angaben zu den Jahrgängen gemacht, für die sich die Übungen generell eignen. Das hängt damit zusammen, dass in der Normalentwicklung die angesprochene sozial-emotionale Kompetenz zumeist in der genannten Altersstufe erscheint. *Beispiel:* Eine bestimmte Fähigkeit kann normalerweise bei Kindern im Alter von Zweitklässlern erwartet werden. Ein Spiel, bei dem die Fähigkeit geübt wird, kann sich trotzdem auch für ältere Schüler der 4. Klasse eignen, die einen leichten Rückstand im Erwerb dieser Fähigkeit aufweisen. Entsprechend enthält die Aktivitätsbeschreibung die Angabe „2.–4. Schuljahr".

Lehren/Fördern/Überleben

Es ist wichtig, Lehren (z. B. im Unterricht) von Fördern (z. B. in bestimmten Fördersituationen oder anhand individueller Maßnahmen) zu unterscheiden. Ebenso wichtig ist es zu wissen, wann Lehren und Fördern angewendet werden. Lehren bedeutet, einen Schüler mit einem Thema vertraut zu machen, den Sachverhalt zu erklären, anhand von Beispielen zu veranschaulichen und durch weitere Informationen zu ergänzen. Wenn wir einem Kind das Prinzip des Teilens lehrend vermitteln, erklären wir ihm, was Teilen ist, warum wir etwas mit anderen teilen, wie man teilt und wann wir das tun. Wenn wir einen Schüler darin fördern, etwas teilen zu können, bestärken und ermutigen wir ihn z. B. in Spielsituationen, ein Spielzeug mit einem anderen Kind zu teilen. Damit helfen wir ihm, das Prinzip des Teilens anwenden zu können. Selbst wenn er dieses Prinzip kennt und sogar versteht, kann er es möglicherweise noch nicht praktizieren und benötigt deshalb Unterstützung.

Lehrer sind nicht davor gefeit, Lehren und Fördern zu verquicken. So begehen wir hin und wieder den Fehler, zu erklären und anzuleiten, während der Schüler gerade versucht, die betreffende Anforderung zu bewältigen – sich also in einer Stresssituation befindet. Reicht das Kind ein Spielzeug nur zögernd oder widerwillig weiter, neigen wir dazu, erklärend einzugreifen: „Du sollst doch deine Spielsachen mit anderen teilen! Teilen ist unter Freunden sehr wichtig. Wenn du deine Sachen nicht teilst, dann wollen die anderen Kinder auch nicht mit dir spielen!" In einer Situation, die eine hohe Anforderung an das Kind stellt, enthält eine solche Aussage zu viel Information, zu viel Erklärung und zu viel Anweisung.

FALLBEISPIEL

Leon
Als Leon im Kindergarten war, wurde geübt, wie man eine Unterhaltung führt. Für die anderen Kinder in der Gruppe war das eine angemessene Lernerfahrung, denn ihr Entwicklungsstand erlaubte es ihnen, Gegenseitigkeit in einer sozialen Interaktion zu üben und zu praktizieren. Leon hingegen war entwicklungsbedingt noch nicht bereit, sich diese Fähigkeit anzueignen und anzuwenden. Für ihn müssen die wesentlichen Elemente der Gesprächsführung in einzelne, klar definierte Schritte aufgeteilt werden. Diese Schritte müssen Leon auch über das Kindergartenalter hinaus und während seiner ersten Grundschuljahre immer wieder erklärt und mit ihm geübt werden.

Der Aufbau sozial-emotionaler Fähigkeiten braucht Zeit. Nachdem ein Kind eine Fähigkeit erworben hat, muss es sie oft wiederholen. Wenn z. B. deutlich wird, welche Fähigkeit bei einem Kind noch nicht stabil ist, sollte die betreffende Kompetenz in lebensnahen Situationen und in alltäglichen sozialen Begegnungen gefördert und geübt werden. Dabei sollten sensible Momente genutzt werden, die sich als Lernerfahrung eignen. Solche Momente bieten sich täglich im Unterricht und befähigen Lehrer, einem Schüler bei der Anwendung und Übung neuer Kompetenzen zu helfen. Situativ einsetzbare Förderstrategien gewährleisten dabei, dass das soziale Lernen des Kindes kontinuierlich gestützt und gestärkt werden kann.

Damit ein Kind sich eine Fähigkeit aneignen kann, braucht es in der Lehr- und Lernphase einen klar strukturierten und systematischen Lernweg.

1 WARUM MACHST DU DAS?

In der anschließenden Förder- und Übungsphase benötigt das Kind hingegen viele verschiedene Anwendungs- und Erfahrungsfelder. Außerdem braucht es einen verständnisvollen Begleiter, dem bewusst ist, dass Stresssituationen oder bestimmte Umgebungsbedingungen das Kind darin hindern, diese Fähigkeit anwenden zu können – auch wenn es sie in anderen Situationen bereits beherrscht. Gelegentlich gipfeln solche Stresserlebnisse in Krisen, die das Kind durchstehen und „überleben" muss.

🪶 Lehren/Förderschwerpunkt (niedriges Stresspotential)

Kinder sollten in einer weitgehend stressfreien Lernumgebung an eine neue sozial-emotionale Fähigkeit herangeführt werden. Die betreffende Kompetenz wird zum Unterrichtsthema, das den Schülern erklärt und durch vielfältige Lernerfahrungen vermittelt werden sollte. Nach Möglichkeit wird das Thema in einer Unterrichtseinheit für die ganze Klasse oder als Teil eines Projekts in geeigneten Betreuungs- und Fördergruppen bearbeitet. Alternativ kann die Fähigkeit auch in 1:1-Situationen thematisiert werden, z. B. durch Eltern, Lehrkräfte in der Ausbildung oder eine pädagogische Assistenzkraft.

🪶 Fördern/Situative Fördermaßnahmen (mittleres Stresspotential)

Zum Üben einer neuen Fähigkeit brauchen Kinder Situationen, in denen sie ausgewogen gefordert und gefördert werden, also einem mittleren Stresspotential ausgesetzt sind. Dazu sollte ein Schüler mehrfach in konkrete Übungserfahrungen geführt werden, bei denen er Anforderungen mithilfe situativ einsetzbarer Fördermaßnahmen sowie aktiver Unterstützung durch Lehrer oder Mitschüler erfolgreich meistert. Der Schüler erfährt dabei, dass er eine Herausforderung durch die Anwendung der neuen Fähigkeit erfolgreich bewältigen kann. Direkte Hilfe und Unterstützung erfährt er von der Lehrkraft, aber auch von sonderpädagogischen Fachkräften, Lehrern in der Ausbildung und nicht zuletzt seinen Mitschülern.

🪶 „Überleben"/Krisen und ihre Bewältigung (hohes Stresspotential)

In Unterricht und Förderung können Situationen sich so entwickeln, dass sie bei manchen Kindern Überforderungsgefühle und Stress auslösen. Solche Überforderungen können dazu führen, dass die betroffenen Schüler in eine emotionale Krise mit Kontrollverlust geraten. In diesem Fall haben die Beruhigung des Kindes und sein inneres „Überleben" Vorrang.

Bemerkt der Lehrer, dass ein Schüler unmittelbar vor einem Kontrollverlust steht, sollte er Lernanforderungen zurückstellen und das Kind emotional auffangen. Er unterstützt das Kind nicht mehr bei der Bearbeitung einer Aufgabe oder der Anwendung einer Fähigkeit, sondern dabei, seine innere Kontrolle wiederzugewinnen.

FALLBEISPIEL

Leon

An Leons Beispiel können die drei beschriebenen Anforderungsniveaus verdeutlicht werden. Während der Durchführung eines Förderprogramms in einem separaten Raum (überschaubare Umgebung) mit einem umgänglichen Mitschüler (anpassungswillig) und einer einfachen Aktivität (Brettspiel mit klaren Regeln) wird Leon in einer stressarmen Lernumgebung eine neue soziale Fähigkeit vermittelt (sich mit einem Spielpartner abwechseln). In dieser Phase konzentriert sich der Lehrer auf das Lehren bzw. auf die Heranführung des Schülers an ein Förderziel. Im nächsten Schritt erhält Leon Übungsmöglichkeiten in einer Fördersituation mit sorgfältig abgestimmten Anforderungen: Er spielt auf dem Schulhof (vertraute, aber wenig strukturierte Umgebung) mit einem ruhigen Mitspieler (flexibel und ausgeglichen) ein einfaches Spiel (Torwandschießen). Leon kann hier positive Erfahrungen mit seiner neuen Fähigkeit sammeln. Die folgende Situation birgt das Risiko der Überforderung: Leon nimmt in der Sporthalle (weitläufige, komplexe Umgebung) an einer Gruppenaktivität mit moderater Anforderung (reihum Bälle zuwerfen) teil, wobei einer der Mitspieler dominantes Verhalten zeigt (bestimmend und vorlaut). Diese Kombination kann bei Leon stressauslösend wirken und folglich zu innerem Kontrollverlust und Flucht in Problemverhalten führen. Der Lehrer sollte die Situation durch Umstrukturierung deeskalieren (z. B. den Schülern eine neue Aufgabe geben und Leon aus der Gruppe entfernen) und Leon an einen Ort bringen, wo er sich beruhigen kann.

1 WARUM MACHST DU DAS?

FÖRDERUNG NACH DEM MOMENT-TO-MOMENT-KONZEPT

Sollte ein Pädagoge dieses Buch lesen und sich gegen den Einsatz der Übungen und Spiele entscheiden, hat er dennoch die Möglichkeit, einzelne Aspekte der Aktivitäten in seinem Unterricht umzusetzen. Die Spiele stellen Ansatzpunkte für die praktische Arbeit mit Kindern bereit und zeigen, wie eine bestimmte sozial-emotionale Fähigkeit gefördert werden kann. Jede Aktivität greift eine bestimmte sozial-emotionale Fähigkeit bzw. einen Förderbedarf auf und beschreibt Implikationen, die sich aus Entwicklungsrückständen ergeben können. Es werden Methoden dargestellt, mit denen die Kinder in geeigneten Momenten beim Erwerb einer bestimmten sozial-emotionalen Fähigkeit unterstützt werden können. Diese Methoden sind nicht unbedingt an die jeweilige Aktivität gebunden.

Die Strategien der *Moment-to-Moment*-Methode sind effektive Werkzeuge, um Schüler im Aufbau von sozial-emotionalen Kompetenzen zu fördern. Diese Form der Unterstützung wirkt in jedem Moment eines Schultags und beeinflusst die täglichen sozialen und unterrichtlichen Interaktionen. *Moment-to-Moment*-Strategien wirken im Kontext der Spiele, aber auch in Unterrichtssituationen. Sie nutzen die täglichen Interaktionen, um Gedanken, Gefühle und Problemlösungen aufzuzeigen, die in das soziale Miteinander mit einfließen.

Förderstrategien

Jeder Abschnitt zu einer bestimmten sozial-emotionalen Fähigkeit enthält Vorschläge für die Arbeit mit einzelnen Schülern in der konkreten Förderung. Die vorgestellten Förderstrategien beziehen sich entweder direkt auf die jeweilige Aktivität oder auf ihren Einsatz beim unterrichtlichen Lernen und in Pausensituationen. Strategien speziell für Eltern ermöglichen eine Fortsetzung der Förderung zu Hause.

✎ Lernsituationen schaffen
Schaffen Sie für Ihre Schüler Möglichkeiten, damit sie sozial-emotionale Fähigkeiten erlernen und üben können. Interagieren Sie mit ihnen, ermuntern Sie sie zum Sprechen, geben Sie ihnen konkrete Aufgaben und ermutigen Sie sie, neue Fähigkeiten anzuwenden.

Konkret-beschreibendes Lob

Beschreiben Sie in konkreten Worten, welche Vorstellungen, Handlungen und Verhaltensweisen ein Kind mit Erfolg gezeigt und angewendet hat. Drücken Sie in Ihrem Feedback explizit aus, welche konstruktiven Anteile seines Denkens und Handelns zu erfolgreicher Teilnahme am Unterricht geführt haben.

Gruppenbildung

Es lohnt sich, vorab zu planen, welche Art der Gruppenbildung sinnvoll ist (ganze Klasse, heterogen oder homogen zusammengesetzte Gruppen). Setzen Sie die Gruppen so zusammen, dass ihre soziale Struktur soziales Lernen unterstützt. Die Gruppenbildung sollte sich in diesem Fall daran orientieren, dass sie positive Interaktionen erzeugt. Damit wird einer negativen Gruppendynamik entgegengewirkt, die wiederum negative Interaktionen auslösen könnte.

Übungen für zu Hause

Gestalten Sie diese Übungen möglichst kreativ und berücksichtigen Sie dabei die Entwicklungsziele des betreffenden Kindes. Überlegen Sie, welche Fähigkeit das Kind erwerben soll, und erstellen Sie einen entsprechenden Übungsplan für zu Hause. Fotokopieren Sie die Beschreibung des jeweiligen Spiels oder der Aktivität und geben Sie sie den Eltern als tägliche Übungsaufgabe für ihr Kind.

Vorbild

Damit Unterricht zur sozialen Lernerfahrung werden kann, sollte der Lehrer soziale Werte und Kompetenzen konkret vorleben. Dazu gehören z. B. die generelle Wertschätzung einer anderen Person, Toleranz, bewusste Reflexion des eigenen Verhaltens, gemeinsame Problemlösung und soziale Wahrnehmung. Auf diese Weise wird soziales Lernen weitaus wirksamer im Unterricht verankert, als wenn von Schülern lediglich erwartet wird, die vom Lehrer formal verordneten Verhaltensregeln zu erfüllen.
Non-verbale Unterstützung sollte ausgewogen eingesetzt werden. Das Kind sollte so viel Rückhalt bekommen, dass es Anforderungen erfolgreich bewältigen kann. Gleichzeitig sollte die Hilfe so sparsam eingesetzt werden, dass das Kind keine Abhängigkeit von der Lehrerhilfe entwickelt.

1 WARUM MACHST DU DAS?

🖉 Non-verbale Hinweise

Zeigen Sie dem Kind ohne den Gebrauch von Worten, was es tun soll. Unterbrechen Sie die Aktivität oder Interaktion nicht, sondern leiten Sie das Kind mit einer einfachen Geste dazu an, eine Handlung erfolgreich zu Ende zu bringen.

🖉 Umformulieren

Statt das Kind zu beschuldigen, eine inakzeptable Wortwahl zu gebrauchen, kann die betreffende Äußerung auf eine sozial angemessene Weise umformuliert werden. Vermeiden Sie dabei, das Kind explizit zum Nachsprechen aufzufordern. Wiederholen Sie einfach nur den Satz in der Formulierung, die das Kind gebrauchen soll.

🖉 Schüler-Schüler-Interaktion

Fordern Sie die Kinder dazu auf, sich an Mitschüler zu wenden und mit ihnen zu kommunizieren, anstatt sich nur auf Lehrer-Schüler-Interaktionen zu stützen. Begleiten Sie die Interaktionen Ihrer Schüler, ohne steuernd einzugreifen, zu unterbrechen oder Blickkontakt aufzunehmen. Sehen Sie die Schüler nicht direkt an; auf diese Weise vermeiden Sie, dass die Kinder aus Gewohnheit mit Ihnen Blickkontakt suchen.

🖉 Unterstützung durch Mitschüler

Ein Mitschüler hilft einem anderen Schüler bei einer Lern- oder Übungsanforderung. Die Hilfestellung durch den Mitschüler wird so gestaltet, dass das schwächere Kind angespornt wird, eine höhere Leistung als zuvor zu erbringen.

🖉 Teilerfolge bestätigen

Anstatt Lob auf gute Leistungen oder eine abgeschlossene Arbeit zu beschränken, sollte der Lernprozess selbst durch positives Feedback und Anerkennung begleitet werden. Dadurch gewinnen die Schüler ein Gespür dafür, welche Fähigkeiten sie bereits besitzen, um Anforderungen zu meistern. Erhalten sie diese Rückmeldung nicht, wissen sie am Ende nur, ob sie etwas falsch oder richtig gemacht haben. Trotz Anstrengung und Teilerfolgen kann im Kind der Eindruck entstehen, auf der ganzen Linie versagt zu haben. Dadurch wird es entmutigt und demotiviert, sich noch einmal auf die Lernerfahrung einzulassen.

Aktivitäten und Verhaltenserwartungen ankündigen

Kündigen Sie die nächste Aktivität rechtzeitig an und erklären Sie konkret, was dabei getan wird und welche Verhaltenserwartungen damit verbunden sind. Auf diese Weise bereiten Sie die Schüler auf den nächsten Unterrichtsschritt vor und bewahren sie vor Ungewissheit und negativen Überraschungen, die wiederum Störverhalten auslösen können.

Wiederholung

Geben Sie den Kindern die Möglichkeit, zum Anfang einer Aktivität zurückzukehren und sich bei der Wiederholung für Alternativen zu entscheiden, die zu einem positiven Ergebnis führen.

Lernsituation steuern

Das Tempo und die Intensität einer Lernsituation können zu Über- oder Demotivation von Schülern führen. Bestimmte Elemente einer Lernsituation können so variiert werden, dass ein Kind zu mehr Ruhe findet oder seine Teilnahmebereitschaft geweckt wird. Zum Beispiel können Sie die Dynamik einer Lernsituation modifizieren, indem Sie die Aktivität kurz unterbrechen, Pausen einlegen, die Aktivität langsamer ausführen lassen oder indem Sie Lautstärke und Tonfall Ihrer Stimme modulieren.

Belohnungssysteme

Sorgfältig geplante Belohnungssysteme unterstützen Kinder darin, sich auf ihr Verhalten zu konzentrieren. Sie motivieren Schüler, sich ihres Verhaltens im Laufe der Förderung bewusst zu werden und es zu verändern. Belohnungssysteme sollten entsprechend der persönlichen Förderbedürfnisse individualisiert werden und so angelegt sein, dass ein Kind im Laufe eines Schultags regelmäßig für die Erreichung eines bestimmten Förderziels belohnt werden kann.

> Konkrete Belohnungen oder Punktesysteme sind wirksame Verstärker. Gestalten Sie die Anforderungen als überschaubare und bewältigbare Aufgaben, an die keine weiteren Bedingungen geknüpft sind. Vergeben Sie die Belohnung so bald wie möglich, nachdem ein Schüler einen Erfolg erzielt hat.

1 WARUM MACHST DU DAS?

🍃 Lehrerhilfe
Geben Sie einem Kind Hilfestellung, damit ihm eine Anforderung gelingt, die es allein nicht bewältigt hätte. Dieses Erfolgserlebnis verschafft dem Kind mehr Sicherheit und hilft ihm, im Laufe der Zeit die betreffende Fähigkeit selbstständig anzuwenden.

🍃 Selbstgespräch
Es bringt wenig, einem Kind nur zu sagen, welche Einstellungen, Handlungen oder Verhaltensänderungen von ihm erwartet werden. Regen Sie den Schüler vielmehr dazu an, einzelne Handlungsschritte bewusst gedanklich durchzuspielen und die eigenen Gedankengänge im Selbstgespräch zu formulieren.

🍃 Lernumgebung strukturieren
Schüler gewöhnen sich an ihre Lernumgebung, wenn sie daran beteiligt werden, ihr Klassenzimmer räumlich zu gestalten und zu strukturieren. Zum Beispiel können sie Plakate für Klassendienste und -regeln erstellen, bestimmte Raumbereiche und Gegenstände kennzeichnen (Schilder beschriften oder entsprechende Symbole zeichnen) sowie Materialien an einen bestimmten Platz räumen (in Augen- und Griffhöhe der Schüler). Jeder Schüler sollte Zugang zu seinen persönlichen Arbeitsmaterialien sowie klasseneigenen Lernmaterialien haben. Alle Kinder sollten sich zwischen den einzelnen Raumbereichen und zu den verschiedenen Aktivitäten bewegen können, entweder selbstständig oder mit Hilfe von Mitschülern.

🍃 Individuelle Lernvoraussetzungen einschätzen
Ein Kind kann grundsätzlich über eine bestimmte Fähigkeit verfügen. Dennoch braucht es eventuell mehr Zeit und Energie als Gleichaltrige oder es benötigt zusätzliche Unterstützungsmaßnahmen, um diese Fähigkeit auf Dauer erfolgreich anwenden zu können. Die Einschätzung dieser individuellen Lernvoraussetzungen sollte die Planung und Durchführung der Förderung begleiten.

🍃 Verbale Unterstützung
Erklären Sie in konkreten Worten, was das Kind bei einem Bewegungsablauf oder einer Handlung tun und wie es sich bei verbalen Äußerungen ausdrücken soll. Die Anleitungen sollten so einfach und präzise wie möglich

formuliert sein, damit das Kind eine Vorstellung von einer Bewegung, einem Handlungsschritt oder einer Wortwahl entwickeln kann. Entscheidend ist, dass das Kind die Anforderung erfolgreich bewältigen kann. Formulierungen, die das Verhalten des Kindes bewerten, sind zu vermeiden.

Denkanstöße und Entscheidungshilfen geben
Beschreiben oder signalisieren Sie Gedankengänge, die die Ausführung einer bestimmten Aktivität begleiten und die dem Kind dabei helfen, bei der Bewältigung der Anforderung konstruktive Entscheidungen zu treffen.

Entwicklung schrittweise planen
Lernfortschritt wird überprüft, indem Lernende ihr Wissen oder Können demonstrieren. Bei solchen Tests sollten Schüler Aufgaben und Materialien erhalten, die ihrem Lernstand entsprechen. Im Unterricht hingegen sollten Schüler an Anforderungen arbeiten, die ein wenig oberhalb ihres Lernstandes angesiedelt sind, um ihnen Lern- und Entwicklungsimpulse zu geben. Mit anderen Worten: Schüler sollten in ihrer Lernentwicklung am nächsten, bewältigbaren Schritt arbeiten. In der Praxis werden Lernanforderungen so gestaltet, dass der Schüler angemessen gefordert wird. Dazu gehört, dass er sich aktiv mit der Anforderung auseinandersetzen und Optionen erwägen oder um Hilfe bitten muss, bevor er die neue Fähigkeit selbstständig anwenden kann.

1 WARUM MACHST DU DAS?

Beobachtungsbogen für Verhaltensauffälligkeiten

Entwicklungsbereich Motorik

Fähigkeit	Anzeichen von Entwicklungsbeeinträchtigungen	Schüler
Feinmotorik	eingeschränkte Bewegungsgenauigkeit der Finger und Hände	
	Haltungsschwächen und herabgesetzte Beweglichkeit	
	beeinträchtigte Auge-Hand-Koordination	
	beeinträchtigte Körper-Koordination	
Bewegungsplanung	bewegt sich verlangsamt, ruckartig, mechanisch und steif	
	ist bei neuen Anforderungen schnell überfordert oder erschöpft	
	hat Schwierigkeiten, sich zu bücken und Dinge vom Boden aufzuheben	
Adaptionsfähigkeit	hat Schwierigkeiten beim Erlernen neuer Bewegungen	
	zeigt stereotype Bewegungsabläufe	
	kann bereits erlernte Bewegungen nicht auf andere Situationen übertragen	
	kann seine Bewegungen nicht unterschiedlichen räumlichen Gegebenheiten anpassen	
Körperwahrnehmung	bewegt sich hektisch und ungeschickt	
	stößt oft an Dinge oder Personen	
	läuft gegen Arbeitstische, tritt anderen auf die Füße oder stolpert über am Boden liegende Schultaschen	

Soziale Wahrnehmung	scheint die Gegenwart anderer nicht zu bemerken	
	reagiert nicht auf verbale Äußerungen oder Handlungen anderer	
Verbale Impulskontrolle	unterbricht andere, während sie sprechen	
	unterbricht Gruppendiskussionen mit irrelevanten Kommentaren	
Selbststeuerung	handelt, ohne die Folgen zu bedenken	
	bewegt sich hastig und unachtsam	
	bewegt sich, ohne auf seine Umgebung zu achten, stößt z. B. im Vorbeigehen Arbeitsblätter vom Tisch	
Bewegungsverhalten anpassen	stimmt eigene Bewegungen nicht auf die Umgebung oder andere Personen ab	
	Bewegungstempo und -abläufe harmonieren nicht mit denen der anderen Schüler.	
Wechsel zwischen Aktivitäten vollziehen	zeigt Schwierigkeiten bei Übergängen	
	hat Schwierigkeiten, eine bevorzugte Aktivität zu beenden	
	kann Bewegungsabläufe nicht auf eine neue Aktivität umstellen	

1 WARUM MACHST DU DAS?

Selbstkontrolle	Bewegungsverhalten und -energie passen nicht zur Situation oder Umgebung.	
	ist sich seiner eigenen Bewegungsenergie nicht bewusst	
	stellt keine Verbindung zwischen seinem Bewegungsverhalten und seiner Fähigkeit zur Selbstkontrolle her	
	kann sensorische Funktionen nicht einsetzen, um zu innerer Ruhe oder Lernbereitschaft zu gelangen	
Bewegungssteuerung	kann Bewegungsablauf nicht selbstständig beginnen oder beenden	
	hat Schwierigkeiten, bei Aufforderung eine Bewegung zu beginnen oder zu stoppen	

Entwicklungsbereich Kommunikation

Rezeptives Gedächtnis	reagiert nicht auf Anweisung oder Aufforderung	
	nimmt auditive oder visuelle Information nicht auf und erkennt sie nicht wieder	
Informationsverarbeitung	hat Schwierigkeiten, zwischen einem Arbeitsauftrag und der damit verbundenen Aufgabe einen Zusammenhang herzustellen	
	ist mit der Bearbeitung von Aufgaben und Aufträgen überfordert, die implizierte Teilschritte und -informationen enthalten	
	ist überfordert, Teilinformationen einer Aufgabe oder Anleitung zu erkennen und zu deuten	
	sucht bei An- oder Überforderung keine Hilfe	

Bewusstes Zuhören	versteht Gesprächsinhalte nicht	
	setzt Anleitungen und Anweisungen nicht um	
	schaut weg und ist abgelenkt, während eine andere Person spricht	
Non-verbale Kommunikation	sucht keinen Blickkontakt, um sich mitzuteilen	
	teilt sich nicht durch Gestik oder Mimik mit	
Intentionaler Sprachgebrauch	hat Mühe, sich mit Worten auszudrücken	
	kann keine Sätze bilden, um sich mitzuteilen	
Expressiver Sprachgebrauch	gebraucht keine Worte, um Informationen mit anderen zu teilen	
	gebraucht keine Worte, um persönliche Anliegen auszudrücken	
Perspektive anderer einnehmen	stellt keine Fragen, um die Sichtweise anderer zu erkunden	
	versteht nicht, dass an einem Gespräch zwei Personen beteiligt sind, die abwechselnd sprechen und sich austauschen	
Auf Äußerungen anderer eingehen	ergänzt die Äußerungen anderer nicht mit relevanten Beiträgen	
	widerspricht den Äußerungen anderer häufig	
	beteiligt sich zwar an einer Unterhaltung, aber wenn sein Gegenüber spricht, scheint er nicht zuzuhören oder das Thema des anderen zu ignorieren	

1 WARUM MACHST DU DAS?

Sprachgebrauch in Konfliktsituationen	reagiert mit unfreundlichen Worten und scharfem Ton, wenn er anderer Meinung ist als die Mitschüler	
	gebraucht unangemessenen Ton und Schimpfworte, wenn andere nicht seiner Meinung sind	
Erzählen	hat Mühe, eine Geschichte oder einen Vorgang verbal wiederzugeben	
	erzählt ohne Anfang, Hauptteil oder Schluss	
	hat Schwierigkeiten, eine Geschichte aufzuschreiben	
	hat besonders dann Schwierigkeiten, wenn er nicht über ein bevorzugtes Thema schreiben kann	

Entwicklungsbereich Soziale Fähigkeiten

Gemeinsame Aufmerksamkeit	interessiert sich mehr für Spielsachen und andere Objekte als für andere Kinder	
	zeigt mehr Motivation mit Dingen zu spielen als mit einem Spielpartner	
Soziale Gegenseitigkeit	bewegt sich in eigener Welt, ohne mit anderen zu spielen, zu sprechen oder sich auszutauschen	
	spielt alleine, ohne andere anzusehen oder ihnen etwas zu geben oder zu zeigen	
Imitation (Nachahmung)	sieht andere nicht an und vollzieht ihr Verhalten nicht nach	
	bewegt sich nicht im Einklang mit anderen und reagiert nicht auf ihr Bewegungsverhalten	

Soziales Referenzieren	kann kein Gespräch führen, solange Blickkontakt besteht	
	sieht beim Sprechen vom Gesprächspartner weg	
	distanziert sich physisch von sozialer Interaktion oder Gesprächen	
Soziales Beobachten	beobachtet seine Umgebung nicht, um sich über Handeln und Befinden seiner Mitschüler zu informieren	
	beobachtet nicht die Reaktionen und Gesten der Mitschüler	
Auf die Gefühle anderer eingehen	bemerkt nicht die Gefühle und Bedürfnisse anderer und reagiert auch nicht darauf	
	reagiert übersteigert auf die Gefühle anderer	
Soziale Antizipation	hat Probleme, die Wirkung seines Verhaltens auf andere einzuschätzen	
	kann Handlungsweisen anderer nicht vorwegnehmen und versteht ihren Einfluss auf seine eigenen Handlungen nicht	
Bedürfnisse anderer wahrnehmen	berücksichtigt Bedürfnisse anderer nicht	
	kann die Bedürfnisse anderer nicht erkennen oder akzeptieren	
Distanzverhalten	respektiert körperliche Grenzen anderer nicht	
	äußert sich wahllos und indiskret	

1 WARUM MACHST DU DAS?

Selbstreflexion	bewertet Fehlverhalten anderer	
	erkennt nicht, dass Regeln auch für ihn gelten	
	versucht, die Klasse zu kontrollieren und Regeln durchzusetzen, die er selbst nicht einhält	

Entwicklungsbereich Emotionale Fähigkeiten

Gefühle ausdrücken	ist sich seiner Reaktionen auf eigene Gefühle nicht bewusst	
	zeigt übersteigerte emotionale Reaktionen, ohne sich der Wirkung auf andere bewusst zu sein	
Emotionen internalisieren	kann die verschiedenen Körperreaktionen, die von Gefühlen hervorgerufen werden, nicht deuten	
	verwechselt Gefühlsqualitäten	
Emotionen externalisieren	verbindet positive oder negative Gefühle nicht mit Körperempfinden und Verhaltensreaktionen	
	versteht nicht, dass bestimmte Verhaltensreaktionen sozial inakzeptabel sind	
	reagiert spontan in Momenten extremer Emotionen	
Emotionen steuern	gibt extremen, negativen Gefühlen spontan nach	
	steigert sich in Emotionen hinein, ohne sich beruhigen zu können	
	verfügt über keine konkreten Handlungsoptionen, um sich selbst zu beruhigen	

Emotional angemessen reagieren	reagiert übertrieben auf geringfügige Probleme	
	zeigt bei Problemen extreme Reaktionen	
	Auffassung von der Schwere eines Problems weicht von der anderer Personen ab	
Gebrauch von Stimme und Tonfall	gibt seiner Stimme eine emotionale Färbung, die nicht zum Inhalt der verbalen Botschaft passt	
	drückt seine Stimmungen durchgängig in negativem Tonfall aus	
Positives Denken	deutet jede Situation negativ	
	betrachtet Situationen von einem negativen Standpunkt aus	
Emotionen anderer positiv beeinflussen	weiß nicht, dass die eigenen Emotionen sich auf die Gefühle anderer auswirken	
	stellt zwischen eigenem, emotional positivem Verhalten und den Gefühlen anderer keinen Zusammenhang her	
Reaktionen auf Auslöser	stellt zwischen Auslöser (z. B. Verhalten anderer) und eigenen Gefühlen keine Verbindung her	
	versteht nicht, dass eigenes Verhalten emotionale Reaktionen bei sich selbst und anderen auslöst	
Verantwortlicher Umgang mit den Gefühlen anderer	versteht nicht, dass andere ebenfalls Probleme und Schwierigkeiten haben	
	kann sich nicht in die Gefühle anderer hineinversetzen	

1 WARUM MACHST DU DAS?

Entwicklungsbereich Kognitive Fähigkeiten

Aufmerksamkeit	konzentriert sich nicht auf Dinge, für die seine Aufmerksamkeit erwartet wird	
	bleibt nicht bei der Aufgabe; ist schnell abgelenkt	
	beginnt eine Aufgabe, aber beendet sie nicht	
Integration von Wahrnehmungs- und Verarbeitungsfunktionen	bewältigt Anforderungen ausschließlich anhand einer einzelnen Wahrnehmungs- oder Verarbeitungsfunktion	
	hat Probleme bei Aufgaben, die den gleichzeitigen oder abwechselnden Gebrauch zweier Funktionen erfordern	
Informationen folgerichtig verarbeiten	verarbeitet visuelle Reize nicht adäquat	
	zeigt keine bewusste visuelle Aufmerksamkeit für seine Umgebung	
Kontextuelle Wahrnehmung	konzentriert sich auf Einzelheiten im Raum oder Details an Personen, ohne die Aufmerksamkeit dem Unterricht, einem Spiel oder den Äußerungen anderer zuzuwenden	
	übersieht übergeordnete Aspekte, Ideen oder Konzepte	
Flexibilität	beharrt auf einer bestimmten Idee oder einem bestimmten Resultat	
	wiederholt denselben Lösungsweg oder denselben Vorschlag, auch wenn die Lösung nicht funktioniert oder sein Beitrag von anderen nicht akzeptiert wird	

Symbolisches Denken	kann sein Denken nicht vom Konkreten lösen, um alternative Strategien auszuprobieren	
	deutet Umgebung, Situationen und Sprache in konkreten, nicht-repräsentativen Begriffen	
	beteiligt sich nicht an kreativem Spiel und Fantasiespielen	
Eigenschaften anderer Personen wahrnehmen	beschreibt andere Menschen anhand isolierter äußerlicher Attribute oder Verhaltensmerkmale anstatt sie ganzheitlich als Personen wahrzunehmen	
Soziale Kognition	ist sich seiner selbst, seiner persönlichen Eigenschaften und Qualitäten nicht bewusst	
	ist sich der Wirkung seiner persönlichen Eigenschaften und Qualitäten auf andere Personen nicht bewusst	
Verhalten an soziale Erwartungen anpassen	kennt Verhaltenserwartungen für soziale Situationen nicht	
	versteht nicht, welche Verhaltensweisen zu positiven sozialen Erfahrungen führen und welches Verhalten negative soziale Interaktionen hervorruft	
Über soziale Situationen berichten	fehlende Fähigkeit, alltägliche soziale Situationen zu erklären oder darüber zu berichten	
	kann Erlebtes nicht von einer Situation in eine andere übertragen	

1 WARUM MACHST DU DAS?

WARUM MACHST DU DAS?

2

FÖRDERUNG MOTORISCHER FÄHIGKEITEN

FEINMOTORIK

Beobachtungsschwerpunkte

Anzeichen von Beeinträchtigungen der Feinmotorik:
- ☑ Die Bewegungsgenauigkeit der Finger und Hände ist eingeschränkt.
- ☑ Die Beweglichkeit des Körpers ist herabgesetzt.
- ☑ Der Schüler zeigt Haltungsschwächen.
- ☑ Die Auge-Hand-Koordination ist beeinträchtigt.

Feinmotorik – Fähigkeiten und Fertigkeiten

In der Schule werden die feinmotorischen Fähigkeiten eines Kindes für gewöhnlich dann überprüft, wenn ihm Schreiben, Malen oder der Umgang mit der Schere schwerfällt. Solche Probleme lassen sich nicht nur auf funktionelle Entwicklungsbeeinträchtigungen der Finger- und Handmuskulatur zurückführen. Auch die Arm- und Schultermuskeln sowie die kleinen Muskelgruppen, die an der Schreibbewegung beteiligt sind, können betroffen sein. Diese Beeinträchtigungen können sich auf die Körperhaltung auswirken und dazu führen, dass das Kind sich beim Schreiben zu weit über seine Hand lehnt und zu dicht über seiner Aufgabe „hängt". Diese ungünstige Sitzhaltung hat negative soziale Folgen, denn das Kind erscheint z. B. bei Gruppenarbeiten abweisend und unbeteiligt.

Übungen, bei denen Finger, Handgelenke, Ellbogen, Schultern, Hals, Rumpf und obere Extremitäten bewegt werden, stärken die Muskelkraft, Gelenkstabilität, Fingerbeweglichkeit und Auge-Hand-Koordination. Damit wird den Kindern nicht nur das Schreiben erleichtert, sondern auch der Umgang mit Spielmaterialien oder das gemeinsame Spiel mit Mitschülern auf dem Schulhof.

Förderschwerpunkte

- ☑ Koordination der kleinen Muskelgruppen in Fingern, Händen, Armen, Schultern und Hals
- ☑ Entwicklung der Auge-Hand-Koordination

⟫ ÜBUNG: Hindernisbahn

Klassenstufe: 1.–2. Schuljahr **Dauer:** 15 min

Anleitung

1. Füllen Sie kleine Bälle in Plastikeimer und verteilen Sie die Eimer in der Turnhalle.
2. Bauen Sie zwei Hindernisbahnen auf. Als Materialien eignen sich z. B. niedrig gespannte Seile, Turnbänke, Schwimmnudeln, niedrige Kästen oder stabile Kisten. Wasserbälle können so auf Eimern balanciert werden, dass sie bei Berührung leicht herunterfallen. Kegel eignen sich als zusätzliche Hindernisse.
3. Kleben Sie in der Nähe der Plastikeimer mit Abdeckband jeweils Markierungen in unterschiedlicher Höhe an die Turnhallenwände: über Kopf, Brusthöhe, knapp über dem Boden (jeweils eine Markierung pro Hindernis).
4. Üben Sie zunächst mit den Schülern verschiedene Wurftechniken. Dazu werden die Kinder in zwei Gruppen aufgeteilt. Jede Gruppe stellt sich entlang einer der Längswände in einer Reihe auf. Demonstrieren Sie die Wurftechniken für die verschiedenen Wurfhöhen:
    - ☑ **über Kopf:** beim Werfen die Arme hoch in die Luft strecken
    - ☑ **Brusthöhe:** den Ellbogen erst beugen und dann den Arm beim Wurf nach vorn strecken
    - ☑ **Bodenhöhe:** Oberkörper und Knie beugen, den Arm aus dem Schultergelenk nach vorn schwingen, sodass der Ball über den Boden rollt
5. Geben Sie den Schülern etwas Zeit, um die verschiedenen Wurfarten zu üben. Weisen Sie sie an, nur auf die Wand zu werfen und Mitschülern auszuweichen.
6. Anschließend stellen sich beide Mannschaften am jeweiligen Startpunkt der Hindernisstrecken auf. Geben Sie den Schülern, die zuerst an der Reihe sind, ein Startsignal. Jedes Mal, wenn sie einen Eimer erreichen, nehmen sie einen Ball und werfen ihn auf die jeweilige Markierung an der Wand, wobei sie die entsprechende Wurftechnik anwenden.
7. Diese Aktivität ist kein Wettlauf. Der nächste Schüler startet dann, wenn sein Vorgänger den ersten Wurf ausgeführt hat. Alternativ können Sie abwarten, bis die Läufer jeweils genügend Vorsprung haben, um nicht mehr eingeholt zu werden. Erst dann geben Sie den Schülern, die als nächste dran sind, das Startsignal.

2 WARUM MACHST DU DAS?

Das Greifen von Bällen trainiert die Muskeln, die beim Halten und Führen eines Stifts gebraucht werden.

Gesprächsimpulse

- ☑ Überlegen Sie vorab mit den Schülern, bei welchen anderen Aktivitäten dieselben Bewegungsformen eingesetzt werden können (z. B. auf etwas steigen: Kasten, Treppenstufen, Trittleiter usw.).
- ☑ Besprechen Sie hinterher, wie leicht oder schwierig es für die Kinder war, sich gleichzeitig auf das Werfen und die Überwindung der Hindernisse zu konzentrieren.

Förderstrategien

✐ Gruppenbildung

Es stehen zwei Optionen zur Verfügung:
- ☑ Die Gruppen werden aus Kindern mit unterschiedlichem Fähigkeitsniveau gebildet. Die Schüler sollten dabei gut miteinander kooperieren können. Achten Sie darauf, dass die Aktivität sich nicht zu einem Wettkampf entwickelt.
- ☑ Die Gruppen werden aus Kindern auf gleichem Fähigkeitsniveau gebildet. Die jeweiligen Hindernisstrecken werden je nach dem Leistungsvermögen der Kinder differenziert. Diese Lösung hat den Vorteil, dass jeder Schüler die Hindernisbahn entsprechend seinen persönlichen Fähigkeiten bewältigen kann.

✐ Entwicklung schrittweise planen

Jede Aktivität sollte grundsätzlich so strukturiert sein, dass sie jedem Schüler Erfolgserlebnisse vermittelt. Beginnen Sie mit großen und robusten Hindernissen, z. B. großen Kästen. Fügen Sie allmählich kleinere Objekte hinzu, die mehr Umsicht erfordern.

✐ Unterstützung durch Mitschüler

Wenn die Schüler die Aktivität sicher beherrschen, fügen Sie Aufgaben hinzu, bei denen sie interagieren müssen. Setzen Sie den Schwerpunkt auf

Interaktionen, die die Schüler auch in anderen Situationen anwenden können. *Beispiel:* Teilen Sie die Kinder nach einem Durchlauf in Paare ein. Ein Schüler zählt die einzelnen Hindernisse der Reihe nach auf, der andere hört zu und wiederholt die Aufzählung anschließend in umgekehrter Reihenfolge.

Selbstgespräch

Diese Strategie kann nicht nur bei diesem Spiel, sondern auch bei anderen Aktivitäten genutzt werden. Regen Sie die Kinder dazu an, die Bewältigung der einzelnen Etappen im Selbstgespräch zu kommentieren: „Das nächste Hindernis ist schwierig. Ich muss es mir erst genau anschauen. Dann muss ich gut aufpassen und meine Füße ganz langsam bewegen, einen Fuß nach dem anderen."

Lernsituationen schaffen

Verzichten Sie darauf, den Schwerpunkt der Förderung allein auf die Stiftführung und die Schreibbewegung zu setzen. Damit vermeiden Sie, dass das Kind Lesen und Schreiben mit Frustration und Versagen verbindet. Lassen Sie das Kind die erforderlichen feinmotorischen Fähigkeiten auf unterschiedliche Weise üben: mit den Fingern auf etwas zeigen, mit Fingerfarben malen, Reiskörner zählen, Münzen sortieren, bei Ballspielen, Fingerpuppenspiel und Armgymnastik. Solche Übungen tragen zum Aufbau feinmotorischer Koordinationsfähigkeit bei, ohne dass das Kind sie mit der Anforderung des Schreibens assoziiert.

Übungen für zu Hause

Schicken Sie per E-Mail eine Beschreibung der Aktivität an die Eltern des Schülers und fügen Sie folgende Anleitung hinzu:
Bauen Sie zusammen mit Ihrem Kind eine Hindernisbahn auf. Denken Sie sich die Hindernisse gemeinsam aus. Fordern Sie Ihr Kind beim Hindernislauf auf, jeden Schritt laut zu kommentieren, z. B. „Zuerst kriechen wir unter dem Seil durch, dann steigen wir über die Kiste."

2 WARUM MACHST DU DAS?

BEWEGUNGSPLANUNG

Beobachtungsschwerpunkte

Anzeichen von Beeinträchtigungen der Bewegungsplanung:
- ☑ Die Bewegungen des Schülers sind verlangsamt, ruckartig, mechanisch und steif.
- ☑ Der Schüler ist bei neuen Anforderungen schnell überfordert oder erschöpft.
- ☑ Es scheint dem Schüler schwerzufallen, sich zu bücken und Dinge vom Boden aufzuheben.

Bewegungsplanung – Fähigkeiten und Fertigkeiten

Bewegungsplanung ist die Fähigkeit, sich (ungewohnte) Bewegungsaktivitäten vorzustellen, sie zu ordnen und auszuführen. Jede Handlung (z. B. das Seil einer Schaukel ergreifen und festhalten) erfordert, …
- ☑ das Objekt in den Blick zu nehmen,
- ☑ seine Position im Raum zu erfassen,
- ☑ sich die Bewegung zum Objekt hin vorzustellen,
- ☑ über Nervenbahnen Reize auszusenden, um die Bewegung zu koordinieren, die für die Ausführung der Handlung nötig ist (das Seil greifen).

Übungen und Spiele, bei denen Bewegungen wiederholt werden und einem Rhythmus oder Takt folgen, unterstützen Kinder bei der mentalen und physiologischen Koordination von Bewegungsabläufen.

Förderschwerpunkt

Entwicklung der Fähigkeit, sich ungewohnte Bewegungsaktivitäten vorzustellen, sie zu ordnen und auszuführen.

⟫⟫ ÜBUNG: Karussell

Klassenstufe: 1.–2. Schuljahr **Dauer:** 30 min

🖉 Anleitung

1. Bauen Sie mit Reifen, Seilen, schrägen Ebenen, Kegeln, Kästen, Matten usw. einen Übungszirkel auf.
2. Markieren Sie mit Abdeckband eine Startlinie. Die Schüler stellen sich dahinter auf und warten, bis sie an der Reihe sind. Alternativ eignet sich auch eine Spielfeldlinie.
3. Erklären Sie den Kindern, wann sie an der Reihe sind.
   Beispiel: „Erst wenn der Vorgänger an Übung XYZ angekommen ist, fängt das nächste Kind an."
4. Geben Sie den Schülern genaue Anweisungen, was sie tun sollen, wenn sie mit dem Übungszirkel fertig sind. *Beispiel:* „Stelle dich hinter das letzte Kind in der Reihe und warte, bis du wieder dran bist."
5. Jeder Schüler sollte den Zirkel 5-mal durchlaufen, bevor die Übungen verändert oder neue hinzugefügt werden.

Gesprächsimpulse

- ☑ Besprechen Sie mit den Kindern, wo sie während der einzelnen Übungen hinschauen sollten. *Beispiel:* „Ich muss auf die Kegel schauen, wenn ich um sie herumlaufe."
- ☑ Überlegen Sie hinterher gemeinsam, welche verschiedenen Bewegungen der Körper während der einzelnen Übungen ausführt.

Förderstrategien

🖉 Gruppenbildung

Teilen Sie die Schüler entsprechend ihrem Fähigkeitsniveau in kleine, homogene Gruppen ein. Auf diese Weise kann der Schwierigkeitsgrad der einzelnen Übungszirkel variiert werden. Je nach ihren Fähigkeiten benötigen die Kinder unterschiedlich viel Zeit. Mit differenzierten Übungszirkeln vermeiden Sie, dass Kinder mit einem langsamen Bewegungstempo von schnelleren Schülern überholt oder bedrängt werden.

Entwicklung schrittweise planen

Stellen Sie bei der Planung des Übungszirkels sicher, dass das Anforderungsniveau der Hindernisse den Fähigkeiten der Schüler möglichst genau entspricht. Sollten Sie bemerken, dass eines der Kinder bei einer bestimmten Station auf Schwierigkeiten stößt, geben Sie ihm Hilfestellung. Reichen Sie ihm zur Unterstützung die Hand oder fügen Sie einen niedrigen Kasten hinzu, damit es ein hohes Hindernis leichter bewältigen kann. Eventuell kann die betreffende Station auch entfernt werden.

Vorbild

Zeigen Sie die Übungen am eigenen Beispiel und wiederholen Sie den Übungszirkel mehrmals. Besonders für Kinder mit motorischem Förderbedarf ist es wichtig, die betreffenden Bewegungsabläufe mehrmals zu sehen. Wenn Sie verschiedene Zirkel aufbauen, bestimmen Sie einige Mitschüler, die die Übungen vormachen. Diese Strategie kann auch während der Übungszeit eingesetzt werden: Gehen Sie ggf. mit einem einzelnen Schüler die einzelnen Übungen in seinem eigenen Tempo durch und demonstrieren Sie die beteiligten Bewegungsabläufe (oder lassen Sie einen Mitschüler diese Rolle übernehmen), während die anderen Kinder mit Üben beschäftigt sind. Auf diese Weise ist ihre Aufmerksamkeit anderweitig gebunden und der betreffende Schüler bleibt von neugierigen Blicken verschont.

Selbstgespräch

Fordern Sie die Schüler auf, jeden Schritt einer Übung laut zu kommentieren. *Beispiel:* „Zuerst werfe ich den gelben Ball in den Eimer. Dann krieche ich durch den Tunnel."

Unterstützung durch Mitschüler

Sollte ein Kind wegen seiner individuellen Voraussetzungen nicht in der Lage sein, während der Übung ein „Selbstgespräch" zu führen (z. B. aufgrund von Sprachentwicklungsproblemen), ordnen Sie ihm einen Mitschüler zu. Der Mitschüler bleibt an der Seite des Kindes, während es sich durch den Zirkel bewegt, und formuliert an seiner Stelle die jeweiligen Kommentare. Diese Maßnahme sichert die Teilnahme des Kindes an der Aktivität.

Non-verbale Hinweise

Sollte ein Schüler Probleme bei der Umsetzung von Arbeitsanleitungen zeigen und sich buchstäblich „nicht rühren", stellen Sie sich neben ihn, berühren Sie ihn kurz am Arm oder signalisieren Sie durch Zeigen, womit er beginnen soll. *Beispiel:* Wenn der Schüler bei der Aufforderung, einen Bleistift zur Hand zu nehmen, nicht reagiert, gehen Sie zu ihm hin. Leiten Sie die Handlung ein, indem Sie seine Hand nehmen und sie zum Stift führen.

🍃 Übungen für zu Hause

Schicken Sie per E-Mail eine Beschreibung der Aktivität an die Eltern des Schülers und fügen Sie folgende Anleitung hinzu:

Setzen Sie Musik und Rhythmus ein und trommeln, zählen, klatschen oder klopfen Sie im Takt. Üben Sie zusammen mit Ihrem Kind und ordnen Sie dabei verschiedenen Tönen oder Klängen bestimmte Bewegungen zu.

MOTORISCHE ADAPTIONSFÄHIGKEIT

Beobachtungsschwerpunkte

Anzeichen von Beeinträchtigungen der motorischen Adaptionsfähigkeit:
- ☑ Der Schüler zeigt stereotype Bewegungsabläufe.
- ☑ Der Schüler hat Probleme, neue Bewegungen zu erlernen.
- ☑ Der Schüler kann bereits erlernte Bewegungen nicht auf andere Situationen übertragen.
- ☑ Dem Schüler fehlt die Fähigkeit, seine Bewegungen unterschiedlichen räumlichen Gegebenheiten anzupassen.

Motorische Adaptionsfähigkeit – Fähigkeiten und Fertigkeiten

Sobald ein Kind sich eine motorische Fähigkeit angeeignet hat (z. B. bei einem Bewegungsspiel „wie ein Häschen" zu hüpfen), sollte es auch in der Lage sein, dieselbe Bewegung bei anderen Handlungen anzuwenden. Manche Kinder schaffen es jedoch nicht, eine erlernte Bewegung von der Lernsituation auf eine andere Situation zu übertragen. Um diesen Kindern zu helfen, sollten Lehrer sich zunächst mit den persönlichen Lernvoraussetzungen der Schüler vertraut machen. Entsprechend sollten Leistungserwartungen ggf. angepasst oder reduziert werden. Anders formuliert:

2 WARUM MACHST DU DAS?

Wenn ein Kind eine bestimmte Bewegung in einer spezifischen Situation beherrscht, kann nicht als selbstverständlich angenommen werden, dass es sie in anderen Situationen reproduzieren kann. Um die Adaptionsfähigkeit von Kindern zu fördern, sollten Bewegungsabläufe mit ihnen bewusst und schrittweise nachvollzogen werden, um sie dann gezielt in neuen Situationen anzuwenden.

Förderschwerpunkt

Generalisierung erlernter Bewegungsabläufe und Fertigkeiten.

⟫⟫ ÜBUNG: Zickzack

Klassenstufe: 1.–2. Schuljahr   **Dauer:** 15 min

Anleitung

1. Thematisieren Sie mit den Schülern, warum es wichtig ist, auf andere Personen zu achten, ihnen nicht im Weg zu sein und einen gewissen Körperabstand zu halten.
2. Fordern Sie die Kinder dann auf, durch den Raum zu gehen und dabei Ihren Anweisungen zu folgen: rückwärts, in geraden Linien, im Zickzack, in Schlangenlinien, in Drehungen, im Kreis usw.
   Für diese Aktivität wird eine große, freie Fläche benötigt. Zur Veranschaulichung können Skizzen von den einzelnen Bewegungsformen an der Wand befestigt werden.
3. Führen Sie neue Bewegungsformen schrittweise ein. Fordern Sie die Schüler auf, ruhig stehenzubleiben, die Augen zu schließen und zuzuhören, während Sie eine neue Bewegungsform ansagen („Geht im Zickzack/in Schlangenlinien usw."). Weisen Sie sie an, die Augen geschlossen zu halten, bis fünf zu zählen und sich dabei die entsprechende Bewegung vorzustellen. Erst danach dürfen sie die Augen öffnen und weiterlaufen.
4. Führen Sie jeweils nur eine einzelne neue Bewegungsform ein und wiederholen Sie danach Bewegungen, die die Schüler bereits gelernt haben.
5. Wenn die Kinder den Bewegungsablauf in normalem Gehtempo beherrschen, fordern Sie sie auf, „ein bisschen schneller" und schließlich „noch etwas schneller" zu laufen.

Gesprächsimpulse

- ☑ Diskutieren Sie vorab die gedanklichen Prozesse, die der Ausführung einer neuen Bewegungsform unmittelbar vorausgehen.
  Beispiel: „Woran denkt ihr, wenn ich sage ‚Lauft im Zickzack.'?"
- ☑ Besprechen Sie hinterher mit ihnen, wie einfach oder schwierig es für sie war, auf verbale Anweisungen zu achten und die Bewegungsabläufe entsprechend anzupassen.

Förderstrategien

Gruppenbildung

Neigt ein Schüler zu einförmigen und starren Bewegungen, ordnen Sie ihm einem Mitschüler zu, der selbst nicht allzu flink und gewandt ist. Auch bei Partnerarbeiten am Tisch ist eine solche Zuordnung sinnvoll. Ein Partner mit bedächtiger Arbeitsweise wird sicherstellen, dass beide Schüler die Aufgabe etwa gleich schnell bearbeiten. Auf diese Weise wird vermieden, dass ein Kind mit eingeschränkter Adaptionsfähigkeit ins Hintertreffen gerät.

Lernsituation steuern

Sollte ein Schüler in unangemessenes Verhalten ausweichen – z. B. durch Albernheiten, Herumrennen oder „Überdrehtheit" –, sollten Sie ihm durch physische Nähe Halt vermitteln, anstatt ihn mündlich zur Ordnung zu rufen. Verbale Hinweise werden dem Kind kaum helfen, sich zu kontrollieren. Gehen Sie zu dem Schüler hin und legen Sie ihm behutsam eine Hand auf die Schulter oder geben Sie ihm einen schweren Gegenstand, den er während der Übung in der Hand behält. Der Druck der Berührung bzw. das Gewicht des Objekts wirkt als sensorischer Ausgleich, der dem Kind helfen kann, zu mehr Selbststeuerung zurückzufinden.

Unterstützung durch Mitschüler

Die Aktivität eignet sich, um ältere Schüler, die selbst Mühe mit der Bewegungssteuerung haben, als Helfer einzusetzen. Ein solcher Schüler kann einem jüngeren Kind vorangehen, dem die Ausführung von Bewegungen schwerfällt. Auf diese Weise kann das betreffende Kind vom älteren Mitschüler „abgucken". Die Maßnahme hat auch positive Effekte für den älteren Mitschüler: Seine Empathiefähigkeit wird angesprochen und er trainiert gleichzeitig seine eigenen motorischen Kompetenzen.

2 WARUM MACHST DU DAS?

Verbale Unterstützung

„Gut gemacht! Es ist ganz schön schwer, sich auf die eigenen Bewegungen zu konzentrieren und gleichzeitig darauf zu achten, was die anderen Kinder tun." – Bestätigen Sie Erfolg durch verbale Rückmeldungen (eventuell in noch einfacheren und kindgerechteren Formulierungen) und bestärken Sie angemessenes Bewegungsverhalten während der jeweiligen Übung, aber auch in der Pause, bei Gängen im Bereich der Schule und im Unterricht. Setzen Sie verbales Feedback ein, damit den Schülern ihr eigenes Verhalten in Beziehung zur Bewegungsaktivität anderer bewusst wird.

Entwicklung schrittweise planen

Konzentrieren Sie sich auf jeweils eine einzelne Fähigkeit, die vermittelt werden soll. Wählen Sie geeignete Lernsituationen sorgfältig aus. Berücksichtigen Sie in der jeweiligen Situation die emotionale Verfassung des Kindes. Arbeiten Sie mit ihm nur dann, wenn es ruhig und aufnahmebereit ist. Fällt ihm die Bewältigung einer Aufgabe schwer, geben Sie ihm die nötige Hilfestellung und verzichten Sie auf weitere Anforderungen.

Übungen für zu Hause

Schicken Sie per E-Mail eine Beschreibung der Aktivität an die Eltern des Schülers und fügen Sie folgende Anleitung hinzu:
Variieren Sie die Bewegungen und beziehen Sie Gesten mit ein. Erweitern Sie die Übung, nachdem Sie sie 5-mal oder öfter durchgeführt haben. Beispiel: „Jetzt gehen wir wieder im Zickzack und schwingen dazu die Hüften im Takt der Musik.", „Wir gehen weiter rückwärts, aber klatschen bei jedem Schritt in die Hände und zählen mit."

FALLBEISPIEL

Jenny
Handlungsabläufe werden in Teilfertigkeiten unterteilt, die einzeln vermittelt werden. Dabei erhält Jenny Zeit, jede Fertigkeit zu üben. Jede neue Handlung wird ihr in wechselnden Situationen mit verschiedenen Varianten gezeigt. Jedes Mal, wenn sie eine neue Fertigkeit oder Bewegungsform erlernt hat, übt sie sie mindestens 5-mal, bevor sie an den nächsten Lernschritt herangeführt wird.

KÖRPERWAHRNEHMUNG

Beobachtungsschwerpunkte

Anzeichen von Beeinträchtigungen der Körperwahrnehmung:
- ☑ Der Schüler bewegt sich hektisch und ungeschickt durch den Klassenraum.
- ☑ Der Schüler stößt oft an Dinge oder Personen.
- ☑ Der Schüler läuft gegen Arbeitstische, tritt anderen auf die Füße oder stolpert über am Boden liegende Schultaschen.

Körperwahrnehmung – Fähigkeiten und Fertigkeiten

Die Wahrnehmung des eigenen Körpers und seiner Bewegungen befähigen das Kind, zwischen Personen und Dingen im Raum zu navigieren und sich dabei der eigenen Körpergrenzen bewusst zu sein. Diese Sensibilität für die körpernahe Umgebung müssen Kinder sich im Laufe ihrer Entwicklung aneignen. Manche Kinder verharren jedoch in impulsivem, raumgreifendem und oft lautstarkem Bewegungsverhalten. Ihr Bewusstsein für ihre Bewegungen in Relation zu den Objekten und Personen um sie herum ist eingeschränkt, da ihr motorisches Lageempfinden kaum ausgeprägt ist.
Ein Kind mit beeinträchtigter Körperwahrnehmung hat z.B. kein Gespür dafür, wie man beim Trinken mit einem Strohhalm den Arm zum Gesicht führt und den Strohhalm in den Mund steckt. Kindern mit solchen Beeinträchtigungen fehlen oft die nötigen sensomotorischen Fähigkeiten für den Umgang mit Essgeschirr, Besteck und Nahrung. Entsprechend kleckern und krümeln sie häufig und hinterlassen die Spuren ihrer Mahlzeit auf ihrer Kleidung oder an ihrem Platz. Wenn einem Schüler bereits diese Alltagsaktivität schwerfällt, überrascht es nicht, wenn er auch in anderen Situationen scheitert (z.B. wenn er einem Stuhl nicht rechtzeitig ausweichen kann, der von einem anderen Kind beim Aufstehen nach hinten geschoben wird).

Förderschwerpunkt

Bewusstsein für die eigenen Körpergrenzen und Bewegungen in Beziehung zur Umgebung entwickeln.

2 WARUM MACHST DU DAS?

⫸ ÜBUNG: Erwischt!

Klassenstufe: 1.–4. Schuljahr **Dauer:** 15–30 min

Anleitung

1. Ein oder zwei Schüler stehen mit geschlossenen Augen in der Raummitte. Sie sind „Detektive".
2. Fordern Sie die anderen Kinder auf, sich im Raum zu verteilen.
3. Die Spieler bewegen sich möglichst lautlos um die „Detektive" herum. Dabei bleibt ihnen freigestellt, wie weit sie sich den „Detektiven" nähern möchten. Damit die „Detektive" sie nicht hören können, müssen sie sich so langsam, leise und behutsam wie möglich bewegen.
4. Wenn ein „Detektiv" ein Geräusch hört, darf er seine Augen öffnen und auf das Kind zeigen, von dem er annimmt, dass es den Laut verursacht hat. Dabei sagt er „Erwischt!" (natürlich in freundlichem Ton). Hat der „Detektiv" richtig geraten, beginnt eine neue Spielrunde. Das „erwischte" Kind nimmt weiter am Spiel teil.
5. Niemand scheidet bei diesem Spiel aus. Setzen Sie es ein, um Spielfreude unabhängig von jeglichem Wettbewerbsgedanken zu vermitteln.

Gesprächsimpulse

- ☑ Besprechen Sie mit den Kindern vorab, was sie tun bzw. vermeiden sollten, um von den „Detektiven" möglichst nicht gehört zu werden.
- ☑ Fragen Sie sie hinterher nach ihren Empfindungen während der Aktivität: Fanden sie das Spiel spannend? Wie schwer fiel es ihnen, sich kontrolliert zu bewegen? Gerieten sie außer Atem? Schlug ihr Herz schneller?

Förderstrategien

Lehrerhilfe

Der Schüler mit dem größten Förderbedarf wird bei diesem Spiel wahrscheinlich am häufigsten entdeckt. Lassen Sie ihn in jeder Runde mitspielen und geben Sie ihm Zeit zum Üben. Helfen Sie ihm, indem Sie ihm bei Spielbeginn einen Platz zuweisen, der möglichst weit vom „Detektiv" entfernt ist. Platzieren Sie Schüler, die sich langsam, leise und behutsam fortbewegen können (d.h. Kinder mit gut entwickelter Körperwahrnehmung), in die Nähe der „Detektive".

🌿 Konkret-beschreibendes Lob
Bestärken Sie durch konkrete Beschreibung die Elemente einer Handlung, die zu ihrer erfolgreichen Ausführung beitragen.
Beispiel: „Gut gemacht, Leon! Bevor du losgegangen bist, hast du tief ein- und ausgeatmet. Dadurch bist du ruhig geworden. Dann hast du langsam und vorsichtig einen Fuß nach dem anderen aufgesetzt."

🌿 Lernsituation steuern
Um Schüler darin zu bestärken, genauer auf ihren Körper und ihre Bewegungen zu achten, sollten sie vor Beginn einer Aktivität zur Ruhe kommen. Fordern Sie die Kinder z. B. im Sitzkreis oder am Arbeitstisch auf, tief durchzuatmen und sich zu strecken. Schließen Sie nach Möglichkeit eine Gleichgewichtsübung an. Dazu eignet sich z. B. die Baumstellung (Yoga), mit der die Kinder sich sammeln und ihre Aufmerksamkeit auf ihren Körper und ihre Atmung richten können.

🌿 Lernsituationen schaffen
Erinnern Sie die Schüler bei allen Aktivitäten während des Schultages daran, bewusst auf ihre Körperbewegungen zu achten. Wenn Sie mit Ihrer Klasse z. B. durch das Schulgebäude gehen, geben Sie den Kindern konkrete Aufträge: langsam oder zügig gehen und sich so leise bewegen, dass Mitschüler und andere Lehrer sie nicht hören können.

🌿 Übungen für zu Hause
Schicken Sie per E-Mail eine Beschreibung der Aktivität an die Eltern des Schülers und fügen Sie folgende Anleitung hinzu:
Führen Sie das Spiel mit unterschiedlicher Kleidung und auf verschiedenen Oberflächen durch. Oft verursachen Kleiderstoffe und Schuhsohlen deutlich hörbare Geräusche. Anfangs können Sie z. B. auf dem Rasen im Garten oder auf dem Teppich in der Wohnung spielen, während Ihr Kind Schwimmkleidung trägt. Auf diese Weise machen Sie es dem Kind leichter, von Ihnen nicht gehört zu werden. Gestalten Sie das Spiel etwas schwieriger, sobald Ihr Kind an Übung und Sicherheit gewonnen hat. Tragen Sie z. B. Kleidung, die beim Gehen raschelt, tragen Sie Schuhe mit festen Sohlen und spielen Sie statt auf einem Teppich auf Dielenbrettern.

2 WARUM MACHST DU DAS?

> **FALLBEISPIEL**
>
> **Leon**
> Für Leon wird der Klassenraum farbig strukturiert und in Teilbereiche gegliedert. Mit buntem Klebeband werden Pfade auf dem Boden markiert. Teppichstücke und Matten kennzeichnen bestimmte Positionen. Wird das Spiel im Klassenzimmer gespielt, werden die Möbel zur Seite geräumt, um eine freie Fläche zu schaffen und den Spielverlauf zu vereinfachen.

SOZIALE WAHRNEHMUNG

Beobachtungsschwerpunkte

Anzeichen von Beeinträchtigungen der sozialen Wahrnehmung:
- ☑ Der Schüler scheint die Gegenwart anderer nicht zu bemerken.
- ☑ Der Schüler reagiert nicht auf Äußerungen oder Handlungen anderer.

Soziale Wahrnehmung – Fähigkeiten und Fertigkeiten

Damit Kinder adäquat auf die Handlungen, Äußerungen und Emotionen von Mitschülern reagieren und sich erfolgreich an gemeinsamen Spielen beteiligen können, müssen sie sich der Gegenwart anderer Personen bewusst sein. Diese Fähigkeit erhöht die Chancen auf erfolgreiche soziale Interaktion. Darum sollten Kinder immer wieder dazu angehalten werden, auf die Personen zu achten, die sich in ihrer Nähe aufhalten. Aktives Hören und Sehen spielen dabei eine wichtige Rolle.

> **FALLBEISPIEL**
>
> **Jenny**
> Es kommt vor, dass ein Mitschüler an Jennys Tisch tritt, während sie gerade an einer Aufgabe arbeitet. Wegen ihrer sensorischen Beeinträchtigungen bemerkt sie die Anwesenheit des anderen Kindes oft nicht. Entsprechend schenkt sie ihm keine Beachtung, z. B. durch Hochschauen oder einen Gruß. Damit läuft sie Gefahr, als abweisend und unfreundlich zu gelten. Jennys visuelle und auditive Wahrneh-

mung sollte gefördert werden, damit sie die Gegenwart anderer rechtzeitig bemerkt und angemessen darauf reagieren kann.

Förderschwerpunkt

Entwicklung der Fähigkeit, die Anwesenheit anderer Personen wahrzunehmen und auf die Handlungen und Reaktionen anderer zu achten.

⟫⟫ ÜBUNG: Lauscher und Schleicher

Klassenstufe: 1.–2. Schuljahr   **Dauer:** 15 min

Anleitung

1. Die Schüler sitzen auf dem Boden, auf einem Spielteppich oder an ihren Arbeitstischen.
2. Ein Kind, der „Lauscher", sitzt mit dem Rücken zur Klasse auf einem Stuhl, der in einigen Metern Abstand zur Gruppe aufgestellt ist.
3. Unter den Stuhl wird ein Gegenstand gelegt.
4. Bestimmen Sie ein anderes Kind als „Schleicher". Der „Schleicher" versucht, sich dem „Lauscher" leise zu nähern und den Gegenstand unter dem Stuhl wegzunehmen, ohne dass der „Lauscher" ihn hört.

Gesprächsimpulse

- ☑ Besprechen Sie vorab, was der „Schleicher" tun muss, um seine Bewegungen zu steuern und sich langsam und leise dem „Lauscher" zu nähern.
- ☑ Diskutieren Sie nach dem Spiel, wie die Kinder sich dem „Lauscher" genähert haben und was sie dabei beachten mussten. Waren sie behutsam und leise oder laut und lebhaft? Wie schwer fiel es ihnen, sich in der Nähe des „Lauschers" lautlos zu bewegen?

Förderstrategien

Non-verbale Hinweise

Sollte ein „Lauscher" durch Nebengeräusche abgelenkt sein, können Sie ihm helfen, indem Sie stumm eine Hand auf das Kind oder das Objekt legen, das die Ablenkung verursacht.

Sucht der „Lauscher" den Blickkontakt mit Ihnen (z. B. weil er unsicher ist), zeigen Sie stumm in die Richtung, aus der sich der „Schleicher" seinem Stuhl nähert. Hat der „Schleicher" den Stuhl erreicht, ohne dass der „Lauscher" ihn bemerkt hat, lächeln Sie dem „Lauscher" ermunternd zu und begrüßen Sie den „Schleicher" mit einem „Hallo!".

Lernsituationen schaffen

Sich der Gegenwart anderer bewusst zu sein, auf andere Personen zu achten und sich auf das gemeinsame Spiel zu konzentrieren sind Fähigkeiten, mit deren Hilfe Kinder befriedigende soziale Interaktion lernen können. Hingegen werden Kinder, die ständig in Bewegung sind, Spielaktivitäten abbrechen und ihre Mitschüler ignorieren, nur mit Mühe soziale Beziehungen und Spielfähigkeit aufbauen können. Gestalten Sie Spielsituationen, in denen Sie mit diesen Kindern konkret üben, wie man ruhig und ausdauernd mit anderen spielt.

Konkret-beschreibendes Lob

Beobachten Sie, in welchen Situationen ein Kind mit impulsivem und unkonzentriertem Bewegungsverhalten eine Bewegung langsam und aufmerksam vollzieht. *Beispiel:* „Leon, das hast du gut gemacht. Du wärst fast mit dem anderen Kind zusammengestoßen – aber dann hast du es bemerkt, bist langsamer gegangen und ausgewichen. Prima!"

Wiederholung

Wiederholen Sie eine Handlung gemeinsam mit dem Schüler, anstatt ihn zu tadeln, wenn er sich z. B. übereilt durch die Klasse bewegt, andere anrempelt oder an Dinge stößt. Gehen Sie zu dem Kind hin, nicken Sie ihm aufmunternd zu und fordern Sie es auf, die betreffende Aktion zu wiederholen („Lass' uns noch einmal an dem anderen Kind vorbeigehen, und zwar so langsam, dass du ihm ausweichen kannst."). Führen Sie den Schüler dann an den Punkt zurück, von dem aus er sich in Bewegung gesetzt hat. Lassen Sie ihn denselben Weg langsamer zurücklegen und an dem Mitschüler vorbeigehen, ohne ihn zu berühren.

Vorbild

Demonstrieren Sie Unaufmerksamkeit, Einsicht und Verhaltenskorrektur am eigenen *Beispiel:* „Na, so was! Ich dachte, ich würde hier ganz allein arbeiten und jetzt sehe ich, dass sich drei Kinder zu mir gesellt haben. Ich glaube, ich habe vor lauter Arbeit gar nicht gemerkt, was um mich herum passiert ist. Es ist gut, wenn ich mich auf meine Aufgabe konzentriere, aber ich muss auch auf die Klasse achten, damit ich weiß, was vorgeht." Unterstützen Sie Ihren Kommentar durch Gestik und Mimik. Signalisieren Sie zunächst Überraschung und demonstrieren Sie dann Aufmerksamkeit für die Kinder in Ihrer Nähe.

Wenn Sie im Unterricht mit einer Gruppe arbeiten und ein anderer Schüler an Ihren Tisch kommt, bestätigen Sie durch Gestik und Körpersprache, dass Sie sich der Gegenwart des Kindes bewusst sind und nicken Sie dem Neuankömmling freundlich zu. Zeigen Sie den Kindern immer wieder am eigenen Vorbild, wie sie sich verhalten sollten, wenn sich ein Mitschüler einer Gruppe anschließen möchte.

Übungen für zu Hause

Schicken Sie per E-Mail eine Beschreibung der Aktivität an die Eltern des Schülers und fügen Sie folgende Anleitung hinzu:

Wird dieses Spiel zu Hause gespielt, sollten Erwachsene sich ihrer Rolle bewusst bleiben. Manche Erwachsene lassen sich von der Spielsituation einfangen und vergessen dabei ihre eigentliche Aufgabe: dem Kind zu helfen, neue Fähigkeiten zu erlernen. Wenn Ihr Kind die „Lauscher"-Rolle hat und Sie den „Schleicher" spielen, stellen Sie sicher, dass Sie sich nicht allzu leise bewegen. Lassen Sie das Kind herausfinden, was der „Schleicher" auf keinen Fall tun sollte (z. B. mit der Hand auf den Fußboden schlagen oder mit den Füßen stampfen).

Wenn Sie das Spiel zum ersten Mal spielen, sorgen Sie dafür, dass Ihr Kind Sie sofort hört. Zeigen Sie sich überrascht, dass Sie so schnell entdeckt worden sind. Höchstwahrscheinlich wird Ihr Kind Ihnen genau sagen können, weshalb es Sie gehört hat. Wiederholen Sie die betreffende Bewegung und begleiten Sie die Handlung verbal: „Ich muss meine Hand sachte auf den Boden legen, damit man mich nicht hört."

Wenn Sie die „Lauscher"-Rolle haben, überhören Sie die Bewegungen des Kindes zunächst – selbst dann, wenn es sich Ihnen geräuschvoll nähern sollte. Wiederholen Sie das Spiel und räumen Sie Zeit ein, damit das Kind üben kann, wie man sich langsam und leise bewegt. Wird das Kind zu früh im Spielverlauf „erwischt", wird es entmutigt und verliert eventuell den Spaß an dem Spiel und folglich die Lernmotivation.

2 WARUM MACHST DU DAS?

VERBALE IMPULSKONTROLLE

Beobachtungsschwerpunkte

Anzeichen von Beeinträchtigungen der verbalen Impulskontrolle:
- ☑ Der Schüler unterbricht andere Personen, während sie sprechen.
- ☑ Der Schüler unterbricht Gespräche mit irrelevanten Kommentaren.

Verbale Impulskontrolle – Fähigkeiten und Fertigkeiten

Kindern sollte verdeutlicht werden, dass sie impulsiv handeln, wenn sie andere im Gespräch unterbrechen. Sie brauchen Übung und Anleitung, um sich von spontanen Gesprächsbeiträgen zurückzuhalten und sich zum angemessenen Zeitpunkt zu Wort zu melden. Besonders bei Schülern, die zu Zwischenrufen oder voreiligen Kommentaren neigen, sollte auf konsequentes Vorgehen geachtet werden. Die Versuchung ist groß, sie einerseits an Gesprächsregeln zu erinnern und andererseits ihre spontanen Äußerungen aufzugreifen und zu beantworten. In dieser Hinsicht reagieren Lehrer oft je nach der inhaltlichen Qualität einer Schüleräußerung, nach momentaner Stimmungslage oder mit Blick auf die verfügbare Unterrichtszeit.

Auf diese Weise ist es jedoch kaum möglich, Kindern konstruktives Gesprächsverhalten zu vermitteln. Sie brauchen gezielte Unterstützung, um unterscheiden zu können, wann verbale Äußerungen angemessen sind und wann nicht, welche Gesprächsbeiträge konstruktiv sind und welche stören. Diese Kriterien müssen Kindern durch konkrete Beispiele und Übungssituationen verdeutlicht werden. Auch wenn Schüler oft wissen, dass man andere nicht unterbrechen sollte, brauchen sie ein gewisses Maß an Übung, um ihre verbalen Impulse zu kontrollieren. Dafür sollte ihnen Zeit gegeben werden. Zusätzlich können ihnen mentale Ablenkungsstrategien helfen, spontane Einfälle zurückzuhalten und zu einem passenden Zeitpunkt zu äußern.

Förderschwerpunkte

- ☑ Üben der Fähigkeit, sich von spontanen Äußerungen von Gedanken oder Ideen zurückzuhalten.
- ☑ Eigene Äußerungen auf Angemessenheit überprüfen.

⟫⟫ ÜBUNG: Meine Lippen sind versiegelt

Klassenstufe: 1.–2. Schuljahr   **Dauer:** 15 min

Anleitung

1. Planen oder wählen Sie ein Bewegungsspiel, bei dem die Schüler die Körperbewegungen eines „Anführers" beobachten und nachvollziehen (z. B. „Schattenboxen", „Wir sind Roboter", „Spiegelbild" usw.). Die Anführerrolle wird vom Lehrer übernommen. Wichtigste Regel: Nur der Anführer darf sprechen.

2. Weisen Sie die Kinder vor Spielbeginn darauf hin, dass Sie ihnen ein paar Fallen stellen werden: Sie werden Dinge erwähnen, die in den Schülern den Impuls wecken, sich laut zu äußern. Betonen Sie, dass die Kinder die Aufgabe haben, ihren Kommentar zurückzuhalten („Im Unterricht oder wenn jemand spricht, ist das genauso: In dem Moment müssen wir für uns behalten, was wir am liebsten sofort sagen würden.").

3. Geben Sie einfache Bewegungen vor. Begleiten Sie die Bewegungsabläufe mit Kommentaren, die die Schüler zu spontanen Äußerungen veranlassen können. *Beispiel:* Benennen Sie eine Bewegungsform auf eine Weise, die in den Kindern vertraute Assoziationen weckt (z. B. hüpfen wie ein Kaninchen) und zu Zwischenrufen verleitet („Ich habe ein Kaninchen!").

4. Wenn die Schüler die Übung beherrschen, führen Sie den Aspekt der Korrektur von Beiträgen ein. Dabei lernen die Kinder, wann ein korrigierender Hinweis angemessen ist und welche Äußerungen keiner weiteren Kommentierung bedürfen (z. B. eine Formulierung, bei der jeder weiß, was gemeint ist, und weitere Hinweise deshalb unnötig oder sogar störend sind). Die Kinder sollen üben, nicht vorschnell zu kommentieren und eine Person erst ausreden zu lassen, bevor sie sich selbst äußern. *Beispiel:* Erstellen Sie ein Plakat, auf dem die einzelnen Bewegungen des Spiels aufgelistet sind. Geben Sie die Bewegungen vor, aber kündigen Sie einige davon „falsch" an. Die Kinder haben die Aufgabe, sich Ihre „Fehler" still zu merken und auf vorschnelle Zwischenrufe zu verzichten.

5. Planen Sie Zeit für ein Nachgespräch ein. Fordern Sie die Kinder auf, Ihre „Fehler" zu benennen. Loben Sie die Schüler dafür, dass sie ihre Hinweise zur angemessenen Zeit geäußert haben, d. h. nach dem Spiel.

Nutzen Sie diese Aktivität als proaktive Strategie im Schulalltag. Erinnern Sie die Kinder z. B. daran, ihre „Lippen zu versiegeln", bevor Sie mit der Klasse zur Turnhalle gehen.

2 WARUM MACHST DU DAS?

Gesprächsimpulse

- ☑ Besprechen Sie vorab den Unterschied zwischen einer freundschaftlichen Unterhaltung, bei der die Äußerungen des Gesprächspartners durch eigene Beispiele ergänzt werden, und Situationen, in denen Sprecher nicht unterbrochen und ihre Äußerungen nicht spontan kommentiert werden sollten.
- ☑ Fordern Sie die Kinder nach dem Spiel auf, nachzuvollziehen, wann sie Sie unterbrochen haben und wann sie sich von spontanen Äußerungen zurückhalten konnten.

Förderstrategien

Lehrerhilfe
Wenn Sie bemerken, dass ein Kind dazwischenrufen will oder es bereits getan hat, legen Sie ihm zur Erinnerung sanft Ihre Hand auf die Schulter.

Denkanstöße und Entscheidungshilfen geben
Fordern Sie die Schüler dazu auf, das Spiel als gedankliche Hilfe zu nutzen. *Beispiel:* „Erinnert euch im Unterricht an dieses Spiel. Stellt euch vor, dass eure Lippen versiegelt sind. Wenn ich euch z. B. etwas erkläre, fällt euch dazu vielleicht eine tolle Geschichte ein. Es ist dann aber nicht der passende Moment, den anderen von der Geschichte zu erzählen. Stattdessen solltet ihr eure Lippen ‚versiegeln' und warten, bis die Stunde vorbei ist."

Non-verbale Hinweise
Setzen Sie positive non-verbale Signale ein. Belohnen Sie die Kinder anfangs mit einem Lächeln, wenn sie sich während des Spiels erfolgreich von spontanen Äußerungen zurückhalten. Nehmen Sie diese Form der Rückmeldung allmählich zurück, wenn die Schüler das erwartete Verhalten durchgängig zeigen. Ein kurzer Blickkontakt oder der gleichmäßige Fortgang der Übung kann genügen, um den Schülern zu signalisieren, dass Sie ihr Verhalten positiv wahrnehmen. Setzen Sie dieselbe non-verbale Rückmeldung während des gesamten Schultages ein.
Sollten Sie oder ein Schüler während des Unterrichts von einem Kind unterbrochen werden, sehen Sie es an, nicken Sie kurz und sprechen Sie ruhig und ohne Pause weiter. So geben Sie zu erkennen, dass Sie das Kind zwar sehen und hören, sich aber nicht mitten im Satz unterbrechen lassen.

🌿 Aktivitäten und Verhaltenserwartungen ankündigen

Erinnern Sie die Schüler vor Beginn einer Aktivität (z. B. einem Unterrichtsgespräch oder einer Unterrichtsphase, in der Sie etwas erklären) daran, dass sie weder Sie noch andere Sprecher unterbrechen sollten. Geben Sie den Schülern dafür gedankliche Hilfen. *Beispiel:* „Denkt daran, eure eigenen Ideen für euch zu behalten und nicht sofort in die Klasse zu rufen. Ihr könnt euch zum Beispiel sagen ‚Ich tue so, als ob ich meinen Mund mit einem Reißverschluss zumache, und höre ruhig zu. Ich warte bis zur Pause, um den anderen von meiner Idee zu erzählen.'"

🌿 Lernsituation steuern

Wenn ein Schüler häufig unterbricht oder Nebengespräche führt, kann das ein Zeichen innerer Unruhe sein. Sorgen Sie ggf. für mehr Ruhe bei den Unterrichtsaktivitäten oder spielen Sie Entspannungsmusik. Wird der Schüler dadurch ruhiger, wird er sich besser verbal kontrollieren können.

🌿 Selbstgespräch

Zeigen Sie am eigenen Beispiel, wie ein innerer Monolog geführt wird. *Beispiel:* Während sich die Kinder auf die Hofpause vorbereiten, begleiten Sie die Situation durch „lautes Denken". Auf diese Weise veranschaulichen Sie, was die Kinder tun sollen: „Jetzt mache ich mich für die Pause fertig. Ich denke an die Sachen, die ich für die Pause brauche: mein Pausenbrot und meine Jacke. Ich achte darauf, nur über Dinge zu reden, die mit der Pause zu tun haben."

🌿 Belohnungssystem

Natürlich ist es einfacher, Kinder für Verhaltensweisen zu belohnen, die sie konkret gezeigt haben, als Feedback für unterlassenes Verhalten zu geben. Dennoch ist es wichtig, einem Kind positiv rückzumelden, wenn es eine bestimmte negative Verhaltensweise erfolgreich vermeidet. Ein Schüler kann belohnt werden, wenn er zwar zu unangemessenem Verhalten ansetzt, sich aber rechtzeitig dagegen entscheidet. Positives Feedback ist auch dann sinnvoll, wenn ein Kind es schafft, während einer gesetzten Zeitspanne auf ein bestimmtes Verhalten zu verzichten. *Beispiel:* „Leon, ich habe gesehen, dass du mich beinahe unterbrochen hättest, aber dann hast du deinen Kommentar doch für dich behalten." oder „Leon, während der ganzen Unterrichtsstunde hast du kein einziges Mal dazwischengeredet. Prima!"

2 WARUM MACHST DU DAS?

🌿 Übungen für zu Hause

Schicken Sie per E-Mail eine Beschreibung der Aktivität an die Eltern des Schülers und fügen Sie folgende Anleitung hinzu:

Sobald Ihr Kind dieses Spiel beherrscht, können Sie die Grundregel auf andere Aktivitäten anwenden. Spielen Sie „Meine Lippen sind versiegelt" z. B. beim Torwandschießen oder während Ihr Kind sich morgens für die Schule vorbereitet. Dabei soll nicht das Gespräch mit Ihrem Kind eingeschränkt werden, denn verbale Kommunikation ist eine wichtige Fähigkeit, die unterstützt werden sollte. Bei dem Spiel geht es darum, dass das Kind lernt, andere nicht zu unterbrechen oder eine lange Geschichte zu erzählen, obwohl es sich auf etwas anderes konzentrieren sollte.

SELBSTSTEUERUNG

Beobachtungsschwerpunkte

Anzeichen von Beeinträchtigungen der Selbststeuerung:
- ☑ Der Schüler handelt, ohne die Folgen seiner Aktion zu bedenken.
- ☑ Der Schüler bewegt sich hastig und unüberlegt.
- ☑ Der Schüler bewegt sich, ohne auf seine Umgebung zu achten, z. B. stößt er im Vorbeigehen Arbeitsblätter vom Tisch.

Selbststeuerung – Fähigkeiten und Fertigkeiten

Manche Schüler bewegen sich sicher und mühelos durch das Klassenzimmer, ohne ihre Aktionen bewusst zu planen oder sich darauf konzentrieren zu müssen, womit sie unterwegs in Kontakt kommen könnten. Andere Kinder müssen hingegen lernen, bewusst auf ihre Bewegungen zu achten und sie zu kontrollieren. Sie müssen lernen, zwischen ihrem Denken und ihrem Bewegungsverhalten eine Verbindung herzustellen. Anhand von langsamen Bewegungsabläufen sollte mit ihnen geübt werden, wie man eine Bewegung durchdenkt und schrittweise durchführt.

Wir neigen dazu, Schüler einfach nur zurechtzuweisen und sie aufzufordern, sich „langsamer" oder „nicht so schnell" zu bewegen. Viel schwieriger ist es, diese oft zappeligen Kinder anzuleiten, mit ihrer Bewegungsenergie bewusster umzugehen. Oft genug wählen Erwachsene, ob zu Hause oder in der Schule, den Weg des geringsten Widerstands und vermeiden Aktivitäten, die vom Kind ein achtsames und durchdachtes Vorgehen erfordern. So kann es z. B. recht frustrierend sein, mit einem Kind einen Kuchen zu backen, wenn es die Backanleitung ignoriert oder vor lauter Hast die Zutaten verschüttet. Jedoch braucht das betreffende Kind genau diese Form von Aktivitäten, um sich motorische Selbststeuerung aneignen und üben zu können.

Förderschwerpunkt

Üben der Fähigkeit, sich mit Bedacht zu bewegen und nicht unüberlegt auf eine Ablenkung, einen spontanen Wunsch, einen Impuls oder Aktionen anderer zu reagieren.

⟫ ÜBUNG: Kommando-Tanz

Klassenstufe: 1.–2. Schuljahr   **Dauer:** 30 min

Anleitung

1. Die Schüler stehen im Raum verteilt. Spielen Sie tanzbare Musik und fordern Sie die Schüler auf, auf der Stelle zu tanzen, bis Sie die Musik anhalten.
2. Halten Sie Karten bereit, die verschiedene Körperpositionen zeigen (z. B. sich hinhocken, Arme in die Höhe strecken, auf einem Bein stehen). Alternativ können Sie die Positionen auch an die Tafel zeichnen oder selbst demonstrieren.
3. Wählen Sie eine Position, die die Schüler beim Anhalten der Musik einnehmen sollen. Zeigen Sie die Position bzw. geben Sie das „Kommando" zehn Sekunden, bevor Sie die Musik anhalten.
4. Fordern Sie die Schüler auf, beim Tanzen auf das „Kommando" zu schauen. Sie dürfen die angezeigte Position erst einnehmen, wenn die Musik stoppt.

2 WARUM MACHST DU DAS?

Gesprächsimpulse

- ☑ Besprechen Sie vorab, mit welchen Strategien die Schüler sich das Warten erleichtern können.
- ☑ Diskutieren Sie nach dem Spiel mit den Schülern, wie leicht oder schwer es ihnen fiel. Wenn sie die Übung schwierig fanden, fragen Sie sie nach ihren Erfahrungen zu Hause – bei welchen anderen Aktivitäten fällt ihnen das Warten auch schwer?

Förderstrategien

Non-verbale Hinweise

Einem Schüler, dem das Warten sehr schwerfällt, können Sie als Signal eine Hand auf die Schulter legen. Schauen Sie ihn an, bevor Sie eine Karte mit einer neuen Position zeigen. Heben Sie Ihre Hand als stumme Aufforderung, zu warten. Die Geste signalisiert dem Kind, dass es eine bestimmte Zeit (ca. zehn Sekunden) warten muss, bis es dem „Kommando" folgen kann.

Gruppenbildung

Zwar eignet sich diese Aktivität für die ganze Klasse, aber es lohnt sich auch, sie in homogenen Gruppen mit Schülern auf einem vergleichbaren Fähigkeitsniveau einzusetzen. Eine kleinere Gruppe erleichtert es dem Lehrer außerdem, das Tempo der Musik und den Schwierigkeitsgrad der Positionen an die Fähigkeiten aller Schüler in der Gruppe anzupassen.

Selbstgespräch

Veranschaulichen Sie, wie man mithilfe eines Selbstgesprächs das eigene Bewegungstempo reduzieren und sich einer Aufgabe mit Konzentration und Umsicht nähern kann. Sprechen Sie konkret die Gedanken aus, die die Aufgabe begleiten: „Ich nähe sehr gern, aber ich habe Probleme, langsam zu arbeiten. Meine Hände bewegen sich immer so schnell, dass ich oft daneben steche. Bevor ich anfange, muss ich zur Ruhe kommen. Es hilft mir, ein paar Mal ruhig durchzuatmen, bevor ich die Nadel in die Hand nehme. Dadurch kann ich mich konzentrieren und ruhig bewegen. Es hilft mir auch, zuerst die Materialien in die Hand zu nehmen und genau anzuschauen, bevor ich mit einer Arbeit beginne."

🍃 Konkret-beschreibendes Lob

Es kann passieren, dass ein Kind vom Lehrer aufgefordert wird, innezuhalten und sich zu konzentrieren, während es bereits in Bewegung ist. Anstatt das Kind immer dann zu ermahnen, wenn es sich wieder einmal zu überstürzen scheint, sollte das erwünschte Verhalten positiv verstärkt werden. Loben Sie das Kind jedes Mal, wenn es bei einer Aktivität ruhig und mit Bedacht vorgeht.

🍃 Wiederholung

Es bringt wenig, ein Kind ständig zu ermahnen oder ärgerlich zu werden, wenn es alles auf einmal tun will. Führen Sie es stattdessen an den Beginn einer Handlung zurück, bei der es sich fahrig und unachtsam verhalten hat. Lassen Sie das Kind die betreffende Aktivität wiederholen. Fordern Sie es auf, seine Bewegungen bewusst zu steuern, z. B. durch den Raum zu gehen und dabei darauf zu achten, keine Dinge oder Personen zu berühren.

🍃 Übungen für zu Hause

Schicken Sie per E-Mail eine Beschreibung der Aktivität an die Eltern des Schülers und fügen Sie folgende Anleitung hinzu:
Unterstützen Sie Ihr Kind darin, sich zu Hause mit mehr Ruhe und Achtsamkeit zu bewegen. Erinnern Sie Ihr Kind daran, langsam und bewusst vorzugehen, wenn es fahrig und ohne Konzentration handelt. Begleiten Sie es bei seinen alltäglichen Aktivitäten und fordern Sie es ggf. auf, innezuhalten, durchzuatmen und dann langsamer und mit mehr Bedacht fortzufahren.

BEWEGUNGSVERHALTEN ANPASSEN

Beobachtungsschwerpunkte

Anzeichen von Beeinträchtigungen der Fähigkeit, das eigene Bewegungsverhalten an die Umgebung anzupassen:
- ☑ Der Schüler stimmt die eigenen Bewegungen nicht auf die Umgebungsbedingungen oder das Bewegungsverhalten anderer Personen ab.
- ☑ Das Tempo und die Abläufe im Bewegungsverhalten des Schülers harmonieren nicht mit denen der anderen Kinder.

2 WARUM MACHST DU DAS?

Bewegungsverhalten anpassen – Fähigkeiten und Fertigkeiten

Damit ein Kind sich nahtlos in eine Gruppe einfügen kann, muss es sich seiner räumlichen Umgebung bewusst sein sowie Tempo und Dynamik seines Bewegungsverhaltens an die Bewegungen der anderen Kinder anpassen. Bei Erwachsenen mag diese Überlegung befremdlich wirken – schließlich sollen vor allem Individualität und Kreativität gefördert werden, während Erziehung zur Anpassung nicht als erstrebenswert gilt. Dennoch sollte berücksichtigt werden, dass ein gewisses Maß an Anpassungsfähigkeit nötig ist, damit Kinder erfolgreich mit anderen spielen und wertvolle soziale Erfahrungen sammeln können. Kindern, die z. B. in der Pause abseits stehen, allein spielen und gemeinsames Spiel bewusst vermeiden, entgehen wesentliche soziale Lernmöglichkeiten im Zusammensein mit Gleichaltrigen.

Förderschwerpunkt

Auf die Bewegung und das Verhalten anderer achten und die eigenen Bewegungsabläufe und Verhaltensweisen darauf abstimmen.

⟫ ÜBUNG: Bewegen nach Musik

Klassenstufe: 1.–2. Schuljahr   **Dauer:** 15–30 min

Anleitung

1. Erstellen Sie eine Playlist mit verschiedenen langsamen und schnellen Musikstücken (auf CD oder MP3-Spieler).
2. Fordern Sie die Schüler auf, sich im Raum zu verteilen und an ihrem gewählten Platz stehen zu bleiben oder sich auf den Boden zu setzen.
3. Spielen Sie die Musik ab und fordern Sie die Kinder auf, sich passend zur Musik zu bewegen. Geben Sie ggf. Bewegungsformen vor, z. B. Dehn- und Streckbewegungen, schnellen oder langsamen Tanz, Schlafposition.
4. Zeigen Sie am eigenen Beispiel, dass auch die Mimik der Musik folgen kann.
5. Fordern Sie die Schüler nun auf, sich in einer Weise zu bewegen, die nicht mit der Musik harmoniert, z. B. Hip-Hop-Tanz zu klassisch-romantischer Musik.

6. Setzen Sie zu Anfang Musikstücke ein, die sich deutlich voneinander unterscheiden. Gehen Sie nach einer Weile zu weniger kontrastreichen Stücken über oder wählen Sie Kompositionen, die Stimmungswechsel enthalten.

Gesprächsimpulse

- ☑ Fordern Sie die Kinder auf, ihre Eindrücke zu schildern: Wie einfach oder schwierig war es für sie, die eigenen Bewegungen auf die Musik abzustimmen? Wie hat es sich angefühlt, sich konträr zur Musik zu bewegen?
- ☑ Besprechen Sie, welche Vor- und Nachteile es hat, wenn man sich an eine Gruppe anpasst bzw. nicht anpasst. Arbeiten Sie im Gespräch wichtige Unterscheidungen heraus: In welchen Situationen ist es wichtig, notwendig, hilfreich oder vorteilhaft, der Gruppe zu folgen? Diskutieren Sie auch mit den Schülern, in welchen Situationen es nachteilig oder sogar problematisch ist, sich der Gruppe gewohnheitsmäßig anzupassen und nicht eigenständig zu denken bzw. sich nicht von einer Gruppe abzugrenzen. Beispiele: Mobbing, keine eigenen Ideen entwickeln können, über keine Kreativität oder Individualität verfügen.
- ☑ Reflektieren Sie gemeinsam, wie einfach oder schwierig die Übung war. Wussten die Kinder, wie sie sich zur Musik bewegen sollten, oder waren sie unsicher?
- ☑ Regen Sie die Kinder dazu an, zu überlegen, wie stark sie sich an das Verhalten ihrer Freunde anpassen. Machen sie alles mit und tun sie das Gleiche wie ihre Freunde? Oder tun sie nur das, was ihnen gefällt und wann es ihnen gerade passt?

Förderstrategien

✐ **Denkanstöße und Entscheidungshilfen geben**
Beispiel: „Die Übung klappt noch nicht richtig und ich sehe auch, warum. Einige Kinder bewegen sich in einem anderen Tempo als die anderen und achten nicht darauf, wie ihre Mitschüler sich bewegen. Wenn wir so weitermachen, können wir nicht als Gruppe harmonieren. Wir schauen uns jetzt alle genau um und stimmen unsere Bewegungen aufeinander ab."

2 WARUM MACHST DU DAS?

⊘ Non-verbale Hinweise
Fordern Sie die Kinder auf, zu beobachten, was ihre Mitschüler tun. Wenn z. B. ein Schüler auf dem Weg zum Schulhof trödelt und hinter der Gruppe zurückbleibt, zeigen Sie auf die Kinder vor ihm und ermuntern Sie ihn durch eine Geste, sich ihnen anzuschließen.

⊘ Entwicklung schrittweise planen
Wirken die Bewegungen eines Kindes bei der Übung gehemmt, stellen Sie fest, welche Bewegungsformen ihm leichtfallen. Imitieren Sie diese Bewegung wie in einem Spiegelbild. Versuchen Sie zu diesem Zeitpunkt nicht, das Kind dazu zu bringen, die gesamte Übung mitzumachen. Konzentrieren Sie sich auf die Bewegungen, die das Kind selbst ausführt. Bewegen Sie sich gemeinsam mit dem Kind, bis es die Bewegung beherrscht. Erst dann kann eine einfache Bewegungsform hinzugefügt werden, die das Kind leicht nachvollziehen kann. Fordern Sie das Kind nicht explizit auf, Ihre Bewegung nachzumachen. Zeigen Sie ihm nur die neue Bewegungsform. Sehen Sie erst das Kind an und deuten Sie mit Ihrem Blick dann auf Ihre eigene Bewegung.

⊘ Selbstgespräch
Demonstrieren Sie anhand eines Selbstgesprächs, wie Sie Ihr eigenes Verhalten an die Erfordernisse der Gruppe anpassen: „Am liebsten würde ich jetzt in Ruhe über den Rasen schlendern, aber die ganze Klasse rennt zum Fußballtor. Manchmal kann man sich nicht ausschließen. Also tue ich, was die anderen tun, und laufe mit."

⊘ Übungen für zu Hause
Schicken Sie per E-Mail eine Beschreibung der Aktivität an die Eltern des Schülers und fügen Sie folgende Anleitung hinzu:
Diese Übung ist eine gute Gelegenheit, die schulischen Fortschritte Ihres Kindes mit seinem Lernen zu Hause zu verbinden. Bitte stellen Sie mir die Musikstücke zur Verfügung, die Sie zu Hause verwenden. Sie erhalten dafür die Musik, die im Unterricht eingesetzt wird. Auf diese Weise dehnen wir die Lernerfahrung Ihres Kindes auf zwei verschiedene Lebensbereiche aus und geben ihm so die Möglichkeit, Gelerntes auf verschiedene Situationen zu übertragen. Die Motivation Ihres Kindes wird gestärkt, wenn es zu Hause und in der Schule vertraute Musik hören kann.

WECHSEL ZWISCHEN AKTIVITÄTEN VOLLZIEHEN

Beobachtungsschwerpunkte

Anzeichen von Beeinträchtigungen der Fähigkeit, den Wechsel zwischen Aktivitäten zu vollziehen:
- ☑ Der Schüler hat Schwierigkeiten, eine bevorzugte Aktivität zu beenden.
- ☑ Der Schüler hat Schwierigkeiten, seine Bewegungsabläufe auf eine neue Aktivität abzustimmen.

Wechsel zwischen Aktivitäten vollziehen – Fähigkeiten und Fertigkeiten

Manche Schüler vertiefen sich so sehr in eine Aktivität, dass sie sich kaum davon lösen können. Entsprechend schwer fällt es ihnen, den Wechsel zu einer neuen Aktivität oder den Übergang in einen anderen Raum zu vollziehen. Oft verfügen solche Kinder über eine ausgeprägte Fähigkeit, ihre Aufmerksamkeit auf eine Aufgabe zu richten, sich darauf zu konzentrieren und sich damit auseinanderzusetzen. Werden sie jedoch aufgefordert, die Beschäftigung zu beenden und sich einer anderen Aktivität zuzuwenden oder in einen anderen Raum zu gehen, reagieren sie nicht selten mit Widerstand und Verweigerung.

Diesen Schülern können Übergänge durch Übungen erleichtert werden, bei denen Unterbrechungen, Änderungen und Aktivitätswechsel zum Spielverlauf gehören. Bei der Planung eines solchen Spiels sollte darauf geachtet werden, dass die Kinder die jeweiligen Anforderungen bewältigen können.

Förderschwerpunkt

Üben der Fähigkeit, von einer Aktivität zur nächsten zu wechseln und dabei Handlungs- und Bewegungsabläufe anzupassen.

2 WARUM MACHST DU DAS?

››› ÜBUNG: Welle

Klassenstufe: 2.–4. Schuljahr **Dauer:** 30 min

Anleitung

1. Fordern Sie die Schüler auf, sich im Kreis aufzustellen.
2. Bestimmen Sie, welches Kind das Spiel beginnt. Der betreffende Schüler denkt sich eine Körperposition aus und macht sie vor. Dabei sollte der ganze Körper beteiligt sein und der Gesichtsausdruck eine bestimmte Emotion zeigen (Freude, Wut, Angst usw.).
3. Nacheinander – wie eine „Welle" – wird diese Pose von den Mitschülern imitiert und gehalten.
4. Wenn die „Welle" um den Kreis herumgelaufen und wieder beim ersten Schüler angekommen ist, gibt das nächste Kind eine neue Pose vor.
5. Setzen Sie das Spiel fort, bis jeder Schüler an der Reihe war.

Gesprächsimpulse

- ☑ Besprechen Sie mit den Kindern, welche Vorteile es hat, den anderen Schülern während des Spiels zuzusehen und dabei neue Körperpositionen auszuprobieren.
- ☑ Überlegen Sie gemeinsam, wie es sich anfühlen würde, während des ganzen Spiels in einer bestimmten Haltung ausharren zu müssen und sich nicht zwischendurch bewegen zu können: Wäre es einfach oder schwierig? Langweilig? Ermüdend?

Förderstrategien

Gruppenbildung

Das Spiel eignet sich als Aktivität für die ganze Klasse. Achten Sie darauf, dass die ersten fünf Kinder sich schnell und ohne Mühe eine Körperpose ausdenken können. An das Ende der „Welle" sollten Schüler platziert werden, die mehr Zeit brauchen, um sich auf das Spiel einzustellen.

Konkret-beschreibendes Lob

Geben Sie den Schülern konkretes, positives Feedback: „Prima, ihr stellt euch schnell auf die neue Körperhaltung um! Das kann sehr schwierig sein – besonders dann, wenn man eine bequeme Haltung aufgeben muss."

Unterstützung durch Mitschüler

Stellen Sie einem Schüler, dem dieses Spiel schwerfällt, einen kreativen und hilfsbereiten Mitschüler zur Seite. Wenn der Schüler die Bewegungen der anderen Kinder nicht übernimmt, setzen Sie den Mitschüler als Vorbild ein. Signalisieren Sie ihm, sich seinem Nachbarn so zuzuwenden, dass der ihn sehen und seine Körperhaltung nachahmen kann.

Aktivitäten und Verhaltenserwartungen ankündigen

Erklären Sie dem Schüler in einfachen, konkreten Worten, was er während der Übung tun soll. Achten Sie darauf, dass er bereits vor Beginn der Übung eine genaue Vorstellung von der Aufgabenstellung hat. Erklären Sie ihm, auf welche Weise Sie ihm während der Übung helfen werden.

Individuelle Lernvoraussetzungen einschätzen

Es hat viele Vorteile, sich voll und ganz auf eine Aufgabe konzentrieren zu können und deshalb gute Leistungen zu erbringen. Gerät Konzentration jedoch zur Fixierung, entstehen besonders im Unterricht erhebliche Probleme, denn der Schulalltag mit seinen zahlreichen Übergängen und Aktivitätswechseln erfordert viel Flexibilität. Trotz der Schwierigkeiten, die für den Schüler (und für Sie) in solchen Situationen entstehen können, sollte nicht vergessen werden, dass sich hinter seinem Problemverhalten potenziell eine wertvolle Kompetenz verbirgt.

FALLBEISPIEL

Melanie
Wenn Melanie mit einer Aufgabe beschäftigt ist, die sie nur unter Widerständen aufgeben wird, erleichtert ihre Lehrerin ihr diesen Schritt durch einen „Countdown". Sie erklärt Melanie vorab, wie lange die Aktivität dauert, wann sie beendet wird und welche Aktivität folgt.
Als Orientierungshilfe stellt sie eine Eieruhr. Außerdem bittet sie Melanie, das erwartete Verhalten bei Ende der Aktivität selbst zu beschreiben.
Beispiel: „Wenn der Wecker klingelt, packe ich meine Malsachen weg und gehe mit den anderen in die Turnhalle." Während der Aktivität kündigt die Lehrerin das Ende der Aufgabe rechtzeitig an, damit Melanie sich darauf einstellen kann. Außerdem baut sie kurze „Unterbrecher" in den Ablauf der Aktivität ein, damit Melanie sich daran gewöhnt, ihre Aufmerksamkeit kurzfristig auf etwas anderes zu richten.

SELBSTKONTROLLE

Beobachtungsschwerpunkte

Anzeichen von Beeinträchtigungen der Selbstkontrolle:
- ☑ Bewegungsenergie und -verhalten des Schülers passen nicht zur Situation oder Umgebung.
- ☑ Der Schüler scheint sich seiner eigenen Bewegungsenergie nicht bewusst zu sein.
- ☑ Der Schüler stellt keine Verbindung zwischen seinem Bewegungsverhalten und seiner Fähigkeit zur Selbstkontrolle her.
- ☑ Der Schüler kann seine sensorischen Funktionen nicht nutzen, um zu innerer Ruhe oder Lernbereitschaft zu gelangen.

Selbstkontrolle – Fähigkeiten und Fertigkeiten

Manche Schüler sind nicht in der Lage, ihre Bewegungsenergie an ihre Umgebung anzupassen. Diesen Kindern sollte zunächst vermittelt werden, dass Bewegungen unterschiedlich schnell und dynamisch ausgeführt werden können und in welchen Situationen diese verschiedenen Qualitäten jeweils angemessen sind. Außerdem sollten sie lernen, ihre eigene Bewegungsenergie an ihre Umgebung und an die Gruppe anzupassen.
Die Schüler brauchen Anleitung, um ihre Umgebung bewusst wahrnehmen und ihr Bewegungsverhalten situationsgerecht kontrollieren zu können. Dazu gehört die Fähigkeit, eine Situation kognitiv zu erfassen, entsprechend darauf zu reagieren und motorische Aktivität ggf. zu ändern. Eine wesentliche Rolle spielt dabei die Wechselwirkung zwischen Fühlen, Denken und Handeln, mit der die Schüler vertraut gemacht werden sollten. Schließlich wird gemeinsam mit den Kindern herausgearbeitet, welche Techniken zur Selbstkontrolle ihnen helfen können.

Förderschwerpunkt

Bewegungsenergie und motorische Aktivität an die Umgebung anpassen.

⟩⟩⟩ ÜBUNG: Cool bleiben

Klassenstufe: 1.–4. Schuljahr   **Dauer:** 30–45 min

🖉 Anleitung

1. Erklären Sie den Schülern den Zweck der Übung: Gemeinsam werden Sie herausfinden, welche motorischen Aktivitäten munter machen und welche beruhigend wirken.
2. Weisen Sie jedem Kind einen festen Platz im Raum zu, z. B. indem Sie Matten verteilen.
3. Geben Sie den Kindern den Auftrag, auf der Stelle zu laufen und sich dabei so lebhaft zu bewegen, als ob sie aufgeregt und aufgebracht wären.
4. Wenn Sie ein Signal geben (z. B. einen Pfiff), halten die Schüler in der Bewegung inne. Zeigen Sie den Kindern eine Übung bzw. Technik, die ihnen hilft, sich zu beruhigen und zu kontrollieren (siehe Tabelle S. 107–108). Fordern Sie die Schüler auf, die Übung durchzuführen.
5. Führen Sie mit den Schülern nacheinander drei munter machende Aktionen durch (z. B. Beine ausschütteln, auf der Stelle tanzen, hüpfen). Zwischen jeder Aktion gehen die Schüler langsam eine Runde durch den Raum und kehren an ihren Platz zurück.
6. Fordern Sie die Kinder auf, an ihrem Platz ein Bild auszumalen oder in einem Buch zu lesen (altersgemäße, kognitive Beschäftigungen helfen den Schülern, sich nach einer Übung zu sammeln und zu konzentrieren).
7. Bitten Sie die Schüler anschließend, nachzuspüren, wie sie sich bei der ruhigen Aktivität gefühlt haben. Fiel es ihnen leicht, zu lesen/auszumalen? Oder fanden sie es schwierig, sich zu konzentrieren? Verteilen Sie Kopien der Tabelle auf S. 107–108 und fordern Sie die Kinder auf, das Wort einzukreisen, das ihre Empfindung am treffendsten beschreibt.
8. Wiederholen Sie die Übung und setzen Sie dabei entspannende Aktivitäten ein, z. B. Traumreise, Atemübung, Dehnübung.
9. Wiederholen Sie die Aktivität ein weiteres Mal und setzen Sie Kraftübungen ein, z. B. Kniebeugen, Ausfallschritt, ein schweres Buch heben.

Gesprächsimpulse

- ☑ Besprechen Sie mit den Schülern nach jeder Übung, wie sie auf ihr Körperempfinden gewirkt hat.
- ☑ Überlegen Sie gemeinsam, welche Aktivitäten besonders beruhigend wirkten.

2 WARUM MACHST DU DAS?

Förderstrategien

Lehrerhilfe
Halten Sie eine Kopie der Tabelle von S. 107–108 bereit und notieren Sie Ihre Beobachtungen zu Schülern, deren Selbstkontrolle Ihnen Sorgen bereitet. Berücksichtigen Sie dabei, dass die hier vorgeschlagenen Übungen keine gültigen Lösungen liefern können. Die einzelnen Aktionen sind Momentaufnahmen, die dafür sensibilisieren sollen, dass unterschiedliche motorische Aktivität sich beruhigend oder anregend auswirkt.

Konkret-beschreibendes Lob
Geben Sie einzelnen Schülern detailliertes Feedback, das die Wirkung der Übung auf ihre Befindlichkeit beschreibt. *Beispiel:* „Nils, du machst den Eindruck, als wären alle deine Sorgen wie weggeblasen. Du siehst ruhig und zufrieden aus. Du hast die Übung konzentriert mitgemacht. Prima! Sag' selbst – wie fühlst du dich jetzt?"

Lernsituation steuern
Der Einsatz der Tabelle ist auch sinnvoll, wenn die Klasse im Unterricht unruhig wird. Lassen Sie jeden Schüler eine Aktivität auswählen. Geben Sie den Kindern den Auftrag, die gewählte Aktivität drei Minuten lang auszuführen und dann zur Arbeit zurückzukehren. Fordern Sie sie bei Stundenende auf, einzuschätzen, ob die Aktivität ihnen geholfen hat, sich für den Rest des Unterrichts zu konzentrieren. Notieren Sie die Einschätzungen der Schüler in der Tabelle. Die Informationen können dazu beitragen, wirksame Strategien für die Steuerung des Unterrichts zu finden.

Denkanstöße und Entscheidungshilfen geben
Beispiel: „Durch Selbstkontrolle können wir selbst bestimmen, wie ruhig oder unruhig wir sind, und uns an die Stimmung in unserer Umgebung anpassen. Wenn man sich im Unterricht oft unruhig und angespannt fühlt, braucht man eine Methode, um ruhig werden zu können. Jeder entspannt und beruhigt sich auf seine eigene Weise. Aber es wäre gut, ein paar Übungen zu finden, die uns allen guttun und die wir zwischendurch zusammen machen können."

Selbstkontrolle

		So fühlt sich mein Körper an
Muntermacher	Mache einen Ausfallschritt.	müde ruhig unruhig
	Laufe auf der Stelle.	müde ruhig unruhig
	Schwenke deine Beine abwechselnd nach vorn.	müde ruhig unruhig
	Tanze auf der Stelle.	müde ruhig unruhig
	Hüpfe.	müde ruhig unruhig
Kraftübungen	Mache 20 Liegestützen.	müde ruhig unruhig
	Hebe 20-mal ein schweres Buch hoch.	müde ruhig unruhig
	Drücke mit deinen Händen gegen die Hände eines Mitschülers.	müde ruhig unruhig
	Sitze mit einem Mitschüler Rücken an Rücken und versuche, gegen seinen Rücken zu drücken.	müde ruhig unruhig
Entspannende Übungen	*Führe die Übungen mehrmals hintereinander durch:* ☑ Ziehe deine Zehen fest an. Lass deine Zehen wieder los. ☑ Öffne deine Augen weit, schließe deine Augen dann ganz fest. ☑ Strecke deine Zehen, ziehe deine Zehen an. ☑ Öffne deinen Mund und schließe deinen Mund.	müde ruhig unruhig
	Dehne und strecke dich: ☑ Strecke deine Hände nach oben. ☑ Rolle deine Schultern. ☑ Dehne deine Beine.	müde ruhig unruhig

2 WARUM MACHST DU DAS?

Atme bewusst:
- ☑ Atme tief durch die Nase ein. Fühle, wie die Luft deine Lungen füllt. Halte deinen Atem an und zähle langsam bis drei. Atme langsam aus. Fühle, wie die Luft aus deinem Körper entweicht. Wiederhole die Übung 5-mal.
- ☑ Spüre die Muskeln in deinem Gesicht. Entspanne sie. Beginne dabei mit deinem Unterkiefer. Lockere jetzt deine Schultern. Fühle, wie die Anspannung sich löst. Spüre die Entspannung ganz bewusst.
- ☑ Lege beide Hände auf deinen Bauch und spüre, wie du einatmest und ausatmest. Atme langsam und ganz tief in deinen Bauch hinein. Atme dann ganz langsam aus. Spüre, wie deine Hände sich beim Ein- und Ausatmen heben und senken. Wiederhole die Übung 10-mal.

müde ruhig unruhig

Mache eine Yoga-Übung:
- ☑ Herabschauender Hund
- ☑ Krieger
- ☑ Baum

müde ruhig unruhig

BEWEGUNGSSTEUERUNG

Beobachtungsschwerpunkte

Anzeichen von Beeinträchtigungen der Bewegungssteuerung:
- ☑ Der Schüler kann einen Bewegungsablauf nicht selbstständig beginnen oder stoppen.
- ☑ Der Schüler hat Schwierigkeiten, bei Aufforderung eine Bewegung zu beginnen oder zu stoppen.

Bewegungssteuerung – Fähigkeiten und Fertigkeiten

Es kann für Lehrer sehr frustrierend sein, wenn ein Kind immer weiter von der Gruppe wegläuft, obwohl es mehrfach dazu aufgefordert wird, stehenzubleiben und zur Gruppe zurückzukehren. Mit seinem Verhalten erweckt der Schüler den Eindruck, die Aufforderung des Lehrers bewusst zu ignorieren. Wenn man jedoch berücksichtigt, dass es im Unterricht zeitweise lebhaft zugehen kann und manche Aktivitäten besonders bewegungsintensiv sind (z. B. im Sportunterricht, wo „Weglaufen" durchaus zur Aufgabe gehören mag), ergibt sich ein anderes Bild.

Manchen Kindern fällt es schwer, eine Handlung unmittelbar bei Aufforderung zu unterbrechen (z. B. eine Bewegungsaufgabe in der Turnhalle) und sich physisch und mental einer anderen Aktivität zuzuwenden (z. B. sich auf die Bank setzen und dem Lehrer zuhören). In Bewegung auf die Umgebung zu achten, Aufforderungen kognitiv zu verarbeiten und adäquat darauf zu reagieren, ist jedoch eine wichtige Fähigkeit und kann gefördert werden. Dazu eignen sich Übungsanforderungen, bei denen die Schüler ihre Bewegungsabläufe verlangsamen, unterbrechen oder verändern.

Förderschwerpunkt

Üben der Fähigkeit, einen Handlungsablauf in Bewegung zu beginnen und zu stoppen.

2 WARUM MACHST DU DAS?

⟩⟩⟩ ÜBUNG: Staffellauf

Klassenstufe: 1.–4. Schuljahr   **Dauer:** 30 min

Anleitung

1. Bereiten Sie einen einfachen Staffellauf vor und verwenden Sie dafür Materialien aus dem Fundus Ihrer Klasse oder Schule. Beginnen Sie das Spiel mit einer einfachen Anforderung und erhöhen Sie allmählich den Schwierigkeitsgrad.
2. Erklären Sie den Schülern den Spielverlauf: Während die Staffelläufer zum nächsten Mitspieler unterwegs sind, klatschen Sie in die Hände (oder verwenden andere akustische Signale wie Trommeln, Pfeifen usw.). Die Staffelläufer müssen dabei mitzählen, wie oft Sie in die Hände klatschen (z. B. 10-mal). Achten Sie zu Anfang darauf, dass Sie das Signal laut und in einem langsamen Rhythmus vorgeben. Zählen Sie ggf. laut mit.
3. Jedes Mal, wenn Sie bei „zehn" angekommen sind, müssen die Läufer anhalten – gleichgültig, wo sie sich gerade befinden – und eine Aufgabe erfüllen. Die Aufgabe sollte einfach sein und dem Alter bzw. den Fähigkeiten der Kinder entsprechen. Bei Kindern im Alter von sechs bis neun Jahren genügt es z. B., wenn sie stehenbleiben und mit den Händen kurz den Boden berühren.
4. Nachdem die Kinder die Aufgabe ausgeführt haben, setzen sie ihren Lauf fort, wobei Sie und der Läufer von Neuem bis zehn zählen.

Gestalten Sie die Aufgaben schrittweise schwieriger, z. B. indem Sie Geschicklichkeitsaufgaben hinzufügen (einen Faden in eine Nadel einfädeln, Perlen auf eine Schnur ziehen, einen Ring oder Ball auf ein Ziel werfen). Die Schüler müssen dabei laufen, den Lauf unterbrechen, sich konzentrieren und eine Aufgabe erfüllen, die Achtsamkeit erfordert.

Gesprächsimpulse

- ☑ Besprechen Sie mit den Kindern, wie einfach oder schwierig es ist, sich zu bewegen und gleichzeitig auf die Umgebung (z. B. akustische Signale) zu achten.
- ☑ Sprechen Sie darüber, welche Folgen es haben kann, wenn man sich unüberlegt bewegt.

Förderstrategien

Schüler-Schüler-Interaktion
Bestimmen Sie für jede Staffelmannschaft einen oder zwei Schüler, die das Zählen übernehmen, sodass die Gruppen selbstständig arbeiten.

Non-verbale Hinweise
Wenn Sie eine Trillerpfeife verwenden und deshalb nicht laut mitzählen können, halten Sie Ihre freie Hand hoch und zählen Sie mit den Fingern. Bei „zehn" spreizen Sie Ihre Finger schnell hintereinander wie ein „Blaulicht", um den Schülern zu signalisieren, dass sie jetzt ihren Lauf unterbrechen müssen.

Konkret-beschreibendes Lob
Geben Sie einem Schüler, der sich oft fahrig und unüberlegt bewegt, detailliertes Feedback für achtsames und aufmerksames Verhalten. *Beispiel:* „Leon, ich sehe, wie langsam und umsichtig du das Kartenspiel aus der Hülle nimmst. Ich wette, du hast zuerst überlegt, wie du die Karten aus der Hülle herausnehmen kannst. Erst dann hast du sie geöffnet. Das ist ein sehr guter Weg, mit dem Kartenspiel umzugehen, denn so geht die Hülle nicht kaputt. Erst nachdenken, dann auspacken. So sollten wir auch die Sachen zu Hause und in der Schule behandeln."

🍃 Belohnungssystem

Für ein hyperaktives Kind kann eine Checkliste mit der Aufforderung „Stopp – Hinschauen – Nachdenken" eine wirksame Hilfe sein. Fügen Sie der Aufforderung eine simple Tabelle mit einer überschaubaren Anzahl an Feldern hinzu (fünf oder zehn, je nach persönlichen Voraussetzungen des Schülers). Bewahren Sie die Liste an einem zugänglichen Ort auf. Das Kind vermerkt in der Liste, wenn es diese Regel erfolgreich angewendet hat (z. B. belohnt es sich selbst, indem es ein Häkchen, einen Smiley oder Stempel in ein leeres Feld setzt). Sind alle Felder ausgefüllt, kann die Liste als „Trophäe" aufgehängt oder mit nach Hause gegeben werden.

🍃 Übungen für zu Hause

Schicken Sie per E-Mail eine Beschreibung der Aktivität an die Eltern des Schülers und fügen Sie folgende Anleitung hinzu:
Wechseln Sie sich beim Zählen mit Ihrem Kind ab: Zählen Sie, während Ihr Kind den Lauf absolviert, und lassen Sie Ihr Kind zählen, während Sie laufen.

WARUM MACHST DU DAS?

3

FÖRDERUNG KOMMUNIKATIVER FÄHIGKEITEN

REZEPTIVES GEDÄCHTNIS

Beobachtungsschwerpunkte

Anzeichen von Beeinträchtigungen des rezeptiven Gedächtnisses:
- ☑ Der Schüler scheint auditive oder visuelle Informationen weder aufzunehmen noch wiederzuerkennen.
- ☑ Wenn der Schüler eine Anweisung oder Anleitung erhält, signalisiert er zwar, dass er mit der Aufgabe beginnen wird, setzt seine momentane Beschäftigung jedoch fort.
- ☑ Der Schüler reagiert nicht auf Erklärung oder Anleitung.

Rezeptives Gedächtnis – Fähigkeiten und Fertigkeiten

Die rezeptiven sprachlichen Gedächtnisleistungen bedeuten mehr, als nur hören zu können, was eine andere Person sagt. Sie befähigen, diese Information ins Gedächtnis aufzunehmen, dort abzuspeichern und später wieder abzurufen. Dieser Abruf kann sich non-verbal vollziehen. Zum Beispiel zeigt ein Kind durch sein Verhalten, dass es die Information verstanden hat, ohne dabei auf die jeweiligen Worte zurückgreifen und sie laut äußern zu müssen. So werden die meisten Kinder sofort adäquat reagieren können, wenn der Lehrer sie z. B auffordert, zu hüpfen.

Einzelne Schüler werden hingegen bei derselben verbalen Aufforderung keine Reaktion zeigen. Wenn der Lehrer aber zuerst selbst hüpft, dann das betreffende Kind ansieht und die Aufforderung ausspricht, wird es wahrscheinlich die Handlung des Lehrers nachahmen können. Allerdings wird das Kind nicht aufgrund einer auditiven Gedächtnisleistung reagieren, sondern weil es seine visuellen Fähigkeiten nutzt, um die Bewegung des Lehrers imitieren zu können. Für solche Kinder sollte der verbale Input an die visuelle Information gekoppelt werden, z. B. indem Sie eine Aufforderung aussprechen und gleichzeitig selbst ausführen. Im Laufe der Zeit kann der visuelle Input allmählich ausgeblendet und nur noch das Wort als Aufforderung verwendet werden, um das rezeptive Gedächtnis des Kindes zu stärken.

Förderschwerpunkt

Üben der Fähigkeit, Information ins Gedächtnis aufzunehmen, zu speichern und später abzurufen.

⟫⟫ ÜBUNG: Rollenwechsel

Klassenstufe: 1.–4. Schuljahr   **Dauer:** 15 min

Anleitung

1. Wählen Sie für die Übung einen großen Raum, z. B. die Turn- oder Pausenhalle. Fordern Sie die Schüler auf, frei durch den Raum zu laufen und auf Ihre Anweisungen zu warten.
2. Stellen Sie den Schülern Bewegungsaufgaben. Beginnen Sie mit einfachen Anweisungen, z. B. „Hochspringen!" Steigern Sie allmählich den Schwierigkeitsgrad, z. B. „Auf einem Bein um die Kegel hüpfen!"
3. Lassen Sie die Schüler nun verschiedene Rollen annehmen. Nennen Sie dafür bestimmte Begriffe oder Tätigkeiten und verknüpfen Sie sie jeweils mit einer typischen Bewegung.
4. Wiederholen Sie zwischendurch bereits vertraute Begriffe und Bewegungsformen, damit die Kinder gleichzeitig ihren Wortschatz üben.
5. Regen Sie die Schüler dazu an, sich selbst Tätigkeiten und die dazugehörigen Bewegungen auszudenken.

Beispiele:

Seiltänzer: auf den Spielfeldlinien balancieren
alter Mann: langsam und gebeugt gehen
Ballerina: auf der Stelle hüpfen und dabei die Arme bewegen
Fitnesstrainer: springen wie ein „Hampelmann"
Dirigent: Arme schwingen
Taxifahrer: auf den Boden setzen und mit den Händen „lenken"
Pirat: auf einem Bein hüpfen
Sportler: schnell laufen

Gesprächsimpulse

- ☑ Fragen Sie die Kinder, welche Tricks und Merkhilfen sie nutzen, um sich an die Tätigkeiten und die dazugehörigen Bewegungen erinnern zu können.
- ☑ Überlegen Sie gemeinsam, in welchen Situationen man ähnliche Fähigkeiten braucht.

3 WARUM MACHST DU DAS?

Förderstrategien

🖉 Lehrerhilfe
Hat ein Schüler bei diesem Spiel Probleme, die Informationen schnell genug zu verarbeiten, flüstern Sie ihm die jeweilige Bewegungsform ins Ohr, bevor Sie sie laut ankündigen. Damit geben Sie ihm Zeit, Tätigkeit/Rolle und Bewegung gedanklich zu verknüpfen.

🖉 Visuelle Hilfen
Halten Sie Bildkarten bereit, die die einzelnen Bewegungen zeigen. Kündigen Sie eine Rolle bzw. Tätigkeit an, nennen Sie die jeweilige Bewegung und zeigen Sie gleich danach das betreffende Bild. Die verbale Information sollte zuerst und ohne visuelle Hilfe gegeben werden, um die auditive Wahrnehmung gezielt anzusprechen.

🖉 Lernprozess unterstützen
Sinnvoll eingesetzt kann Auswendiglernen durchaus eine effektive Lernhilfe sein. Wiederholen Sie die Aktivität, bis die Zuordnungen von Tätigkeit und Bewegung zuverlässig im Gedächtnis der Kinder verankert sind.

🖉 Übungen für zu Hause
Schicken Sie per E-Mail eine Beschreibung der Aktivität an die Eltern des Schülers und fügen Sie folgende Anleitung hinzu:
Spielen Sie dieses Spiel gemeinsam mit Ihrem Kind und fügen Sie neue Kombinationen von Begriffen und Bewegungen hinzu. Zeigen Sie die Bewegung möglichst nicht unmittelbar, bevor oder nachdem Sie den Begriff genannt haben. Leiten Sie Ihr Kind an, die Bewegung selbst auszuführen und die entsprechende Bezeichnung laut auszusprechen. Führen Sie die Bewegung erst dann aus, wenn Ihr Kind den richtigen Begriff genannt hat. Sie können, je nach den Lernbedürfnissen Ihres Kindes, zunehmend komplexe Formulierungen verwenden, einschließlich ganzer Sätze.
Wenn Sie mit Ihrem Kind wiederholt üben, unterstützen Sie es dabei, die verwendeten Begriffe auch in anderen Situationen zu gebrauchen. Es kann sein, dass Ihr Kind sich in der häuslichen Umgebung erfolgreicher an diesem Spiel beteiligt als in der Schule. Üben Sie die Aktivität mit Ihrem Kind, bis es sie zu Hause beherrscht. Verlegen Sie das Spiel dann an einen Ort, wo es lauter und unruhiger zugeht als in Ihrer Wohnung (z. B. Spielplatz) und deshalb eine erhöhte Anforderung an Ihr Kind besteht.

INFORMATIONSVERARBEITUNG

Beobachtungsschwerpunkte

Anzeichen von Beeinträchtigungen der Informationsverarbeitung:
- ☑ Der Schüler ist mit Aufgaben überfordert, bei denen er Schlussfolgerungen ziehen oder Teilinformationen herausfiltern muss.
- ☑ Der Schüler versteht eine Aufgabe oder Arbeitsanleitung nicht, sucht aber weder Hilfe, noch holt er die nötigen Materialien, um ggf. mit Unterstützung beginnen zu können.
- ☑ Dem Schüler fällt es schwer, zwischen einem Arbeitsauftrag und der damit verbundenen Aufgabe einen Zusammenhang herzustellen.

Informationsverarbeitung – Fähigkeiten und Fertigkeiten

Im Alltag haben wir es leider nicht immer mit Anleitungen oder Aufträgen zu tun, die uns anhand klarer und eindeutiger Information vermittelt werden. Stattdessen müssen wir uns oft mit allgemeinen Formulierungen begnügen, die eine Fülle von Andeutungen und Teilinformationen enthalten. Viele Anleitungen und Anweisungen setzen zudem Kenntnisse voraus, die zu einem früheren Zeitpunkt erworben wurden. Wir alle verfügen über solche Wissensstrukturen und Kenntnismuster, die es uns ermöglichen, unser Gedächtnis zu organisieren und Information sinnvoll zu deuten.

Wenn ein Schüler aufgefordert wird, sich etwas zu trinken zu holen, muss er wissen, nach welchem System sich die Kinder in seiner Klasse normalerweise mit Getränken versorgen. Wo steht der Mineralwasserkasten? Dürfen die Schüler sich das Getränk an anderer Stelle in der Schule holen, falls in der Klasse kein Mineralwasser zur Verfügung steht? Trinken sie aus eigenen Bechern oder gibt es Geschirr in der Klasse? Wird von ihnen erwartet, Trinkflaschen mitzubringen? Was geschieht, wenn ein Kind keine Trinkflasche hat? Viele Schüler sind mit den Gepflogenheiten vertraut, das heißt, sie verfügen über eine entsprechende Wissensstruktur, die alle unausgesprochenen Teilinformationen enthält. Folglich sind sie in der Lage, sich selbstständig ihr Getränk zu holen. Sie bemerken, wenn ihnen eine wichtige Information fehlt, und suchen von sich aus Hilfe, z. B. indem sie der Lehrkraft mitteilen, dass sie keine Wasserflasche haben.

3 WARUM MACHST DU DAS?

Einige Kinder schauen den Lehrer allerdings nur ratlos an, selbst wenn sie durstig sind und nicht wissen, wo und wie sie sich etwas zu trinken besorgen können. Der Wissensstruktur dieser Kinder fehlen die nötigen Informationen, um einer Aufforderung nachkommen zu können, die für andere selbstverständlich ist. Die betreffenden Schüler brauchen explizite Schritt-für-Schritt-Anleitungen, um ihre Verarbeitungsfähigkeit zu stärken. Dazu benötigen sie tägliche Aufgaben und Übungen, bei denen Wissensstrukturen geschaffen, gefestigt und genutzt werden.

> Eine einfache Anweisung wie „Arbeitet an euren Mathematikaufgaben" kann eine Reihe von unausgesprochenen Einzelaufforderungen enthalten, z. B. das Lesebuch wegräumen; Bleistift, Radiergummi, Taschenrechner, Rechenheft und Arbeitsblatt auspacken; sich an einen Gruppentisch setzen.

Förderschwerpunkt

Aufbau der Fähigkeit, Information aufzunehmen, zu deuten und mit bereits erworbenen Kenntnissen sinnvoll und situationsgerecht zu verknüpfen.

>>> ÜBUNG: Verkehrtes Training

Klassenstufe: 1.–4. Schuljahr   **Dauer:** 15 min

Anleitung

1. Erklären Sie den Kindern, warum die Übung „Verkehrtes Training" heißt: Bei der Anweisung, z. B. den Kopf zu berühren, sollen die Schüler stattdessen ihre Zehen antippen – und umgekehrt.
2. Beginnen Sie mit einer einfach zu merkenden Anweisung (z. B. Zehen statt Kopf, Kopf statt Zehen). Lassen Sie die Schüler diesen Schritt mehrmals üben.
3. Geben Sie eine neue Anweisung: „Wenn ich sage: ‚Berührt eure Knie!', berührt ihr eure Schultern." Üben Sie diesen Schritt wieder mehrmals, auch in umgekehrter Reihenfolge.
4. Wenn die Schüler die Übung sicher beherrschen, fügen Sie weitere Aktionen hinzu. Fordern Sie die Kinder auf, eigene Vorschläge zu machen, welche Körperteile „verkehrt" angesagt werden können.

Gesprächsimpulse

☑ Besprechen Sie mit den Kindern, welche kognitiven Hilfen geeignet sind, um z.B. die Information „Knie" in Gedanken umzudeuten („Schulter") und die Anweisung entsprechend auszuführen.

☑ Überlegen Sie nach der Übung gemeinsam, wie einfach oder schwierig es war, „Knie" zu hören und sich zu erinnern, welcher Körperteil tatsächlich gemeint war.

Förderstrategien

Gruppenbildung
Teilen Sie die Klasse in kleine Gruppen ein. Bestimmen Sie zu Spielbeginn jeweils das Kind als Anführer, dem die Informationsverarbeitung am schwersten fällt. Der Anführer gibt die „verkehrten" Anweisungen. Dabei erhält das Kind Gelegenheit, seine Mitschüler zu beobachten, bevor es selbst zu üben beginnt.

Lernumgebung strukturieren
Platzieren Sie die Kinder, die durch das Spiel besonders stark gefordert werden, möglichst nah am Anführer. Damit wird sichergestellt, dass sie die Anweisungen hören können und nicht darauf angewiesen sind, ggf. bei ihren Mitschülern „abzugucken".

Non-verbale Hinweise
Ermutigen Sie den Schüler mit einem Lächeln und Kopfnicken, um ihn bei der Aufgabe zu unterstützen.

Lernprozess unterstützen
Geben Sie dem Schüler Zeit, Fragen zu beantworten. Vermeiden Sie es, das Sprechen für ihn zu übernehmen. Warten Sie ab und geben Sie ihm zu verstehen, dass er Zeit hat, seine Antwort zu formulieren.
Es kommt vor, dass Erwachsene für ein Kind sprechen oder handeln, wenn es nicht schnell genug reagiert. Stattdessen sollte abgewartet und dem Kind Zeit gegeben werden, zuerst Informationen zu verarbeiten und dann zu handeln oder sich zu äußern. Wird ihnen Zeit gelassen, beweisen diese Kinder oft, dass sie zu weitaus mehr in der Lage sind, als man es ihnen zunächst zugetraut hätte.

3 WARUM MACHST DU DAS?

🖉 Unterstützung durch Mitschüler

Bilden Sie Zweierteams, wenn Sie im Unterricht verbale Arbeitsanleitungen verwenden, die für manche Ihrer Schüler schwierig zu erfassen sind. Auf diese Weise können die Kinder die einzelnen Schritte gemeinsam erarbeiten. Geben Sie zunächst einige Arbeitsschritte vor. Anschließend fertigen die Schüler eine Liste an. Können sie sich nicht an alle Schritte erinnern, dürfen sie Mitschüler um Hilfe bitten. Die Mitschüler können ihnen die Arbeitsschritte mündlich mitteilen, ohne ihnen ihre eigenen Notizen zu zeigen. Haben die Schüler die Arbeitsanleitung vollständig zusammengestellt, lesen die Teams gemeinsam die einzelnen Schritte durch und überprüfen, ob sie die Anleitung verstanden haben. Sie sollten danach in der Lage sein, folgende Fragen zu beantworten: Wie soll die Aufgabe bearbeitet werden? Wo soll gearbeitet werden? Warum ist es nötig, in der beschriebenen Weise vorzugehen?

🖉 Übungen für zu Hause

Schicken Sie per E-Mail eine Beschreibung der Aktivität an die Eltern des Schülers und fügen Sie folgende Anleitung hinzu:
Sie können das Spiel nach Belieben variieren. Verändern Sie die Kombination von Körperpartien jedes Mal, wenn Sie die Aktivität durchführen. Auf diese Weise wird Ihr Kind immer wieder neu gefordert und es wird vermieden, dass es auf bereits bekannte Übungen zurückgreifen kann.

🖉 Individuelle Lernvoraussetzungen einschätzen

Überlegen Sie, welche Unterrichtsschritte und wiederkehrenden Aktivitäten dem Kind besonders schwerfallen. Erstellen Sie für diese Unterrichtsphasen eine klar strukturierte Übersicht mit den einzelnen Handlungsschritten. Ein solcher Übersichtsplan kann aus Bildern oder Wortkarten angefertigt werden. Wenn Sie den Beginn der betreffenden Aktivität ankündigen, zeigen Sie gleichzeitig auf das erste Bild bzw. das erste Wort. Damit helfen Sie dem Kind, mit der Aktivität zu beginnen.

BEWUSSTES ZUHÖREN

Beobachtungsschwerpunkte

Anzeichen von Beeinträchtigungen der Fähigkeit, bewusst zuzuhören:
- ☑ Der Schüler versteht Gesprächsinhalte nicht.
- ☑ Der Schüler reagiert nicht auf verbale Anweisungen.
- ☑ Der Schüler kann nur wenige Schritte in einer mündlich gegebenen Arbeitsanleitung umsetzen.
- ☑ Der Schüler hat eine normale Hörfähigkeit, wendet sich verbalen Äußerungen anderer aber nicht bewusst zu.
- ☑ Der Schüler schaut weg und ist abgelenkt, während eine andere Person spricht.

Bewusstes Zuhören – Fähigkeiten und Fertigkeiten

Hören und Zuhören sind nicht dasselbe. Zuhören ist viel mehr als die Fähigkeit, Klänge und Geräusche aufzunehmen. Es ist ein Prozess, an dem Hören, Denken und Fühlen beteiligt sind. Der kognitive Anteil des Zuhörens ist ein Zusammenspiel verschiedener Funktionen:
- ☑ Information über das Gehör aufnehmen
- ☑ sich auf die Informationsquelle konzentrieren
- ☑ sich dem Informationsgehalt zuwenden
- ☑ Inhalte strukturieren und deuten
- ☑ verbal oder non-verbal auf die Inhalte reagieren

Die Aufzählung dieser Teilkompetenzen macht deutlich, weshalb manche Schüler Probleme haben, verbale Information aufzunehmen und angemessen auf Anweisungen zu reagieren. Im Unterricht brauchen diese Schüler Hilfe, um komplexe verbale Anleitungen aufzunehmen und Aufgaben zu bearbeiten. In manchen Fällen passen die Kinder sogar auf und hören auf das Gesagte, aber kognitiv können sie die Information nicht ausreichend verarbeiten. Folglich sind sie mit der Bewältigung der Aufgabe überfordert. Diese Schüler können entlastet werden, indem ihnen visuelle Hilfen angeboten werden. Solche Hilfsmaßnahmen sind ein wichtiges Element der Förderung. Trotzdem sollten diese Kinder nach Möglichkeit darin unterstützt werden, bewusstes Zuhören zu lernen.

3 WARUM MACHST DU DAS?

Förderschwerpunkt

Üben der Fähigkeit, sich auf verbale Information zu konzentrieren und sich dem Sprecher zuzuwenden.

⟩⟩⟩ ÜBUNG: Hörst du zu?

Klassenstufe: 1.– 4. Schuljahr   **Dauer:** 30 min

Anleitung

1. Teilen Sie die Klasse in Gruppen ein.
2. Bereiten Sie für jede Gruppe einen Tisch mit den gleichen Materialien vor: Legen Sie mehrere Reihen kleiner Objekte (Würfel, Bauklotz, Spielzeugauto usw.) an ein Tischende. Stellen Sie am gegenüberliegenden Tischende eine Reihe bunter Plastikbecher auf.
3. Erstellen Sie eine Liste mit Anweisungen für Spielaufgaben (sie dürfen ruhig ein bisschen „verrückt" klingen). Jeweils ein Schüler in der Gruppe soll den Auftrag ausführen. Die Kinder sollen sich die Anweisungen leicht merken und wiederholen können. Die Anzahl der einzelnen Anweisungsschritte sollte sich nach dem Entwicklungsstand und der Merkfähigkeit der Schüler richten. Die Gruppen behalten die Liste an ihrem Tisch. Die Anweisungen können auch so gefasst werden, dass sie sich als Klassenaktivität eignen (siehe Beispiele auf S. 123).
4. Weisen Sie die Schüler an, den Anweisungen genau und bis zu Ende zuzuhören.
5. Lassen Sie die Kinder die Anweisung einem Mitschüler gegenüber wiederholen, bevor sie mit der Aufgabe beginnen.
6. Wenn die Schüler die Spielaufgabe erfüllt haben, zählen sie einem Mitschüler gegenüber die einzelnen Anweisungsschritte in umgekehrter Reihenfolge auf.
7. Geben Sie den Gruppen Gelegenheit, sich selbst Spielanweisungen auszudenken, und führen Sie die Aktivität wie oben beschrieben fort.

Erhöhen Sie den Schwierigkeitsgrad, indem Sie den Spielanweisungen mehr Informationen zufügen, die die Schüler verarbeiten und sich merken müssen.

Beispiele für Spielanleitungen:
- ☑ *1. Schuljahr:* „Nimm den blauen Bauklotz aus der mittleren Reihe. Steh auf und gehe um den Tisch herum. Gehe dabei an Lena vorbei und nicht an Malte. Lege den Bauklotz in den roten Becher. Setze dich wieder auf deinen Platz."
- ☑ *2.–3. Schuljahr:* „Nimm zwei Spielzeugautos. Gehe um den Tisch herum, und zwar gegen den Uhrzeigersinn. Lege ein Auto in den Becher mit dem Smiley-Aufkleber. Lege das andere Auto in einen Becher mit einem Aufkleber deiner Wahl. Bevor du losgehst, sagst du Julia, in welchen Becher mit welchem Aufkleber du dein Auto legen wirst."
- ☑ *4. Schuljahr:* „Berühre die Wände an der Nord-, Süd- und Ostseite des Klassenraums. Gehe zur Tafel an der Westseite der Klasse und schreibe das Ergebnis für die Aufgabe „4 x 5" an. Gehe zurück an deinen Gruppentisch und frage den größten Mitschüler, ob du an seinem Platz sitzen darfst."

Gesprächsimpulse

- ☑ Überlegen Sie gemeinsam, wie viel Konzentration nötig ist, um den Anweisungen zuzuhören und sie sich zu merken.
- ☑ Besprechen Sie mit den Schülern, welche kognitiven Strategien sie beim Spiel verwendet haben, um die Informationen aufnehmen und wieder abrufen zu können.

Förderstrategien

🖉 Lernsituation steuern

Modifizieren Sie das Spieltempo durch Ihren Sprechrhythmus, Ihre Intonation und Sprechgeschwindigkeit. Legen Sie Pausen ein. Wenn die Klasse unruhig ist, das Gleichmaß des Unterrichts gestört wird und die Stimmung sich anspannt, sprechen Sie langsamer oder stellen Sie das Sprechen ganz ein. Beobachten Sie die Situation und warten Sie einen Moment ab. Vermeiden Sie es, die Atmosphäre im Raum durch Ihre Äußerungen widerzuspiegeln, indem Sie selbst mit Anspannung reagieren, z.B. „Halt, noch nicht losgehen! Ich rede noch! Nicht so schnell, erst muss Ruhe sein!" Fokussieren Sie stattdessen die Aufmerksamkeit, indem Sie die Klasse mit langsamer, ruhiger Stimme ansprechen.

3 WARUM MACHST DU DAS?

🍃 Schüler-Schüler-Interaktion
Ermuntern Sie Schüler, denen Zuhören und Informationsabruf leichtfallen, ihren Mitschülern zu zeigen, welche Strategien ihnen dabei helfen. Ein Kind wie Melanie könnte bei diesem Spiel sehr erfolgreich sein und deshalb einem Mitschüler erklären, wie sie sich die Liste mit den Spielanweisungen merkt.

🍃 Lehrerhilfe
Eventuell benötigt eines der Kinder visuelle Hilfen, um sich die verbalen Anweisungen merken zu können. Halten Sie sich ggf. bei der entsprechenden Gruppe auf, um dem Kind bei Bedarf die Anweisungen auf Bild- oder Wortkarten zeigen zu können.

🍃 Unterstützung durch Mitschüler
Die Schüler zählen den anderen die Anweisungsschritte 2-mal auf, bevor sie mit der Aufgabe beginnen.

🍃 Denkanstöße und Entscheidungshilfen geben
Kombinieren Sie die Aktivität mit dem Stichwort „Zuhören!" Setzen Sie vor und nach dem Vorlesen der Spielanweisung einen Akzent, indem Sie das Wort mit Betonung aussprechen. Auf diese Weise erinnern Sie die Schüler an die Anforderung, die mit dem Spiel verbunden ist. Gleichzeitig können die Kinder eine konkrete Vorstellung von der Wortbedeutung entwickeln. Machen Sie sie darauf aufmerksam, wie viel Konzentration die Spielanweisungen erfordern. Bringen Sie den Sachverhalt in Zusammenhang mit anderen Unterrichtssituationen, in denen ebenso viel Aufmerksamkeit nötig ist, z. B. wenn der Lehrer die Hausaufgaben erklärt. Führen Sie das Stichwort „Zuhören!" allmählich für aufgabenbezogene Anleitungen ein. Sprechen Sie das Wort in gleicher Weise aus, bevor und nachdem Sie einzelne Arbeitsschritte für eine Aufgabe aufzählen. Fordern Sie die Schüler auf, dieselben kognitiven Merkhilfen zu gebrauchen wie während des Spiels.

🍃 Übungen für zu Hause
Schicken Sie per E-Mail eine Beschreibung der Aktivität an die Eltern des Schülers und fügen Sie folgende Anleitung hinzu:
Unterstützen Sie Ihr Kind darin, mithilfe von Spielanweisungen bewusstes Zuhören zu lernen. Stellen Sie sicher, dass Ihr Kind vor Ausführung einer Spielaufgabe die einzelnen Schritte in der richtigen Reihenfolge notiert.

Falls Ihr Kind nicht gern schreibt oder eine Rechtschreibschwäche hat, können Sie das Schreiben übernehmen. Hauptziel dieser Aktivität ist es, mit dem Kind das sinnvolle Strukturieren von Aufgaben zu üben. Die einzelnen Schritte der Spielanweisung sollten als einfache, nummerierte Liste notiert werden. Es ist sinnvoll, dafür ein Heft im gleichen Format wie das Hausaufgabenheft anzuschaffen, in dem die Anweisungen in der gleichen Form wie die Hausaufgaben aufgeschrieben werden.

Spielanweisungen für zu Hause – Beispiele:
1. Schlage einen Purzelbaum.
2. Springe 4-mal auf dem Trampolin.
3. Iss einen halben Apfel.
4. Springe über das Kissen auf dem Fußboden.
5. Gehe rückwärts durch den Flur.
6. Klettere auf das Klettergerüst.
7. Schaue deiner Mutter beim Radschlagen zu.

NON–VERBALE KOMMUNIKATION

Beobachtungsschwerpunkte

Anzeichen von Beeinträchtigungen der non-verbalen Kommunikation:
- ☑ Der Schüler nimmt keinen Blickkontakt auf, wenn er anderen etwas mitteilen möchte.
- ☑ Der Schüler teilt sich nicht durch Gestik oder Mimik mit.

Non-verbale Kommunikation – Fähigkeiten und Fertigkeiten

Worte allein sagen nicht alles. Ein großer Anteil der Verständigung geschieht non-verbal, z. B. durch Zeichen, Signale, Gesten, Kopfnicken oder Blicke. Besonders in sozialen Kontexten teilen wir uns zumeist auf non-verbale Weise mit. Emotionale Botschaften vermitteln wir durch Körpersprache und Mimik. Unsere Gesten unterstreichen und ergänzen dabei unsere verbalen Äußerungen. Manche Kinder nutzen die Möglichkeiten der non-verbalen Kommunikation kaum oder gar nicht. Entweder sie richten ihre ganze Konzentration auf eine Aufgabe oder ihnen fehlt das Gespür für das Senden

3 WARUM MACHST DU DAS?

und Empfangen non-verbaler Botschaften. Eine Beeinträchtigung dieser Fähigkeit kann sich belastend auf die Lern- und Sozialentwicklung der betroffenen Kinder auswirken. Wenn ein Schüler, der durch laute Nebengespräche den Unterricht stört, den mahnenden Blick des Lehrers nicht deuten kann, wird er sein Störverhalten fortsetzen – zu seinem eigenen Nachteil. Beim Spielen auf dem Schulhof kann es zu Missverständnissen oder sogar Ausgrenzung kommen, weil der Schüler die einladenden Gesten seiner Mitschüler falsch oder gar nicht versteht.

Förderschwerpunkt

Aufbau der Fähigkeit, non-verbale Botschaften zu verstehen, die von anderen Personen durch Mimik und Körpersprache vermittelt werden.

>>> ÜBUNG: Ohne Worte

Klassenstufe: 1.–4. Schuljahr   **Dauer:** 30 min

Anleitung

1. Teilen Sie die Gruppe in Zweierteams ein. Stellen Sie den Teams eine Aufgabe, z. B. gemeinsam aus Bauklötzen einen Turm bauen, auf Schnitzeljagd gehen, ein Bild malen, eine Hindernisbahn durchlaufen, den Weg durch ein Labyrinth finden, tanzen.
2. In jedem Team ist ein Schüler der Anführer und gibt die Anweisungen, das andere Kind führt sie aus. Der Anführer darf weder sprechen noch Materialien und Objekte berühren. Stattdessen kann er sich im Raum bewegen, auf Dinge zeigen und sich mit Gesten behelfen. Das ausführende Kind darf die Objekte berühren und handhaben.
3. Gemeinsam versuchen die Schüler, die Aufgabe zu lösen.

Gesprächsimpulse

- ☑ Überlegen Sie vorab mit den Kindern, wie wichtig es ist, sich gegenseitig zu beobachten und Geduld füreinander aufzubringen.
- ☑ Besprechen Sie hinterher, wie einfach oder schwierig es für die Schüler war, sich ohne Worte zu verständigen.

Förderstrategien

🖋 Non-verbale Hinweise
Unterstützen Sie das Kind dabei, auf seinen Teampartner zu schauen: Stellen Sie sich hinter das Kind und drehen Sie es sanft an den Schultern zu seinem Partner hin.

🖋 Denkanstöße und Entscheidungshilfen geben
Machen Sie die Kinder auf den Nutzen non-verbaler Kommunikation aufmerksam: „Manchmal haben wir keine Möglichkeit, laut zu sprechen und Fragen zu stellen. Aber oft können wir am Gesicht und an den Gesten der anderen ablesen, was wir wissen wollen."

🖋 Lernsituationen schaffen
Einem Kind, dessen non-verbale Kommunikationsfähigkeit beeinträchtigt ist, sollten nach Möglichkeit nicht alle Probleme abgenommen werden. Die Versuchung ist groß, Anforderungen, die dem Kind Schwierigkeiten bereiten könnten, im Alltag zu vermeiden. Damit entgehen dem Schüler jedoch wichtige Anreize, seine non-verbale Kommunikationsfähigkeit zu stärken. Schaffen Sie Situationen, in denen er auf non-verbalem Weg Ihre Aufmerksamkeit und die Aufmerksamkeit seiner Mitschüler erlangen muss. Stellen Sie dabei sicher, dass die anderen Kinder zuhören. Stellen Sie sich zu dem Schüler, um ihn ggf. zur Gruppe drehen zu können, damit er seine Mitschüler ansieht. Zeigen Sie ihm am eigenen Beispiel – bei Bedarf auch in übertriebener Form –, durch welchen Gesichtsausdruck er sich mitteilen soll. Schöpfen Sie jede Gelegenheit aus, um die soziale Interaktion zwischen dem Kind und seinen Mitschülern zu fördern.

🖋 Übungen für zu Hause
Schicken Sie per E-Mail eine Beschreibung der Aktivität an die Eltern des Schülers und fügen Sie folgende Anleitung hinzu:
Spielen Sie zu Hause Scharaden, und üben Sie mit Ihrem Kind, wie man sich durch Mimik und Gestik ohne Worte ausdrücken kann. Wählen Sie verschiedene Themen aus, damit das Kind viele unterschiedliche Rollen und Ideen ausprobieren kann. Manche Kinder würden am liebsten nur Tiere darstellen. Es ist zwar gut, wenn das Kind grundsätzlich motiviert ist, aber bringen Sie nach Möglichkeit Abwechslung ins Spiel und legen Sie bestimmte Themen fest, z. B. Sportarten, Superhelden, helfende Berufe.

INTENTIONALER SPRACHGEBRAUCH

Beobachtungsschwerpunkte

Anzeichen von Beeinträchtigungen des intentionalen Sprachgebrauchs:
- ☑ Der Schüler hat Mühe, sich mit Worten auszudrücken.
- ☑ Der Schüler verfügt über einen großen Wortschatz, kann aber keine Sätze bilden, um sich mitzuteilen.
- ☑ Bei Gruppenarbeiten hat der Schüler Probleme, seine Gedanken zu formulieren.

Intentionaler Sprachgebrauch – Fähigkeiten und Fertigkeiten

Im vorigen Kapitel wurde angesprochen, aus welchen Gründen die nonverbale Kommunikationsfähigkeit unverzichtbar für die Verständigung mit anderen Menschen ist. Dieselben Gründe gelten für den Gebrauch von Worten, um Informationen oder Bedürfnisse, Gefühle und Gedanken mitzuteilen.

Nicht immer ist es einfach, eine Beeinträchtigung festzustellen. Manche Kinder verfügen über eine hohe verbale Kompetenz mit einem großen Wortschatz und können ausdauernd über dieses und jenes reden. Wenn sie jedoch erklären sollen, was sie brauchen, sich wünschen oder gerade tun, sind sie überfordert.

Bei Kindern, die zwar sprechen können, aber Sprache nicht in sozialen und emotionalen Kontexten gebrauchen, sind ggf. therapeutische Interventionen angezeigt. Geeignet sind z. B. Maßnahmen durch Therapeuten, die auf Autismus spezialisiert sind, oder Sprachtherapeuten, die sich in ihrer Arbeit auf Sprache als soziale Kommunikationsfähigkeit konzentrieren.

Förderschwerpunkt

Üben der Fähigkeit, Informationen, Gedanken, Gefühle oder Bedürfnisse in Worte zu fassen.

⟫⟫ ÜBUNG: Blind folgen

Klassenstufe: 1.–2. Schuljahr   **Dauer:** 30 min

Anleitung

1. Für dieses Spiel sollte eine freie Fläche wie die Turnhalle oder der Schulhof zur Verfügung stehen. Fordern Sie die Schüler auf, sich hintereinander in einer Reihe aufzustellen.
2. Bestimmen Sie einen Schüler als Anführer. Verbinden Sie den übrigen Schülern die Augen.
3. Der Anführer geht voran und gibt dabei einfache Übungen vor (z. B. „Fünf Schritte nach vorn. Stopp. In die Hände klatschen. Drei Schritte vor. Stopp. Umdrehen. Vier Schritte nach vorn."). Achten Sie darauf, dass der Schüler laut genug spricht, um von seinen Mitschülern verstanden zu werden. Die anderen Kinder versuchen, die Anweisungen nachzuvollziehen.

Es sollten einfache Übungen und Bewegungsformen eingesetzt werden. Manche Kinder haben Mühe, selbst einfache Bewegungsabläufe umzusetzen, und brauchen Zeit, um Anweisungen aufzunehmen und zu verarbeiten.

Gesprächsimpulse

- ☑ Sprechen Sie vorab darüber, dass man Anweisungen genau formulieren sollte, wenn die betreffende Person nichts sehen kann.
- ☑ Besprechen Sie mit den Schülern, wann es angebracht ist, laut oder leise zu sprechen.
- ☑ Überlegen Sie hinterher gemeinsam, wie einfach oder schwierig es war, den Anweisungen zu folgen.
- ☑ Besprechen Sie, wie schwierig es für die „Anführer" war, die richtigen Worte für ihre Anweisungen zu finden.

Förderstrategien

Lernumgebung strukturieren

Beziehen Sie bei der Planung folgende Fragestellungen mit ein:
- ☑ Wie viel Platz steht zur Verfügung?
- ☑ Wie viele Gruppen können gebildet werden?

3 WARUM MACHST DU DAS?

☑ Können die Gruppen nach Lern- und Entwicklungsstand zusammengesetzt werden?
☑ In welcher Reihenfolge sollten die Schüler aufgestellt werden?

Wenn Sie den schnellsten Schüler an den Anfang der Reihe stellen, wird er die Gruppe hinter sich lassen und die Reihe wird sich auflösen. Stellen Sie ihn ans hintere Ende, könnte er gegen die Kinder vor ihm stoßen. Langsamere Kinder könnten nach vorn gedrängt werden und das Gleichgewicht verlieren. In einer heterogenen Gruppe sollten Sie schnelle und langsame Schüler abwechselnd hintereinander aufstellen. Behalten Sie während des Spiels die Dynamik innerhalb der Reihe im Auge und greifen Sie ggf. ausgleichend ein.

Lernsituation steuern

Die Fähigkeit eines Kindes, Sprache zu gebrauchen, wird stark von innerem Stress beeinflusst. Hinter dem zeitweiligen Unvermögen eines Schülers, sich in der erwarteten Weise sprachlich mitzuteilen und etwas zu erklären oder zu beschreiben, steckt nicht zwangsläufig Verweigerung oder Faulheit. Zwar mag er diese Fähigkeit in bestimmten Situationen durchaus zeigen. Aber ein lautes und lebhaftes Klassenzimmer, Müdigkeit, Vorfreude auf ein besonderes Ereignis oder auch Hunger können den Schüler am adäquaten Gebrauch von Sprache hindern.

Schüler-Schüler-Interaktion

Zur Übung der sprachlichen Mitteilungsfähigkeit eignen sich Partnerarbeiten. Dazu fassen die Schüler gelesene Texte mündlich zusammen. *Beispiel:* Geben Sie den Schülern im Sachunterricht den Auftrag, einen kurzen Text zu lesen. Anschließend legen die Kinder den Text beiseite und setzen sich einander gegenüber. Schüler A fasst für seinen Teampartner das Gelesene zusammen. Schüler B wiederholt die Punkte, die Schüler A genannt hat, und fügt weitere Einzelheiten hinzu. Schüler A wiederholt die Punkte, die Schüler B hinzugefügt hat.

EXPRESSIVER SPRACHGEBRAUCH

Beobachtungsschwerpunkte

Anzeichen von Beeinträchtigungen des expressiven Sprachgebrauchs:
- ☑ Der Schüler gebraucht keine Worte, um Informationen mit einer anderen Person zu teilen.
- ☑ Der Schüler gebraucht keine Worte, um seine Anliegen oder Gefühle auszudrücken.

Expressiver Sprachgebrauch – Fähigkeiten und Fertigkeiten

Manche Schüler können Sprache zwar aufnehmen, sie können sie aber nicht aktiv zur Kommunikation mit anderen nutzen. Ein solches Kind wird z. B. in der Lage sein, hochzuspringen, wenn Sie sagen „Spring!" und gleichzeitig selbst springen. Wenn Sie aber erst hochspringen und das Kind fragen, was Sie gerade getan haben, wird es nicht antworten können. Passiv kann das Kind sich an Gehörtes erinnern und es entsprechend umsetzen, der aktive Gebrauch des jeweiligen Begriffs ist ihm jedoch nicht möglich. Diese Kinder sind mit der Teilnahme an Spiel- und Gruppenaktivitäten oft überfordert. Ihnen fehlt die Fähigkeit, mit Worten ihre Anliegen detailliert zu vermitteln oder zu erklären.

Förderschwerpunkt

Sprache aktiv gebrauchen, um detaillierte Informationen weiterzugeben.

⟩⟩⟩ ÜBUNG: Sag' mir, was du weißt!

Klassenstufe: 1.–4. Schuljahr   **Dauer:** 30 min

🖉 Anleitung

1. Geben Sie den Schülern Karteikarten, auf denen sie schrittweise angeleitet werden, etwas zu zeichnen (siehe Beispielanleitung auf S. 133–134).
2. Die Schüler arbeiten zu zweit. Ein Kind ist der Zeichner (erhält die Anweisungen und zeichnet das Bild). Der andere Schüler ist der Ansager (gibt die Anweisungen). Keiner der beiden Schüler weiß, was die Zeichnung darstellen wird.

3 WARUM MACHST DU DAS?

3. Die Teampartner sitzen nebeneinander. Der Ansager achtet darauf, dass der Zeichner die Anleitung nicht einsehen kann. Der Ansager liest die Arbeitsschritte vor und der Zeichner führt sie aus.
4. Geben Sie dem Ansager anschließend eine Karteikarte mit einer einfachen Zeichnung, die der Zeichner nicht sehen darf. Wiederholen Sie die Aktivität, wobei der Ansager jetzt die einzelnen Arbeitsschritte anhand der Zeichnung vorgibt.
5. Die Schüler begutachten die Zeichnung gemeinsam. An welchen Stellen gab es Missverständnisse?
6. Fordern Sie die Teams auf, für die nächste Zeichnung die Anleitung selbst zu schreiben.

Berücksichtigen Sie, dass es bei dieser Aufgabe nicht auf das Endprodukt ankommt. Die Schüler sollen erfahren, wie schwierig es ist, wichtige Informationen akkurat weiterzugeben. Verzichten Sie auf Korrekturen, wenn eine Zeichnung nicht zu gelingen scheint. Wenn Sie in die verbale Interaktion der Schüler eingreifen, werden sie nicht die beabsichtigte Übungserfahrung machen können.

Anleitungen für Zeichnungen – Beispiele

Ziehe eine Linie quer über das Blatt. Zeichne die Linie einen fingerbreit unter die obere Kante. Fange auf der linken Seite an und ziehe die Linie nach rechts über das ganze Blatt.

Zeichne einen kleinen Kreis genau in die Mitte des Blattes. Der Kreis soll etwa so groß sein wie eine Euromünze.
Zeichne ein kleines Viereck um den Kreis. Zeichne das Viereck so klein wie möglich, ohne dass es den Kreis berührt.
Zeichne ein Dreieck mit der Spitze nach oben. Die Spitze soll genau die Mitte von der unteren Linie des Dreiecks berühren. Ziehe die Seitenlinien des Dreiecks bis ganz an das untere Ende des Blattes. Die Linien sollen nicht bis in die Ecken des Blattes reichen, sie sollen ihnen aber so nahe wie möglich kommen.
Zeichne die untere Linie des Dreiecks ein.

Zeichne in die rechte obere Ecke von Deinem Blatt ein Rechteck. Es sollte etwa so groß wie eine Spielkarte sein. Zeichne in die Mitte des Rechtecks einen Kreis. Er sollte etwa so groß wie eine Euromünze sein. Male den Kreis lila aus.

Schreibe den Buchstaben B in Rot in die linke untere Ecke des Blatts. Gleich darüber zeichne ein Viereck in der Größe einer Euromünze. Zeichne in die rechte obere Ecke zwei kleine Schmetterlinge.

Ziehe eine Linie in der Mitte des Blattes von oben nach unten. Auf der rechten Seite der Linie, in der Mitte des Blattes, zeichne einen Kreis so groß wie ein Tennisball. Zeichne vier Striche von der rechten Seite des Kreises aus und vier Striche von der linken Seite aus.

3 WARUM MACHST DU DAS?

Zeichne einen kleinen Baum in die Mitte des Blattes. Der Baum soll etwa so groß sein wie eine Lego-Figur. Zeichne rechts vom Baum einen zweiten Baum, der etwa doppelt so groß ist. Zeichne einen Fluss, der diagonal von rechts nach links über das Blatt verläuft. Zeichne in die linke untere Ecke einen Bären, der etwa so groß ist wie eine Zwei-Euromünze.

Lege das Blatt quer. Ziehe zwei Linien von der linken Kante des Blattes gerade nach rechts zur rechten Kante des Blattes. Die Linien sollen das Blatt in drei gleich große Felder unterteilen. Male das obere Feld schwarz, das mittlere Feld rot und das untere Feld gelb aus.

Zeichne in die obere Hälfte des Blattes einen Kreis von der Größe eines Apfels. Zeichne darunter ein gleichschenkliges Dreieck in derselben Größe. Eine Spitze soll den Kreis berühren. Von der unteren Linie des Dreiecks aus zeichne zwei gerade Striche nach unten. Zeichne von einer Seite des Dreiecks aus einen waagerechten Strich. Zeichne von der anderen Seite des Dreiecks aus einen waagerechten Strich. Zeichne in die Mitte des Kreises einen kleinen Kreis. Zeichne noch zwei Kreise über den kleinen Kreis – einen links oben und einen rechts oben. Zeichne zum Schluss ein „U" unter den kleinen Kreis.

Gesprächsimpulse

- ☑ Besprechen Sie mit den Kindern, welche Folgen es hat, wenn sie ihrem Partner falsche Informationen geben.
- ☑ Überlegen Sie gemeinsam, wie leicht oder schwierig es ist, einfache Informationen und Beschreibungen detailliert an andere weiterzugeben.

Förderstrategien

🌿 Teilerfolge bestätigen

Um Misserfolgserlebnisse zu vermeiden, weisen Sie die Schüler darauf hin, dass es nicht auf die Genauigkeit der Zeichnung ankommt. Bei der Übung geht es darum, wie die Kinder Information miteinander teilen, nicht welche zeichnerische Leistung sie erbringen. Geben Sie entsprechend positives Feedback, z. B. „Jenny, du hast die Landkarte genau und mit allen Einzelheiten erklärt. Als Tim unsicher war, hast du eine Pause gemacht und ihm gesagt, dass er das grüne Auto zwischen dem Hydranten und dem Baum einzeichnen soll. Das hat ihm geholfen, die richtige Stelle für das Auto zu finden. Gute Arbeit!" Lob sollte kleinschrittig während der Aktivität vergeben werden, nicht nur für das Resultat. Vermeiden Sie unspezifische Formulierungen wie: „Gut, du hast alles richtig gemacht."

🌿 Vorbild

Führen Sie die folgende Aktivität zunächst mit der ganzen Klasse durch, bevor Sie die Schüler selbstständig arbeiten lassen. Fordern Sie die Kinder auf, Ihnen Anweisungen zu geben, nach denen Sie an der Tafel eine Zeichnung anfertigen. Falls Sie über Zeichentalent verfügen, produzieren Sie nach Möglichkeit kein Kunstwerk, das die Fähigkeiten Ihrer Schüler übertrifft. Richten Sie sich nach dem, was Sie von den Kindern erwarten würden. Wird ihnen etwas gezeigt, das sie realistisch erreichen können, wird ihr Vertrauen in ihre eigenen Fähigkeiten gestärkt.

Demonstrieren Sie deutlich Ihre Verwirrung, wenn Sie sich beim Zeichnen unsicher sind oder eine falsche Information von den Schülern bekommen. Vermeiden Sie es jedoch, die Irrtümer der Kinder zu korrigieren. Beziehen Sie die Fehler stattdessen in ihre Zeichnung ein. Spielen Sie ihnen Ratlosigkeit vor und zeigen Sie Ihnen am eigenen Beispiel, wie man mit Worten um Hilfe bittet.

Schüler-Schüler-Interaktion

Gestalten Sie Unterrichtsgespräche möglichst schüler- statt lehrerzentriert. *Beispiel:* Wenn Sie der Klasse eine Frage stellen, vermeiden Sie es, dass sich die Schüler bei ihren Antworten nur auf Sie beziehen. Stellen Sie eine Frage und fordern Sie den antwortenden Schüler auf, seine Mitschüler anzusehen. Fungieren Sie als Gesprächsleitung und lassen Sie die Kinder untereinander ihre Gedanken und Ideen zu der Frage austauschen.

Lernsituationen schaffen

Schaffen Sie Situationen, in denen der Schüler Sprache gebrauchen muss, um sich Informationen zu beschaffen. Nutzen Sie dazu Gelegenheiten wie z. B. Ausflüge oder Projektunterricht. Leiten Sie den Schüler an, wie er Sprache nutzen kann, um sich über Abläufe und Sachverhalte zu informieren.

FALLBEISPIEL

Jenny
Während eines Museumsbesuchs schaut Jenny sich unsicher nach einer Aufbewahrungsmöglichkeit für ihren Rucksack um. Statt an Jennys Stelle nachzufragen, macht die Lehrerin sie mit einer Geste auf das Museumspersonal aufmerksam. Alternativ kann die Lehrerin Jenny auch direkt ansprechen: „Jenny, ich weiß auch nicht, wo wir unsere Taschen aufbewahren können, aber ich wette, die Frau dort drüben weiß es. Ich wäre dir sehr dankbar, wenn du sie fragen könntest."

PERSPEKTIVE ANDERER EINNEHMEN

Beobachtungsschwerpunkte

Anzeichen von Beeinträchtigungen der Fähigkeit, die Perspektive anderer einzunehmen:
- ☑ Der Schüler stellt keine Fragen, um die Sichtweise einer anderen Person zu erkunden.
- ☑ Der Schüler versteht nicht, dass an einem Gespräch zwei Personen beteiligt sind, die abwechselnd sprechen und auf die Mitteilungen ihres Gegenübers eingehen.

Perspektive anderer einnehmen – Fähigkeiten und Fertigkeiten

Ist bei einem Schüler die Fähigkeit beeinträchtigt, die Perspektive anderer einzunehmen, kann er die Sichtweise einer anderen Person nicht erkennen und versteht nicht, dass das Gegenüber eigene Vorstellungen, Kenntnisse und Überzeugungen hat.

Die Perspektive einer anderen Person einzunehmen erfordert, während Gesprächen und Interaktionen das Wissen, die Gedanken und Gefühle des Gegenübers intuitiv ins eigene Denken einzubeziehen. Ein Fehlen dieser Fähigkeit resultiert in Kommunikationsproblemen.

Diese Probleme entstehen, weil betroffene Kinder sich nicht vorstellen können, dass andere Menschen bereits Kenntnisse, Ideen und Gedanken ins Gespräch mitbringen. Sie verstehen nicht, dass sie berücksichtigen müssen, was andere bereits wissen bzw. welche Informationen für andere relevant sind. Diese Kinder neigen dazu, jemanden anzusprechen und dann ausführlich über Dinge zu reden, die der andere bereits zur Genüge kennt oder für die er sich nicht interessiert. Umgekehrt kann es vorkommen, dass das Kind eine wichtige Information nicht teilt oder nicht nachfragt, weil es annimmt, der andere sei bereits im Besitz dieser Information. Dieses Verhalten beeinträchtigt die Fähigkeit, sich mit Mitschülern zu unterhalten und soziale Beziehungen aufzubauen.

Förderschwerpunkt

Fähigkeit entwickeln, die Sichtweise einer anderen Person zu erkennen und zu akzeptieren, dass das Gegenüber eigene Vorstellungen, Kenntnisse und Überzeugungen hat.

⟫⟫⟫ ÜBUNG: Sag' mir, was du siehst!

Klassenstufe: 1.–4. Schuljahr **Dauer:** 30 min

Anleitung

1. Die Schüler arbeiten zu zweit. Einer ist der Sender von Informationen, der andere ist der Empfänger.
2. Stellen Sie einen Sichtschutz zwischen die Partner. Dafür eignet sich ein großes Stück Pappe, eine mobile Trennwand oder ein Atlas. Alternativ können die Schüler mit dem Rücken zueinander sitzen.

3 WARUM MACHST DU DAS?

3. Wählen Sie eine Aufgabe aus der folgenden Liste:
   - ☑ Ziehe Perlen in einem einfachen Muster auf eine Schnur oder stelle einige Bauklötze in einer bestimmten Reihenfolge auf.
   - ☑ Male ein Mandala aus. (Beide Schüler malen das gleiche Mandala.)
   - ☑ Ordne Dinge auf dem Verkehrsteppich an. *Beispiel:* Parke das grüne Auto auf dem Parkplatz.
   - ☑ Einen Weg finden: Der Sender beschreibt eine Route von A nach B.
   - ☑ Bilder erkennen: Beide Schüler haben fünf Bildkarten mit identischen Darstellungen, z. B. Katzen. Der Sender wählt eine Karte und beschreibt die abgebildete Katze. Der Empfänger muss die richtige Katze erraten.
   - ☑ Gesichtsausdruck oder Körperhaltung: Die Lehrkraft zeigt einen bestimmten Gesichtsausdruck oder eine Körperposition. Der Empfänger darf die Lehrkraft nicht sehen. Der Sender beschreibt die Pose, der Empfänger versucht, sie nachzuvollziehen.
4. Der Sender muss bei der Übermittlung der Informationen Worte gebrauchen. Der Empfänger darf nicht sehen, was der Sender sieht oder tut, er darf jedoch Fragen stellen.

Besprechen Sie mit den Kindern vor Spielbeginn, welche Art von Fragen besonders ergiebig sind und welche nicht. Schreiben Sie entsprechende Beispiele an die Tafel.

Gesprächsimpulse

- ☑ Besprechen Sie, wie man eine ergiebige von einer unergiebigen Frage unterscheiden kann.
- ☑ Fordern Sie die Kinder auf, zu überlegen, in welchen Situationen sie auf die Frage einer anderen Person nicht eingegangen sind und ihr Informationen vorenthalten haben.

Förderstrategien

✐ Konkret-beschreibendes Lob
Beispiel: „Sender, ein paar Mal schien dein Partner nicht zu verstehen, was du ihm sagen wolltest. Du hast eine Pause gemacht, überlegt und dann noch ein paar wichtige Einzelheiten hinzugefügt. Genau diese Einzelheiten haben deinem Partner geholfen, deine Informationen richtig zu verstehen."

Schüler-Schüler-Interaktion

Wenn bei diesem Spiel – oder bei einer anderen Aktivität – die Kommunikation zwischen zwei Schülern nicht funktioniert, nehmen Sie ihnen nicht das Problem aus der Hand und lassen Sie die Kinder für sich selbst sprechen. Gehen Sie vielmehr auf sie zu, sehen Sie sie an, lächeln und nicken Sie kurz. Damit signalisieren Sie non-verbal Ihr Interesse, Ihre Zugewandtheit und Ihre Bereitschaft, zu helfen.

Konzentrieren Sie Ihr Handeln darauf, dass die Kinder ruhig und kontrolliert mit der Situation umgehen können. Hat sich bereits ein handfester Streit entwickelt, geben Sie Ihnen die Möglichkeit, Distanz zur Situation zu gewinnen. Schicken Sie sie z. B. kurz weg (getrennt!), um einen Schluck zu trinken. Danach setzen die Kinder sich wieder an ihre Plätze. Unterstützen Sie sie dabei, Missverständnisse und Frustrationen selbst in Worte zu fassen. Helfen Sie ihnen, die Sichtweise des jeweils anderen Kindes zu verstehen. *Beispiel:* „Ich bin nicht sicher, ob dein Empfänger verstehen kann, was du ihm sagen willst. Lasst es uns noch einmal probieren" (anstatt: „Was dein Sender dir sagen will, ist ...").

Übungen für zu Hause

Schicken Sie per E-Mail eine Beschreibung der Aktivität an die Eltern des Schülers und fügen Sie folgende Anleitung hinzu:

Wenn Sie dieses Spiel zu Hause spielen, werden Sie möglicherweise neue Seiten an Ihrem Kind entdecken. Wenn Sie gemeinsam ein Mandala ausmalen, achten Sie darauf, wie detailliert Ihr Kind Informationen an Sie weitergibt. Kann es erklären, wo sich ein Spielobjekt auf einem Spielplan befindet? Gebraucht es Adjektive, um eine Sache zu beschreiben? Erweist es sich als kreativ und ergänzt es seine Informationen durch interessante Einzelheiten oder vereinfacht es jede Aufgabe? Nimmt es z. B. beim Ausmalen Ihre Ideen auf oder will es den Spielverlauf kontrollieren? In welcher Weise interagiert es beim Spiel? Wo schaut es hin? Worüber spricht es – reagiert es auf Ihre Äußerungen, Kommentare und Fragen? Sehen Sie Ihr Kind an und lächeln Sie ihm zu, wenn Sie eine Anweisung geben – versuchen Sie, seine Gedankenwelt zu verstehen und stellen Sie Gegenseitigkeit her.

3 WARUM MACHST DU DAS?

AUF ÄUSSERUNGEN ANDERER EINGEHEN

Beobachtungsschwerpunkte

Anzeichen von Beeinträchtigungen der Fähigkeit, auf Äußerungen anderer einzugehen:

- ☑ Der Schüler ergänzt die Äußerungen anderer nicht durch relevante Beiträge.
- ☑ Der Schüler widerspricht den Äußerungen anderer häufig.
- ☑ Der Schüler beteiligt sich zwar an einer Unterhaltung, aber wenn sein Gegenüber spricht, scheint er nicht zuzuhören oder das Thema des anderen zu ignorieren.

Auf Äußerungen anderer eingehen – Fähigkeiten und Fertigkeiten

Die Förderung der Fähigkeit, ein gegenseitig bereicherndes Gespräch zu führen, geht Hand in Hand mit der Förderung der Fähigkeit, aktiv zuzuhören. Kindern sollte gezeigt werden, dass es nicht ausreicht, eine andere Person ausreden zu lassen. Vielmehr muss einem Gesprächspartner auch vermittelt werden, dass man sich für seine Äußerungen interessiert.

Dieses Interesse kann non-verbal durch Zuwenden, Blickkontakt oder Kopfnicken ausgedrückt werden. Interesse, Zustimmung und das Zugeständnis eines fairen Redeanteils sollte jedoch auch verbal geäußert werden. Diese Bestätigung kann erfolgen, indem man die Beiträge des Gesprächspartners thematisch relevant ergänzt.

Fehlt einem Kind diese Fähigkeit, erweckt es beim Sprecher den Eindruck, dass es nicht zuhört. Solchen Schülern kann geholfen werden, indem man ihnen vorformulierte Sätze an die Hand gibt, mit denen sie ein Gespräch auf relevante Weise fortsetzen können.

Manche Kinder antworten mit „Nein" oder widersprechen, bevor sie über die Äußerungen des Gesprächspartners nachgedacht haben. Dadurch erwecken sie den Eindruck, dass sie absichtlich jeden Gesprächsbeitrag anderer negieren, in Frage stellen oder korrigieren. Sie brauchen Unterstützung, um zu lernen, die Gedanken anderer aufzugreifen und sie fortzuführen. Diese Fähigkeit kann gefördert werden, indem Sie Vorbildfunktion übernehmen und dem Kind z. B. antworten „Ja, das ist …" oder „Ja, und dann …".

Förderschwerpunkt

Erwerb der Fähigkeit, einen Gedanken, einen Kommentar oder eine Aussage zu der Äußerung eines Gesprächspartners hinzuzufügen.

⟩⟩⟩ ÜBUNG: Gesprächsrunde

Klassenstufe: 1.–2. Schuljahr   **Dauer:** 30 min

Anleitung

1. Die Kinder setzen sich in einen Sitzkreis oder um einen Gruppentisch.
2. Schreiben Sie das Gesprächsthema auf einen Bogen Papier oder an die Tafel.
3. Um das Gespräch anzuregen, legen Sie nach Möglichkeit Dinge mit einem Bezug zum Thema in die Kreismitte. Zum Thema „Herbst" können das z. B. Herbstlaub, ein kleiner Kürbis und Handschuhe sein.
4. Nennen Sie das Gesprächsthema. Zeigen Sie den Schülern einen „Erzählstab" (selbstgefertigt oder ein geeignetes Objekt, das sich in Ihrer Klasse befindet) und erklären Sie seine Funktion: Wer den Erzählstab in der Hand hält, beginnt einen Satz mit „Ja, und …" und führt ihn mit einer zum Thema passenden Aussage zu Ende.
5. Nehmen Sie den Erzählstab und eröffnen Sie die Gesprächsrunde mit einem Satz zum Thema, z. B. „Ich mag das Herbstwetter, weil ich dann den Wind in meinem Gesicht spüren kann."
6. Geben Sie den Erzählstab weiter an den Schüler, der neben Ihnen sitzt. Er greift Ihre Äußerung auf und führt das Thema fort, indem er z. B. sagt: „Ja, und der Wind weht die Blätter von den Bäumen." Danach gibt er den Stab weiter.
7. Damit die Gesprächsrunde gelingt, müssen die Kinder den Mitschülern zuhören und beim Thema bleiben. Verbales Lehrerfeedback und kurze Erinnerungen zwischendurch können ihnen dabei helfen. Es ist sinnvoll, vor Beginn der Gesprächsrunde über das Thema zu sprechen. Eine weitere Hilfe sind Beispielsätze, die sich zur Fortführung des Gesprächs eignen. Nennen Sie auch ungeeignete Gegenbeispiele.

3 WARUM MACHST DU DAS?

Gesprächsimpulse

- ☑ Überlegen Sie mit den Kindern, wie viel Freude es ihnen macht, wenn ihnen ein Gesprächspartner zuhört und mit ihnen übereinstimmt.
- ☑ Sprechen Sie über Erfahrungen, bei denen ein Gesprächspartner ständig widersprach und das Gesagte in Frage stellte – wie fühlt man sich dabei?

Förderstrategien

✐ Lernsituationen schaffen

Nutzen Sie jede geeignete Gelegenheit, dem Kind zu zeigen, dass Sie eine Antwort von ihm erwarten. Sehen Sie es an und signalisieren Sie ihm, Ihre Äußerung aufzugreifen und sinnvoll zu ergänzen. Warten Sie die Reaktion des Kindes ab, ohne ihm vorzugeben, was es sagen könnte. Halten Sie ggf. in Ihrer momentanen Beschäftigung inne, wenden Sie sich dem Schüler zu und zeigen Sie ihm, dass Sie an seinem Kommentar interessiert sind. Geben Sie ihm Zeit, Ihre Äußerung zu verarbeiten und seinen eigenen Beitrag zu formulieren.

✐ Schüler-Schüler-Interaktion

Wenn ein Schüler anderen Personen nicht zuhört oder deren Äußerungen nicht in freundlicher oder bereichernder Weise kommentiert, ordnen Sie ihm einen Mitschüler zu. Dieser Mitschüler sollte über ausreichende Gesprächskompetenz verfügen. Fordern Sie ihn dazu auf, das andere Kind zu relevanten Kommentaren anzuregen, z. B. durch eine Frage: „Hannah, ich glaube, Jenny gefällt deine Idee. Du könntest sie fragen, was sie von deiner Erklärung hält. Es wäre sehr interessant, Jennys Meinung zu hören. Vielleicht kann Jenny mit einem ‚Ja, und …'-Satz antworten."

✐ Lehrerhilfe

Setzen Sie bei Unterrichtsgesprächen vorgefertigte Antwortkarten ein. Sie helfen Schülern, im Gespräch auf Fragen einzugehen und sich zu beteiligen. Die Karten sind jeweils mit den Anfängen von Antwortsätzen beschriftet. Beispiele:
- ☑ „Ja, und ich …"
- ☑ „Das erinnert mich an …"
- ☑ „Das gefällt mir auch, weil …"
- ☑ „Ich glaube auch, dass …"

✎ Übungen für zu Hause

Schicken Sie per E-Mail eine Beschreibung der Aktivität an die Eltern des Schülers und fügen Sie folgende Anleitung hinzu:

Fordern Sie Ihr Kind im Alltag auf (z. B. während der Mahlzeiten), auf die Äußerungen von Ihnen oder anderer Familienmitglieder in relevanter Weise einzugehen. Wenn Sie Ihrem Kind etwas erzählen und es nicht darauf antwortet oder über etwas anderes redet, fordern Sie es freundlich auf, sich dazu zu äußern, z. B. „Was meinst du dazu?" oder „Wie findest du das?" Je öfter Sie Ihr Kind behutsam zum Gespräch auffordern, desto leichter wird es ihm nach einiger Zeit fallen, sich zu beteiligen.

Als zusätzliche Hilfe eignet sich eine Liste von Kommentaren und Antworten, die zu verschiedenen Gesprächsthemen passen. Lassen Sie das Kind diese einfachen und stereotypen Antworten vorläufig gebrauchen, ohne es zu differenzierteren Äußerungen zu zwingen. Wichtiger als die Qualität der Antworten ist zunächst die Fähigkeit, einem Sprecher aktive und konzentrierte Zugewandtheit zu signalisieren, z. B. durch Blickkontakt, Kopfnicken und einfache Kommentare. Inhaltliche Kompetenz entwickelt sich im Laufe der Zeit.

SPRACHGEBRAUCH IN KONFLIKTSITUATIONEN

Beobachtungsschwerpunkte

Anzeichen von Beeinträchtigungen, in Konfliktsituationen Sprache angemessen zu gebrauchen:

- ☑ Der Schüler äußert sich in scharfem Ton und unfreundlichen Worten, wenn er anderer Meinung ist als seine Mitschüler.
- ☑ Der Schüler reagiert mit unangemessenem Sprachgebrauch oder Schimpfwörtern, wenn andere nicht seiner Meinung sind.
- ☑ Wenn es in einer Gruppe Meinungsverschiedenheiten gibt, reagiert der Schüler aufgebracht, fährt andere an, schreit oder beschimpft seine Mitschüler.

3 WARUM MACHST DU DAS?

Sprachgebrauch in Konfliktsituationen – Fähigkeiten und Fertigkeiten

Arbeiten in der Gruppe kann schwierig sein. Streit während einer Gruppenarbeit kann soziale Beziehungen belasten und nicht selten reagieren die beteiligten Kinder aufgebracht oder werden in ihren Gefühlen verletzt.

Oft sind es nicht die zugrunde liegenden Meinungsverschiedenheiten, die zu Konflikten führen, sondern die Art und Weise, wie sie ausgetragen werden. Böse Blicke und wütende Gesichter, scharfer Ton und Beschimpfungen sind häufig die Auslöser von Eskalationen, die einzelne Schüler in ernsthafte Schwierigkeiten bringen können.
Kindern sollte deutlich vermittelt werden, dass sie durchaus unterschiedlicher Meinung sein können, solange sie dabei sachlich und freundlich bleiben. Sie brauchen explizite Beispiele für akzeptable Wörter und Sätze, die sie während einer Auseinandersetzung gebrauchen können. Es ist sinnvoll, solche Sprachregelungen anhand von Themen zu üben, die keinen Zündstoff bergen.

> **FALLBEISPIEL**
>
> **Melanie**
> Melanie wird akzeptablen Sprachgebrauch nicht üben können, wenn ein Thema gewählt wird, das für sie emotional besetzt ist und auf das sie aufgebracht reagiert. Sie wird dann nicht in der Lage sein, sich von ihren Gefühlen zu distanzieren und sich auf die betreffende Lernsituation einzulassen. Die Lehrkraft sollte ein neutrales Gesprächsthema wählen, über das Melanie sachlich sprechen kann und das es ihr erlaubt, sich angemessene Formulierungen für eine friedliche Konfliktlösung anzueignen.

Förderschwerpunkt

Erwerb der Fähigkeit, sich in Gesprächen und Konflikten verbal und non-verbal in akzeptabler Weise auszudrücken.

»»» ÜBUNG: Arbeiten in der Gruppe

Klassenstufe: 2.– 4. Schuljahr **Dauer:** 30 min

Anleitung

1. Die Schüler sitzen im Sitzkreis oder um einen Tisch. Besprechen Sie mit den Kindern, warum man bei Gruppenarbeiten in Streit geraten kann und welche Anforderungen das Arbeiten in der Gruppe an den Einzelnen stellt. Erarbeiten Sie im Gespräch, dass Kommunikation ein unverzichtbarer Teil von Gruppenarbeit sowie vom Meinungsaustausch mit Mitschülern ist. Verdeutlichen Sie, welche kommunikative Botschaft die Schüler verbal und non-verbal vermitteln sollten: „Ich kann dir nicht zustimmen, aber du hast das Recht auf deine eigene Meinung. Ich bin bereit, deine Meinung anzuhören, und dann möchte ich meine Meinung äußern."
2. Falls Sie mit Vorschulkindern oder Schulanfängern arbeiten, können Sie bei der Aktivität auch non-verbale Symbole oder Zeichen einsetzen. Die folgende Tabelle enthält Varianten von Mimik und Verhaltensoptionen, die bei einer Meinungsverschiedenheit entweder konstruktiv oder destruktiv wirken. Zeigen Sie den jeweiligen Gesichtsausdruck, demonstrieren Sie die Handlung oder veranschaulichen Sie sie anhand von Bildmaterial.

Schadet der Gruppenarbeit	Hilft bei der Gruppenarbeit
andere Kinder unfreundlich anstarren	freundliche Blicke tauschen
Augen weit aufreißen	Augenlider normal öffnen
ein unfreundliches Gesicht machen	lächeln
mit den Händen fuchteln	die Hände ruhig an der Körperseite halten
nach Dingen greifen oder Sachen wegnehmen	die Hände bei sich behalten
herumzappeln	ruhig sitzen
von der Gruppe weglaufen	am Platz bleiben
in scharfem Ton sprechen	mit sanfter Stimme sprechen

3. Für ältere Schüler eignen sich komplexere Formulierungen, Beispiele:

Worte, die verletzen oder ärgern	Worte, die freundlich stimmen
„Das ist ganz falsch. Du hast überhaupt keine Ahnung."	„Wir können es noch einmal versuchen. Ich habe es schon einmal ausprobiert, aber ich glaube nicht, dass es funktioniert."
„Ich hasse es, wenn du so etwas sagst!"	„Lass' uns an der Aufgabe arbeiten."
„Ich habe keine Lust mehr, mit dir zu arbeiten."	„Das ist eine ganz schwierige Aufgabe oder?"
„Ich habe Recht. Das weiß ich genau."	„Ich frage mich, ob wir es vielleicht so machen könnten."

4. Wenn Sie genügend Beispiele an die Tafel geschrieben haben, verteilen Sie die Karten mit den Satzanfängen (siehe S. 148) an die Schüler. Alternativ können Sie die Karten auch selbst herstellen. Die Karten werden den Schülern als Merkhilfen an die Hand gegeben, falls sie unsicher sind, was sie bei einer Meinungsverschiedenheit sagen können. Die Kinder können die Karten am Platz behalten oder Sie können einen Klassensatz erstellen, der regelmäßig bei Gruppendiskussionen genutzt wird.
5. Schreiben Sie ein Gesprächsthema an die Tafel.
6. Lassen Sie die Schüler in Kleingruppen über das Thema sprechen und dabei die Karten verwenden. Anstatt sich per Handzeichen zu Wort zu melden, halten die Schüler die Karten in die Höhe. Greifen zwei Schüler gleichzeitig nach ihren Karten, helfen Sie ihnen bei der Entscheidung, wer zuerst sprechen darf.
7. Haben die Schüler anhand der Karten eine Weile geübt, konstruktiv zu einer Gruppendiskussion beizutragen, lassen Sie sie frei und ohne Vorgaben diskutieren.

Gesprächsimpulse

☑ Sprechen Sie mit den Kindern darüber, dass eine Meinungsverschiedenheit nicht verletzend wirkt oder wütend macht, wenn der Gesprächspartner seinen Standpunkt ruhig und in freundlichem Ton vorträgt.

☑ Lassen Sie die Schüler über erlebte Unstimmigkeiten nachdenken, in denen sie sich in Tonfall und Wortwahl angemessen geäußert haben.

Förderstrategien

Vorbild
Sprechen Sie in ruhigem Tonfall und gemäßigtem Tempo, wenn Sie mit Ihren Schülern Themen ansprechen, die schwierig sind oder die Meinungsverschiedenheiten betreffen.

Selbstgespräch
Demonstrieren Sie, dass Sie negative Veränderungen in Ihrem Tonfall bemerken und den Gebrauch Ihrer Stimme korrigieren können: „Oh, ich glaube, jetzt habe ich sehr verärgert geklungen. Das hat sich bestimmt unfreundlich angehört. Ich werde das, was ich sagen wollte, mit ruhigerer und freundlicherer Stimme wiederholen und dann versuchen, beim Gespräch ruhig zu bleiben. Ich kann mit anderen verschiedener Meinung sein, aber ich sollte versuchen, meine Meinung auf freundliche Art zu sagen."

Verbale Unterstützung
Helfen Sie dem Schüler, in einem angemessenen Ton zu sprechen, indem Sie die Äußerung des Schülers in freundlichem Tonfall wiederholen.

Schüler-Schüler-Interaktion
Wenn sich zwischen den Kindern ein Streitgespräch anbahnt, unterstützen Sie sie dabei, ihr Anliegen in Ruhe zu besprechen. Geben Sie ihnen zu verstehen, dass sie grundsätzlich jedes Thema oder Problem miteinander diskutieren können; machen Sie jedoch deutlich, dass dabei als oberste Regel gilt, ruhig und freundlich zu bleiben. Lassen Sie sich Zeit. Fordern Sie die Schüler auf, sich für das Gespräch hinzusetzen. Legen Sie alle paar Minuten eine Gesprächspause ein, damit die Kinder ggf. wieder zur Ruhe kommen können. Falls nötig, wiederholen Sie ihre Äußerungen ruhig, mit freundlicher Mimik und positiver Körpersprache.

3 WARUM MACHST DU DAS?

Satzanfänge

Ich bin nicht sicher, ob ich das richtig verstanden habe.	Ich glaube, jeder von uns sieht die Sache anders. Ich verstehe das so …
Man könnte die Sache auch so sehen: …	Ich weiß, was du meinst. Aber ich glaube, es könnte auch so funktionieren …
Ich möchte nur sichergehen, dass ich dich richtig verstehe. Du sagst, dass …	Ich bin nicht sicher, ob ich dir folgen kann. Kannst du es noch einmal erklären?
Meinst du, dass …?	Ich finde deine erste Idee gut. Vielleicht können wir noch einmal über den zweiten Punkt nachdenken.
Ich glaube, wir haben unterschiedliche Vorstellungen von dem Thema. Bitte erkläre deine Idee noch einmal. Dann erkläre ich dir meine Idee.	Ja, das hört sich gut an. Aber ich bin nicht sicher, ob damit das Problem gelöst ist.
Ich weiß nicht, ob das funktionieren wird, aber wir können es versuchen.	Kannst du deine Idee noch einmal erklären?
Ich würde dir gern von meiner Idee erzählen.	Ich glaube, ich sehe die Sache von einem anderen Standpunkt aus.

ERZÄHLEN

Beobachtungsschwerpunkte

Anzeichen von Beeinträchtigungen der Fähigkeit, zusammenhängend zu erzählen:

- ☑ Der Schüler hat Mühe, eine Geschichte oder den Hergang einer Situation verbal wiederzugeben.
- ☑ Der Schüler erzählt unzusammenhängend ohne Anfang, Hauptteil oder Schluss.
- ☑ Dem Schüler fällt es schwer, eine fiktive Geschichte oder einen Bericht zu schreiben; das gilt besonders für nicht bevorzugte Themen.

Erzählen – Fähigkeiten und Fertigkeiten

Schüler brauchen die Unterstützung des Lehrers, um ihre Gedankengänge und Ideen in einer Geschichte oder einem Bericht zu formulieren. Manchen Kindern fällt es sehr schwer, eine fiktive Geschichte zu schreiben. Schon die Themenstellung kann ihnen so schwierig erscheinen, dass sie keinen Versuch machen, mit der Arbeit anzufangen.
Visuelle Erzählhilfen und Schritt-für-Schritt-Anleitungen unterstützen Kinder darin, den Schreibprozess zu beginnen und zu lernen, einen Handlungsablauf zusammenhängend schriftlich oder verbal wiederzugeben.

Förderschwerpunkt

Üben der Fähigkeit, einen realen oder fiktiven Handlungsablauf zusammenhängend und in sinnvoller Reihenfolge zu erzählen.

3 WARUM MACHST DU DAS?

⟫ ÜBUNG: Bildergeschichte

Klassenstufe: 1.–3. Schuljahr   **Dauer:** 30 min

Anleitung

1. Besprechen Sie mit dem Schüler, über welche Situation er schreiben möchte.
2. Zeichnen Sie entsprechend seiner Beschreibung eine Ablaufskizze (einfache Strichmännchen-Zeichnung) mit je einem Bild für den Anfang, den Hauptteil und den Schluss. Es kann sich dabei um eine fiktive Geschichte oder eine reale Situation handeln.
3. Schreiben Sie die Handlungselemente unterhalb der Skizzen auf.
4. Fügen Sie der Handlungsskizze und den Notizen einen passenden Titel hinzu.
5. Fügen Sie den Skizzen Symbole hinzu, um die Geschichte auszuschmücken. Ergänzen Sie die Notizen zur Handlung durch weitere Details.
6. Schreiben Sie die Geschichte als zusammenhängenden Text auf.

Textbeispiel: Freunde machen Freunde froh

Jennys neuer Haarschnitt ist schief. Sie ist darüber sehr unglücklich. Sie hat Angst, dass ihr Freund Tim sie auslachen wird. Tim kommt vorbei und sagt „Hallo". Er denkt, dass Jenny bestimmt wegen ihres komischen Haarschnitts so unglücklich aussieht. Statt darüber Witze zu machen, sagt er einfach „Hallo". Jenny freut sich, dass Tim sich nicht über ihre Frisur lustig gemacht hat. Sie lädt ihn zu sich nach Hause zum Spielen ein.

7. Spielen Sie die Szene im Rollenspiel nach.
8. Zeichnen Sie in einer neuen Vorlage die Geschichte wieder als Ablaufskizze. Ergänzen Sie die Zeichnung durch neue Details, die sich während des Rollenspiels ergeben haben.
9. Schreiben Sie die erweiterte Version der Geschichte auf.

Gesprächsimpulse

- ☑ Besprechen Sie, ob und wie die Zeichnungen dem Schüler geholfen haben, seine Geschichte zu erzählen.
- ☑ Überlegen Sie gemeinsam, warum die Zeichnungen es ihm erleichtert haben, den Handlungsablauf gedanklich zu ordnen.

Förderung kommunikativer Fähigkeiten

Beispiel für Ablaufskizze

Anfang	Hauptteil	Schluss

Beispiel für Ablaufskizze mit Notizen zur Handlung

Anfang	Hauptteil	Schluss
Jennys neuer Haarschnitt ist schief.	Tim kommt vorbei und sagt „Hallo".	Jenny freut sich, dass Tim sich nicht über ihre Frisur lustig gemacht hat.

Beispiel für Ergänzungen zur Handlung

Anfang	Hauptteil	Schluss
Jennys neuer Haarschnitt ist schief. Sie ist darüber sehr unglücklich. Sie hat Angst, dass ihr Freund Tim sie auslachen wird.	Tim kommt vorbei und sagt „Hallo". Er denkt, dass Jenny bestimmt wegen ihres komischen Haarschnitts so unglücklich aussieht. Statt darüber Witze zu machen, sagt er einfach „Hallo".	Jenny freut sich, dass Tim sich nicht über ihre Frisur lustig gemacht hat. Sie lädt ihn zu sich nach Hause zum Spielen ein.

3 WARUM MACHST DU DAS?

Förderstrategien

🖉 Entwicklung schrittweise planen

Bei dieser Form der Beeinträchtigung sollte berücksichtigt werden, dass der Schüler nicht die Aufgabe willentlich verweigert, sondern mit der Wiedergabe, Niederschrift und Beschreibung einer Situation oder Handlung überfordert ist. Bei dem Versuch, seine Gedanken zu Papier zu bringen, stößt er an ähnliche Grenzen wie ein Schüler, der mit der Lösung komplexer Bruchrechenaufgaben überfordert ist. Die Bewältigung klarer, überschaubarer Arbeitsschritte sollte darum Grundlage der Förderung des Schreibprozesses sein. Einfache Skizzen helfen dem Schüler, den Handlungsablauf seiner Geschichte oder seines Berichts weiterzuführen. Ein Rollenspiel kann ihn dazu anregen, die Geschichte weiter auszuschmücken.

🖉 Teilerfolge bestätigen

Es kann passieren, dass nach dem Abschluss einer Schreibaufgabe zu schnell eine neue Aufgabe gestellt und Quantität über Qualität gestellt wird. Bildergeschichten haben den Vorteil, dass der Schüler dieselbe Geschichte mehrfach bearbeiten und ergänzen kann. Dabei sollte er sich an die wesentlichen Schritte des Arbeitsprozesses halten: zeichnen, schriftlich formulieren, im Rollenspiel nachspielen. In jedem Rollenspiel werden sich neue Ideen ergeben, die der Schüler in seine Geschichte einbinden kann. Auf diese Weise kann er dieselbe Handlung drei oder 4-mal durcharbeiten. Das Endprodukt wird sich durch einen Reichtum an Details und Ideen auszeichnen.

🖉 Lehrerhilfe

Die Vermittlung des Schreibprozesses orientiert sich am Lernstand des Schülers. Entsprechend spiegeln die Zeichnungen sein Sprachentwicklungsniveau wider. In ihrer Ausführung sollten die Bilder nur geringfügig kompetenter wirken als Zeichnungen, die das Kind selbst produzieren würde. Selbst wenn Sie gut zeichnen können, sollten Sie sich an dem orientieren, was vom Schüler erwartet werden kann. Je einfacher die Skizze ist, desto verständlicher ist sie für das Kind.

WARUM MACHST DU DAS?

4

FÖRDERUNG SOZIALER FÄHIGKEITEN

4 WARUM MACHST DU DAS?

GEMEINSAME AUFMERKSAMKEIT

Beobachtungsschwerpunkte

Anzeichen von Beeinträchtigungen der Fähigkeit, sich gemeinsam mit einer anderen Person auf eine Sache zu konzentrieren:
- ☑ Der Schüler wendet sich öfter Dingen als Personen zu.
- ☑ Der Schüler spielt lieber mit Spielmaterialien als mit anderen Kindern.
- ☑ Im gemeinsamen Spiel sieht der Schüler auf die Spielmaterialien und nicht auf den Spielpartner.

Gemeinsame Aufmerksamkeit – Fähigkeiten und Fertigkeiten

Unter gemeinsamer Aufmerksamkeit versteht man die Fähigkeit, sich zusammen mit einer anderen Person gleichzeitig der gleichen Sache zuzuwenden. In ihrer einfachsten Form schaut ein Kind ein anderes Kind an, zeigt und blickt auf ein Spielzeug und sieht dann wieder das andere Kind an, um zu prüfen, ob es das Spielzeug auch sieht und damit spielen möchte. Auf diese Weise entsteht gemeinsame Aufmerksamkeit, die zu gemeinsamem Spiel führt.

Kinder sind von Natur aus motiviert, sich zu vergewissern, dass sie in derselben Weise spielen wie andere Kinder. Sie geben Spielzeug weiter und beobachten, was ihre Spielpartner damit tun. Fehlt dieser natürliche Antrieb, haben die betroffenen Kinder Schwierigkeiten, gemeinsames Spiel zu erlernen. Wenn sie keine gemeinsame Aufmerksamkeit mit einem anderen Kind aufbauen können, verharren sie in ihrem eigenen Spiel und achten nicht darauf, was ihre Spielpartner tun und (was beinahe noch wichtiger ist) was sie dabei empfinden.

Bei aufgabenbezogenen Gruppenarbeiten treten die sozialen Implikationen noch deutlicher hervor. Die betroffenen Schüler konzentrieren sich auf die Aufgabe, ohne auf die Mitschüler zu achten. Es entgeht ihnen, wenn die anderen Kinder ihre Ideen oder das Vorgehen mit ihnen besprechen möchten. Entsprechend bemerken sie die Frustration der anderen nicht, wenn sie deren Beiträge ignorieren. Gemeinsame Aufmerksamkeit ist eine grundlegende Fähigkeit, die erworben werden muss, um erfolgreich mit anderen zu kooperieren.

Förderschwerpunkt

Fähigkeit aufbauen, zur gleichen Zeit wie eine andere Person die Aufmerksamkeit auf dieselbe Sache zu richten.

»» ÜBUNG: Ballon-Volleyball

Klassenstufe: 1.–2. Schuljahr   **Dauer:** 15 min

Anleitung

1. Teilen Sie eine freie Fläche in zwei Hälften, indem Sie z. B. ein langes Seil in gerader Linie auf den Boden legen.
2. Die Schüler bilden Paare. Ein Partner setzt sich auf eine Seite der Trennlinie, der andere Partner auf die andere Seite, sodass die Kinder einander gegenüber sitzen.
3. Die Schüler haben die Aufgabe, sich gegenseitig einen großen Ballon zuzuspielen und in der Luft zu halten, ohne dass er den Boden berührt (alternativ kann ein Wasserball verwendet werden). Beide Kinder müssen den Ballon im Auge behalten und gegenseitig Blickkontakt aufnehmen, wenn sie ihn ihrem Partner zuspielen.
4. Wenn die Kinder das Zuspiel beherrschen, kann der Schwierigkeitsgrad erhöht werden. Anstatt das Seil als Trennlinie zu benutzen, spannen Sie es z. B. in einigem Abstand vom Boden.

Gesprächsimpulse

- ☑ Besprechen Sie vorab, warum es wichtig ist, dass die Partner sich mit Blicken verständigen, bevor sie den Ballon auf die andere Seite spielen.
- ☑ Überlegen Sie hinterher gemeinsam, wie einfach oder schwierig es war, mit dem Spielpartner Blickkontakt aufzunehmen und gleichzeitig den Ballon zurückzuspielen.

Förderstrategien

Gruppenbildung

Ordnen Sie einem Kind, dem die Aktivität schwerfällt, einen geübteren Spielpartner zu. Achten Sie jedoch darauf, dass sich die Fähigkeiten der Spieler nicht zu sehr unterscheiden. Andernfalls könnte das betreffende

Kind an Selbstvertrauen verlieren und aufgeben. Das Spiel eignet sich auch für altersheterogene Gruppen. Dadurch ergibt sich die Möglichkeit, Kinder einander zuzuordnen, die zwar unterschiedlichen Alters, aber auf einem ähnlichen Entwicklungsstand sind.

Denkanstöße und Entscheidungshilfen geben
Begleiten Sie das Spiel mit Tipps und Hinweisen: „Bevor du deinem Partner den Ballon zuspielst, musst du ihn anschauen oder ihm zunicken. Dein Partner muss erkennen können, dass du ihm den Ballon zuspielen willst. Du musst auch darauf achten, ob dein Partner bereit ist, den Ballon anzunehmen."

Teilerfolge bestätigen
Bei diesem Spiel geht es nicht um Gewinnen oder Verlieren. Deshalb werden auch keine Punkte gezählt. Achten Sie darauf, dass die Kinder während der Aktivität freundlich miteinander sprechen. Das Spiel sollte ihnen gemeinsame Freude bereiten und sie sollten sich gegenseitig ermutigen.

Non-verbale Hinweise
Zeigen Sie dem Schüler mit einer Handbewegung, wohin er schauen und in welche Richtung er den Ballon spielen soll. Zeigen Sie ihm auch, wie er durch Kopfnicken seinem Partner signalisieren kann, dass er ihm den Ballon zuwerfen wird.

Schüler-Schüler-Interaktion
Vermeiden Sie es, während des Spiels in die Interaktion der Schüler einzugreifen, sich zwischen sie zu stellen oder sie einzeln anzusprechen. Stellen Sie sich hinter einen der Schüler und sorgen Sie dafür, dass sich die Spielpartner nicht auf Sie, sondern aufeinander konzentrieren.

Lernsituation steuern
Berücksichtigen Sie, welche Materialien soziales Miteinander und Teilhabe fördern und welche sich eher hinderlich auswirken. Manche Kinder haben starke Vorlieben für bestimmte Objekte. Zum Beispiel kann sich ein Kind so sehr ins Spiel mit der Modelleisenbahn vertiefen, dass es die Spielpartner und die Interaktion mit ihnen ignoriert. Eine extreme Fokussierung auf die Loks und Waggons kann zu einer Fixierung führen. Das Kind reagiert dann aufgebracht oder sogar wütend, sobald ein anderes Kind versucht, sich am Spiel zu beteiligen und womöglich die Anordnung von Zügen und Schienen

verändert. Das Spielzeug verhindert somit soziale Interaktion anstatt sie zu fördern. In diesem Fall ist es sinnvoll, bevorzugte Objekte aus der Spielecke zu entfernen. Spielmaterialien, an denen das Kind weniger interessiert ist, wird es möglicherweise bereitwilliger teilen. Das heißt nicht, dass das Thema „Eisenbahn" komplett aus dem Klassenleben verbannt werden sollte. Es kann sogar als wirksame Motivationshilfe bei Aktivitäten eingesetzt werden, an denen das Kind normalerweise nicht gern teilnimmt. So lässt es sich z. B. im Sportunterricht in Bewegungsaktivitäten einbinden („Wir sind ein langer Zug und jedes Kind in der Reihe ist ein Waggon. Martin darf die Lokomotive sein und den Zug durch die Turnhalle führen."). Eine sinnvolle Begrenzung bevorzugten Spielmaterials ist eine geeignete Möglichkeit, um die Bereitschaft des Schülers zum gemeinsamen Spiel zu erhöhen.

SOZIALE GEGENSEITIGKEIT

Beobachtungsschwerpunkte

Anzeichen von Beeinträchtigungen gegenseitiger sozialer Interaktionsfähigkeit:
- ☑ Der Schüler scheint sich in seiner eigenen Welt zu bewegen, ohne mit anderen zu spielen, zu sprechen oder sich auszutauschen.
- ☑ Der Schüler spielt alleine, ohne andere anzusehen, Spielmaterialien an sie weiterzugeben oder ihnen zu zeigen.

Soziale Gegenseitigkeit – Fähigkeiten und Fertigkeiten

Unter sozialer Gegenseitigkeit wird das wechselseitige Geben und Nehmen sozialer Interaktion verstanden. Sie beinhaltet alle sozialen Verhaltensweisen, die in der sozialen Beziehung zwischen zwei Menschen beobachtet werden können: Blickkontakt wird zurückgegeben, Lächeln wird erwidert, Gesten werden beantwortet, Dialoge entwickeln sich, die beteiligten Personen wechseln sich in der Interaktion ab.
Zu sozialer Gegenseitigkeit gehören immer zwei Menschen, die sich direkt aufeinander beziehen und dabei wahrnehmen, was der Partner gerade sagt oder tut. Manchen Kindern fehlt die Fähigkeit zu diesem natürlichen,

4 WARUM MACHST DU DAS?

verbalen und non-verbalen Austausch. Sie sehen das Gegenüber nicht an, um zu signalisieren, dass sie zuhören. Sie nicken nicht als Zustimmung oder Bestätigung für den Sprecher, an Gesprächen beteiligen sie sich nicht und gehen nicht auf die Beiträge anderer ein, ihre Äußerungen können die Form von Monologen annehmen, wobei sie nicht darauf achten, ob der andere zuhört oder Gelegenheit bekommt, zu antworten.

Förderschwerpunkt

Wechselseitigkeit sozialer Interaktion üben.

⟫⟫ ÜBUNG: Alles auf die andere Seite!

Klassenstufe: 1.–2. Schuljahr   **Dauer:** 15 min

Anleitung

1. Unterteilen Sie eine freie Fläche in zwei Felder. Teilen Sie die Gruppe in zwei Mannschaften ein. Jede Mannschaft verteilt sich in einem Feld.
2. Verstreuen Sie kleine Bälle oder Gymnastiksäckchen über die gesamte Fläche.
3. Die Mannschaften versuchen, alle Bälle aus ihrem Feld zu entfernen, indem sie sie ins Nachbarfeld werfen. Die Aufgabe wird dadurch erschwert, dass die Gegenmannschaft das Gleiche tut.
4. Weisen Sie die Kinder deutlich darauf hin, beim Werfen nicht auf Mitschüler zu zielen, die Bälle in niedriger Höhe zu werfen und sich im hinteren Spielfeldbereich aufzuhalten, um nicht versehentlich getroffen zu werden.

Gesprächsimpulse

- ☑ Sprechen Sie hinterher über die Dynamik des Spiels: Jedes Mal, wenn die Bälle ins andere Feld geworfen werden, kommen neue Bälle von der Gegenseite zurück.
- ☑ Denken Sie gemeinsam über die Anforderungen des Spiels nach: Anzahl und Position der Bälle im eigenen und im gegnerischen Spielfeld müssen gleichzeitig im Auge behalten werden.

Förderstrategien

🦚 Gruppenbildung
Bilden Sie gleich große Mannschaften. Jedem Team sollten sowohl Schüler mit gut entwickelten sozialen Kompetenzen zugeordnet werden sowie Schüler, deren Fähigkeit zu sozialer Gegenseitigkeit beeinträchtigt ist. Achten Sie auf eine ausgewogene Verteilung der Kinder. Versuchen Sie, die unterschiedliche Interaktionsfähigkeit der Schüler zu nutzen. Ordnen Sie einem sozial zurückgezogenen Kind einen kontaktfreudigen Partner zu, der sich im Spiel aktiv auf Mitschüler aus der Gegenmannschaft bezieht (z. B. durch Kommentare oder Gesten). Fordern Sie diesen Schüler auf, mit dem stilleren Kind zu interagieren (z. B. durch Zurufe wie „Achtung, hier kommen zwei Bälle!" oder „Du bist schneller, als ich dachte!").

🦚 Denkanstöße und Entscheidungshilfen geben
Nutzen Sie das Spiel als Analogie: „Immer wenn ihr einen Ball auf die andere Seite werft, wird ein Ball zurückgeworfen. Hin und her, hin und her – wie in einem Gespräch."

🦚 Schüler-Schüler-Interaktion
Wenn Sie beobachten, dass ein Schüler bei der Aktivität passiv bleibt, greifen Sie nicht selbst in das Spiel ein. Anstatt den Schüler zum Mitmachen zu ermuntern, fordern Sie die Mitschüler auf, ihm einen Ball zu geben.

🦚 Selbstgespräch
Formulieren Sie laut Gedankengänge, die sich auf den Spielverlauf beziehen: „Gerade ist ein Ball auf meiner Seite gelandet. Ich sammle ihn am besten auf und werfe ihn zurück. Am liebsten würde ich alle Bälle auf die andere Seite werfen. Wenn ich nicht jeden Ball zurückwerfe, der von der anderen Mannschaft herübergeworfen wird, sind bald alle Bälle in meinem Feld."

🦚 Übungen für zu Hause
Schicken Sie per E-Mail eine Beschreibung der Aktivität an die Eltern des Schülers und fügen Sie folgende Anleitung hinzu:
Bevor Sie mit diesem Spiel beginnen, üben Sie zunächst einfaches Zuwerfen. Wählen Sie eine Reihe geeigneter Wurfobjekte, z. B. Bohnensäckchen, weiche Bälle oder kleine Stofftiere. Ihr Kind steht auf einer Seite des Raums und wirft Ihnen die Dinge zu. Sie stehen auf der anderen Seite und fangen

4 WARUM MACHST DU DAS?

die Objekte mit einem Korb, einem Pappkarton oder Eimer auf. Wenn alle Bälle usw. im Behälter sind, tauschen Sie die Rollen: Sie werfen, Ihr Kind fängt. Auf diese Weise kann Ihr Kind üben, einen Ball mit den Augen zu verfolgen und aufzufangen. Lächeln und nicken Sie Ihrem Kind während des Spiels zu. Wichtig ist, dass die Aktivität Ihnen beiden Spaß macht.

IMITATION (NACHAHMUNG)

Beobachtungsschwerpunkte

Anzeichen von Beeinträchtigungen der Fähigkeit, Handlungen anderer nachzuvollziehen:

- ☑ Der Schüler sieht andere Kinder nicht an und imitiert ihre Handlungen nicht.
- ☑ Der Schüler stimmt seine Bewegungen und Handlungen nicht auf andere ab.
- ☑ Dem Schüler fällt es schwer, räumliche Nähe mit anderen zu teilen; er beobachtet und imitiert ihre Verhaltensweisen nicht und reagiert nicht auf das Bewegungsverhalten anderer.

Handlungen nachvollziehen – Fähigkeiten und Fertigkeiten

Kinder müssen die Fähigkeit entwickeln, ihre eigenen Körperbewegungen auf das Bewegungsverhalten und auf die Nähe anderer Personen abzustimmen und dabei miteinander sozial zu interagieren. Bewegt sich ein Schüler zu einem Spielobjekt, werden andere Kinder oft der Bewegung folgen, sodass sich gemeinsames Spiel ergibt. Diese Wechselwirkung von Aktion und Reaktion ist ein wichtiges Element in non-verbalem Spiel.

Um mit Gleichaltrigen in Kontakt zu treten und mit ihnen auf harmonische Weise zu spielen, muss ein Kind seinen Blick auf das Gleiche richten wie die anderen, es muss das Gleiche tun und sich schließlich in gleicher Weise verbal äußern. Ohne diese Fähigkeit beteiligt sich das Kind nicht an gemeinsamem Spiel, zieht sich aus Spielaktivitäten zurück und kann bei Spielen mit anderen nicht kooperieren.

Förderschwerpunkt

Motivation und Fähigkeit entwickeln, eine andere Person anzusehen und ihre Gesten, Bewegungen und Handlungen nachzuvollziehen.

⋙ ÜBUNG: Ich bin dein Spiegel

Klassenstufe: 1.–2. Schuljahr   **Dauer:** 15 min

Anleitung

1. Teilen Sie die Gruppe in Zweierteams ein. Die Schüler stehen etwa eine Armlänge voneinander entfernt und sehen sich an.
2. Erklären Sie ihnen, dass ein Partner eine Bewegung vormachen und der andere sie imitieren wird. Dabei bewegen sich beide auf der Stelle, ohne ihren Platz zu verlassen.
3. Weisen Sie die Schüler darauf hin, sich auf Arm- und Schulterbewegungen sowie wechselnden Gesichtsausdruck zu konzentrieren. Geben Sie ein paar Anregungen, z. B. Mundbewegungen, Augenrollen, Augen zusammenkneifen, zwinkern, den Kopf drehen.
4. Fordern Sie das führende Kind auf, näher an den Partner heranzurücken, sodass er für seine eigenen Bewegungen weniger Raum hat.
5. Fordern Sie die Schüler nun auf, Sprache zu imitieren. Die Teampartner stehen still und wiederholen jeden Satz, den das Gegenüber sagt.

Steuern Sie das Bewegungstempo der Schüler durch Musik. Statt sie verbal durch Hinweise wie „Langsamer!" oder „Ihr bewegt euch zu schnell" zu ermahnen, kann langsame, ruhige Musik gespielt werden. Sie hilft den Schülern, sich auf ein gemäßigtes Tempo einzustellen und sich auf die Bewegungsaufgabe zu konzentrieren.

Gesprächsimpulse

- ☑ Sprechen Sie nach der Aktivität darüber, wie es sich für die Schüler angefühlt hat, sich nah am Teampartner zu bewegen – wie angenehm oder unangenehm war es?
- ☑ Überlegen Sie, in welchem Körperabstand Menschen normalerweise miteinander sprechen. Rücken sie nah ans Gesicht des Gesprächspartners heran? Stehen sie mehrere Meter voneinander entfernt?

4 WARUM MACHST DU DAS?

Förderstrategien

Non-verbale Hinweise
Wenn einem Schüler diese Übung schwerfällt, stellen Sie sich hinter ihn und lenken Sie sanft seine Schulter- und Kopfbewegungen, sodass er seinen Partner ansieht. Vermeiden Sie verbale Anweisungen. Korrigieren Sie lediglich die Körperposition des Kindes. Nutzen Sie diese Technik auch im Unterricht, wenn der Schüler von einer Aufgabe abgelenkt ist oder Nebengespräche führt.

Lernsituationen schaffen
Demonstrieren Sie das Nachvollziehen von Bewegungsabläufen am eigenen Beispiel. Zur Verdeutlichung können Bewegungen etwas übertrieben werden. Kopieren Sie die Handlungen des Kindes und reagieren Sie auf das, was es tut. Kommentieren Sie Ihre Handlung, z. B.: „Du hast dich zur Spielkiste bewegt, also gehe ich mit dir. Jetzt hast du dich davon weggedreht, also drehe ich mich auch weg. Ich tue, was du tust."

Wiederholung
Mischt sich ein Schüler durch übergriffiges Verhalten in das Spiel anderer ein, führen Sie ihn von der Gruppe weg. Fordern Sie ihn auf, zuerst mit Ihnen gemeinsam zu beobachten, was die anderen Kinder tun. Lassen Sie ihn dann (ggf. mit Ihrer Hilfe) entscheiden, wie er sich auf positive Weise am Spiel beteiligen kann.

Schüler-Schüler-Interaktion
Bei Partnerarbeit kommt es vor, dass die Schüler arbeiten, ohne aufgabenbezogen zu interagieren, weil sie zu weit voneinander entfernt sitzen und ihren Teampartner nicht anschauen können. Leiten Sie Partnerarbeiten deshalb mit entsprechenden Hinweisen ein. Statt genereller Aufforderungen oder Fragen („Fangt an!", „Was habt ihr bis jetzt geschafft?") sind explizite Arbeitsanweisungen sinnvoll: „Setzt euch zusammen, besprecht das Thema und sucht gemeinsam nach guten Ideen, bevor ihr mit der Aufgabe anfangt. Bei Partnerarbeit sitzt man am besten einander gegenüber. Wenn ihr miteinander sprecht, solltet ihr euch anschauen. Hört euch gegenseitig gut zu und nickt, um eurem Partner zu verstehen zu geben, dass ihr ihn versteht und ihm zustimmt."

SOZIALES REFERENZIEREN

Beobachtungsschwerpunkte

Anzeichen von Beeinträchtigungen, sich durch Blickkontakt auf eine Person zu beziehen:
- ☑ Der Schüler kann kein Gespräch führen, während er mit einer anderen Person Blickkontakt hat.
- ☑ Der Schüler sieht weg, während er mit jemandem spricht.
- ☑ Der Schüler scheint sich physisch von sozialer Interaktion oder Gesprächen zu distanzieren.

Soziales Referenzieren – Fähigkeiten und Fertigkeiten

Unter sozialem Referenzieren wird die Fähigkeit verstanden, eine andere Person anzusehen, während man mit ihr spricht. Ein Schüler kann Sie z. B. anlächeln und ansehen, wenn er den Klassenraum betritt. Derselbe Schüler ist aber möglicherweise nicht in der Lage, über längere Zeit Blickkontakt zu halten, vor allem nicht während eines Gesprächs. Oft werden die betroffenen Kinder für ungezogen oder gleichgültig gehalten. Tatsächlich sind viele von ihnen mit der Fähigkeit überfordert, Blickkontakt aufzunehmen. Es handelt sich dabei um eine sensorische Beeinträchtigung, die das Kind und seine Entwicklung belastet.

Dennoch kann die Fähigkeit zum sozialen Referenzieren durch behutsame und systematische Desensibilisierung und Übung allmählich aufgebaut werden. Das wird allerdings nicht dadurch erreicht, dass man das Kind lediglich verbal auffordert, das Gegenüber beim Sprechen anzusehen. Vielmehr sollte das Kind in ruhiger Umgebung – sowohl zu Hause als auch in der Schule – an entsprechende Übungserfahrungen herangeführt werden. Vermeiden Sie es, auf direkten Blickkontakt mit dem Kind zu bestehen. Bestärken Sie stattdessen jeden Blickkontakt, den das Kind initiiert, mit einem freundlichen Lächeln.

Förderschwerpunkt

Üben der Fähigkeit, eine andere Person anzusehen, um sozialen Kontakt aufzunehmen.

4 WARUM MACHST DU DAS?

❯❯❯ ÜBUNG: Augenspiegel

Klassenstufe: 1.–2. Schuljahr   **Dauer:** 15 min

Anleitung

1. Teilen Sie die Gruppe in Paare ein. Achten Sie darauf, dass Schüler zusammenarbeiten, die gut miteinander kooperieren können.
2. Die Schüler stehen eine Armlänge voneinander entfernt und sehen sich an.
3. Ein Partner gibt Bewegungen vor, der andere imitiert sie. Dabei stehen die Schüler vollkommen still, bewegt werden nur die Augen.
4. Nennen Sie einige Beispiele für Augenbewegungen: 2-mal mit dem linken Auge zwinkern, 3-mal mit dem rechten Auge zwinkern, beide Augen schließen, Augen rollen, Augen weit öffnen.
5. Im nächsten Schritt werden der Übung stimmliche Äußerungen hinzugefügt: ein Lied singen, über ein Lieblingsthema sprechen, eine wechselseitige Unterhaltung führen.

Gesprächsimpulse

- ☑ Besprechen Sie mit den Schülern, warum es wichtig ist, einen Gesprächspartner beim Sprechen anzusehen.
- ☑ Fordern Sie die Kinder auf, sich dazu zu äußern, wie sie sich bei Blickkontakt fühlen. Empfinden Sie Blickkontakt als angenehm oder würden sie am liebsten wegschauen?

> Ist Blickkontakt für ein Kind belastend oder schwierig, kann ihm die Übung erleichtert werden, indem ihm ein erwachsener Partner zugeordnet wird, z. B. eine Assistenzkraft oder ein Praktikant/Referendar.

Förderstrategien

Gruppenbildung

Für diese Übung sollten Sie mit den Schülern der Lerngruppe und ihren jeweiligen Förderbedürfnissen vertraut sein. Ordnen Sie ein Kind, das sich an Blickkontakt gewöhnen muss, einem Schüler zu, der diese Fähigkeit beherrscht. Es sollte sich dabei um ein ruhiges Kind handeln. Ein temperamentvolles Gegenüber könnte durch seinen Input das förderbedürftige Kind überfordern und demotivieren.

> **FALLBEISPIEL**
>
> **Jenny**
> Diese Übung stellt Jenny vor hohe Anforderungen. Sie wird wahrscheinlich zunächst nicht in der Lage sein, gleichzeitig zu sprechen und Blickkontakt aufzunehmen. Sie braucht daher einen ruhigen Übungspartner, der mit sanfter und gleichmäßiger Stimme spricht und der bei der Übung langsam und mit Bedacht vorgeht.

Lernsituation steuern

Die Aktivität ist so angelegt, dass das Kind einer gezielten sensorischen Anforderung ausgesetzt wird. Um Überforderung zu vermeiden, sollten sensorische Umgebungsreize darum so gering wie möglich gehalten werden. Die Übung eignet sich deshalb z. B. nicht für eine lärmige Pausenhalle oder als Auftakt für eine spielerische Sportstunde im Freien. Kinder, denen die Aktivität leichtfällt, werden wahrscheinlich Spaß daran haben. Für sensorisch beeinträchtigte Schüler ist sie mental jedoch äußerst anstrengend. Zusätzlicher sensorischer Input sollte vermieden werden, damit das Kind von der Übung profitieren kann.

Vorbild

Sollten die Schüler beginnen, dieselben Bewegungen zu wiederholen, legen Sie eine Übungspause ein. Falls Sie während der Übung Musik laufen lassen, stoppen Sie die Musik und fordern Sie die Schüler auf, innezuhalten. Weisen Sie jedes Paar an, eine bestimmte Bewegungsform zu zeigen. Fordern Sie die Schüler auf, diese Beispiele als Anregungen zu nutzen und neue Bewegungen auszuprobieren.

Übungen für zu Hause

Schicken Sie per E-Mail eine Beschreibung der Aktivität an die Eltern des Schülers und fügen Sie folgende Anleitung hinzu:
Sie können bei dieser Aktivität mit kleinen Übungsschritten beginnen. Führen Sie sie regelmäßig (z. B. abends) durch, aber jeweils nur für einige Minuten. Beginnen Sie mit dem Spiegeln von Körperbewegungen (ca. 5 Minuten). Konzentrieren Sie sich dann eine Minute lang auf Gesicht und Augen. Sollte selbst diese kurze Zeitspanne für Ihr Kind zu schwierig sein, verringern Sie die sensorische Anforderung der Übung, indem Sie einen Schritt zurücktreten und mehr räumliche Distanz zwischen sich und Ihrem Kind schaffen.

Lernsituationen schaffen

Bestätigen Sie das Kind jedes Mal, wenn es Sie ansieht. Der Lernprozess sollte durch behutsame, non-verbale Verstärkung angeregt werden. Vermeiden Sie es, dem Kind zu nahe zu kommen, es zu Blickkontakt zu zwingen oder verbale Anforderungen zu stellen wie „Sieh mich an, wenn ich mit dir rede!" Greifen Sie einfach Gelegenheiten auf, sich dem Kind langsam zu nähern, einen Moment zu warten und es dann freundlich anzulächeln.

SOZIALES BEOBACHTEN

Beobachtungsschwerpunkte

Anzeichen von Beeinträchtigungen der sozialen Beobachtungsfähigkeit:
- ☑ Der Schüler sieht nicht auf andere Kinder, um zu erfahren, was sie gerade tun.
- ☑ Der Schüler beobachtet nicht die Reaktionen oder Gesten der Mitschüler.

Soziales Beobachten – Fähigkeiten und Fertigkeiten

In der folgenden Aktivität beobachten die Schüler ihre soziale Umgebung. Kinder können sich erfolgreich in eine Gruppenaktivität oder ein Spiel einbinden, wenn sie vorab beobachten, was Gleichaltrige gerade tun, empfinden oder denken. Fehlt diese Beobachtungsfähigkeit, wird dem betreffenden Kind die Einbindung misslingen. Folglich könnte es den Eindruck haben, dass die anderen Kinder nicht mit ihm spielen wollen.

Beispiel: Eine Schülergruppe spielt in der Pause Fußball. Ein Kind, das mit den anderen spielen möchte, tritt an die Gruppe heran. Weil es noch keine ausreichende soziale Beobachtungsfähigkeit entwickelt hat, nimmt es nicht wahr, was die anderen gerade spielen und schlägt ein Fangenspiel vor. Keiner der Mitschüler möchte das laufende Spiel zugunsten einer neuen Aktivität abbrechen; immerhin signalisieren sie ihre Bereitschaft, den Mitschüler beim Fußballspiel mitspielen zu lassen. Er müsste sich einfügen, um mitspielen zu können. Wegen seines Fähigkeitsdefizits ist Einfügen für ihn jedoch gleichbedeutend mit dem Durchsetzen der eigenen Spielwünsche.

Förderschwerpunkt

Fähigkeit entwickeln, andere Personen und die Umgebung zu beobachten, um sozial relevante Informationen zu gewinnen und zu verwerten.

»» ÜBUNG: Adlerauge

Klassenstufe: 1.–4. Schuljahr   **Dauer:** 30 min

Anleitung

1. Die Schüler sitzen an ihren Tischen oder im Sitzkreis.
2. Schicken Sie einen Schüler aus dem Raum oder fordern Sie ihn auf, die Augen zu schließen. Dieser Schüler ist das „Adlerauge" und muss herausfinden, was sich in der Gruppe verändert hat.
3. Während das Adlerauge die Augen geschlossen hält bzw. nicht im Raum ist, verändert ein Mitschüler ein Detail an seiner Kleidung: Er setzt eine bunte Kappe auf, zieht die Jacke der Lehrerin an, dreht seinen Pullover auf links oder zieht einen Schuh aus.
4. Holen Sie das „Adlerauge" wieder in den Raum bzw. fordern Sie den Schüler auf, seine Augen zu öffnen. Er sieht sich genau um und versucht, herauszufinden, wer und was sich verändert haben.
5. Im nächsten Schritt wird die Gruppe in Zweierteams aufgeteilt. Die Paare bilden eine Gasse, wobei die Partner sich gegenüberstehen. Auf Ihr Signal hin drehen die Partner einander den Rücken zu. Jeder verändert drei Dinge an sich (z. B. den obersten Hemdknopf öffnen, einen Ärmel hochkrempeln, Hosentasche nach außen kehren). Fordern Sie die Schüler auf, sich wieder umzudrehen. Die Partner müssen nun raten, was sich am anderen verändert hat.

Gesprächsimpulse

- ☑ Besprechen Sie mit den Kindern vorab, warum es wichtig ist, die Mitschüler bewusst zu beobachten.
- ☑ Lassen Sie die Schüler hinterher selbst einschätzen, ob sie gute Beobachter sind.

4 WARUM MACHST DU DAS?

Förderstrategien

Gruppenbildung

Diese Aktivität stellt zwei zentrale Anforderungen an die Kinder: Sie müssen sich originelle Ideen für Veränderungen einfallen lassen und die Veränderungen am Partner entdecken. Daher ist es wichtig, dass die Schüler sich in ihren Fähigkeiten ergänzen. Einfallsreichtum kann bei einem Schüler durchaus mit einer guten Beobachtungsgabe einhergehen, das muss aber nicht so sein. Entsprechend sollte ein Kind, das viele kreative Ideen für Veränderungen entwickeln kann, nicht einem Partner zugeordnet werden, dessen Beobachtungsfähigkeit beeinträchtigt ist und deshalb subtile Unterschiede nicht bemerkt.

Teilerfolge bestätigen

Begleiten Sie die Aktivität durch positives Feedback, z. B. „Ich sehe, dass sich einige von euch Zeit nehmen und genau hinsehen. Gerade hat jemand eine Veränderung an seinem Partner entdeckt, hat aber nicht sofort gesagt, was sich verändert hat. Stattdessen hat er gewartet und sich alles noch einmal genau angesehen, um sicherzugehen, dass er richtig beobachtet hat. Daran sieht man, dass es nicht so wichtig ist, wie schnell man antwortet. Die Art und Weise, wie man die Antwort findet, ist noch viel wichtiger."

Selbstgespräch

Beispiel: „Diese Übung ist ziemlich schwierig. Ich sehe nicht, was sich an meinem Partner verändert hat. Vielleicht liegt es daran, dass ich nur auf sein Gesicht schaue. Aber ich muss ihn von oben bis unten genau ansehen – seine Schultern, seine Arme und auch seine Schuhe. Wenn ich immer nur auf eine Stelle schaue, entgeht mir alles andere."

Lehrerhilfe

Manche Schüler brauchen auch während der Pausen die Unterstützung des Lehrers. Ein einfacher Pausen- und Spielplan kann bereits helfen, um dem Kind während der Pause Orientierung zu geben (siehe Beispiel auf S. 169). Lassen Sie den Schüler nach der Pause einen kurzen Bericht schreiben: Welche Aktivitäten/Spiele/Situationen sind erfolgreich verlaufen und warum? Erinnern Sie den Schüler vor Pausenbeginn an seinen Plan. Erwarten Sie nicht, dass er bestimmte Vereinbarungen und Verhaltensweisen sofort umsetzen kann.

Pausenplan – Beispiel:
STOP: Bevor ich bei einem Spiel mitmache, warte ich einen Moment.
BEOBACHTEN: Zuerst schaue ich zu, um herauszufinden, was die anderen Kinder tun.
ZUHÖREN: Ich höre zu, um herauszufinden, was die anderen Kinder sagen.
PLANEN: Ich überlege, was ich sagen oder tun kann, das zu dem passt, was die anderen sagen und tun.

> Bei der Förderplanung werden Pausensituationen oft nicht in demselben Maße berücksichtigt wie Unterricht. Jedoch beeinflussen Pausen das emotionale Wohlbefinden von Schülern. Darum sollte ein Kind vor, während und nach Pausen in ähnlicher Weise unterstützt werden wie z. B. vor, während und nach einer Unterrichtsanforderung.

AUF DIE GEFÜHLE ANDERER EINGEHEN

Beobachtungsschwerpunkte

Anzeichen von Beeinträchtigungen der Fähigkeit, auf die Gefühle anderer einzugehen:
- ☑ Der Schüler scheint die Gefühle oder Bedürfnisse anderer nicht zu bemerken; er reagiert nicht, wenn ein anderes Kind aufgebracht oder in Schwierigkeiten ist.
- ☑ Der Schüler reagiert übertrieben auf Stimmungen und Gefühle anderer.

Auf die Gefühle anderer eingehen – Fähigkeiten und Fertigkeiten

Um sozial erfolgreich interagieren zu können, müssen Kinder in der Lage sein, die Stimmungen anderer zu erkennen und angemessen darauf zu reagieren. Dazu gehört das Widerspiegeln von Gefühlen anderer Kinder. Gefühlsreaktionen werden dabei nicht nur beobachtet, sondern der eigene Gefühlsausdruck gleicht sich dem der anderen Person an. Ein Kind schließt

4 WARUM MACHST DU DAS?

sich z. B. mit Freude an seine Mitschüler an, wenn sie gemeinsam lachen und offensichtlich Spaß haben. Hat sich jemand verletzt und weint, gilt ein Kind dann als zugewandt und einfühlsam, wenn sein eigener Gefühlsausdruck die Emotion der anderen Person widerspiegelt.

Förderschwerpunkt

Lernen, die eigenen Gefühle auf die Stimmungen und Emotionen anderer und auf die jeweilige Situation abzustimmen.

»» ÜBUNG: Deine Gefühle, meine Gefühle

Klassenstufe: 1.–4. Schuljahr   **Dauer:** 15 min

Anleitung

1. Die Schüler sitzen an ihren Tischen oder im Sitzkreis.
2. Bestimmen Sie einen „Beobachter". Der Beobachter verlässt den Raum.
3. Bestimmen Sie einen Teamführer, der durch Mimik und Körpersprache verschiedene Gefühle und Stimmungslagen darstellt, z. B. Trauer, Freude, Überraschung, Neugier, Ekel, Angst, Wut, Niedergeschlagenheit. Die anderen Schüler ahmen das Spiel des Teamführers nach.
4. Holen Sie den Beobachter in den Raum zurück. Er muss die Gruppe beobachten und herausfinden, wer der Teamführer ist. Dann schließt er sich der Gruppe an und ahmt ebenfalls das Spiel des Teamführers nach.

Gesprächsimpulse

- ☑ Sprechen Sie darüber, dass der Teamführer sich Mühe geben muss, um sich möglichst vielfältige Stimmungen und Emotionen auszudenken.
- ☑ Weisen Sie darauf hin, dass die Schüler den Teamführer genau beobachten müssen, um seine Vorgaben nachvollziehen zu können. Gleichzeitig müssen sie unauffällig zu ihm hinsehen, damit der Beobachter nicht sofort errät, wer der Teamführer ist.
- ☑ Sprechen Sie darüber, dass der Beobachter sich konzentrieren, genau hinschauen und auf den Gesichtsausdruck der Mitschüler achten muss, um den Teamführer herauszufinden.
- ☑ Fragen Sie, wie die Kinder reagieren würden, wenn jemand weint oder wütend ist. Hätten sie Mitleid? Oder würden sie darüber lachen?

Förderstrategien

🌱 Teilerfolge bestätigen

Geben Sie jedem Schüler genaues Feedback für die Bewältigung der einzelnen Teilanforderungen der Aktivität, zum Beispiel, wenn er seine Mitschüler genau beobachtet oder das Vorbild des Teamführers treffend nachahmt.

FALLBEISPIEL

Nils

Diese Aktivität eignet sich für Nils als Lernerfahrung. Er kann auf diese Weise üben, auf die Emotionen anderer Kinder zu achten und Mitgefühl für sie aufzubringen. Anhand von beschreibendem Lob können ihm gelungene Verhaltensanteile rückgemeldet werden.
Beispiel: „Das machst du gut, Nils. Du nimmst dir Zeit und schaust dich um, um zu erfahren, was deine Mitschüler tun. Sobald du einen neuen Ausdruck auf dem Gesicht deines Teamführers siehst, ahmst du ihn treffend nach. Freunde machen das genauso. Wenn sich jemand freut, freuen sich seine Freunde mit ihm. Und wenn er traurig ist, teilen die Freunde seine Trauer."

🌱 Denkanstöße und Entscheidungshilfen geben

Begleiten Sie die Aktivität mit verbalen Impulsen: „Auf diese Weise zeigen wir Freunden unser Mitgefühl. So erkennen wir auch die Gefühle anderer und stellen uns darauf ein. Wenn wir mit unseren Freunden zusammen sind, zeigen wir ihnen, dass wir an sie denken. Wir zeigen ihnen, dass ihre Gefühle auf unsere Gefühle wirken und wir so fühlen wie sie."

🌱 Schüler-Schüler-Interaktion

Wenn sich ein Schüler während des Unterrichts wehtut, seien Sie nicht gleich zur Stelle, um zu helfen. Fordern Sie Mitschüler auf, nachzusehen, was passiert ist. Drücken Sie non-verbal Sorge und Betroffenheit aus und wählen Sie einen gefühlsbetonten Sprachgebrauch: „Nils, ich glaube, einer deiner Mitschüler hat sich wehgetan. Ich weiß nicht, was passiert ist, und ich mache mir Sorgen um ihn. Ich kann mich im Moment nicht selbst um ihn kümmern. Kannst du bitte zu ihm gehen und nachsehen, wie es ihm geht?"

4 WARUM MACHST DU DAS?

🍂 Übungen für zu Hause

Schicken Sie per E-Mail eine Beschreibung der Aktivität an die Eltern des Schülers und fügen Sie folgende Anleitung hinzu:

Verwenden Sie zunächst Bildkarten, z. B. Abbildungen von Kindern, die unterschiedliche Gefühle zeigen. Schauen Sie auf ein Bild, imitieren Sie den dargestellten Gefühlsausdruck und fordern Sie Ihr Kind auf, Ihren Ausdruck nachzuahmen. Helfen Sie Ihrem Kind, Ihr Verhalten und die Fähigkeit, Gefühle zu teilen, in Zusammenhang zu bringen: „Als ich traurig ausgesehen habe, hast du auch traurig ausgesehen. Wenn jemand traurig ist, macht dich das auch traurig. Du kannst einem Freund mit deinem Gesicht zeigen, dass es dich selbst traurig macht, wenn er traurig ist."

SOZIALE ANTIZIPATION

Beobachtungsschwerpunkte

Anzeichen von Beeinträchtigungen der sozialen Antizipationsfähigkeit:
- ☑ Dem Schüler fällt es schwer, die Wirkung seines Verhaltens auf andere einzuschätzen.
- ☑ Der Schüler hat Probleme, bezogen auf andere Personen zu reagieren.
- ☑ Der Schüler kann die Handlungsweisen anderer nicht antizipieren und versteht nicht ihren Einfluss auf seine eigenen Handlungen.

Soziale Antizipation – Fähigkeiten und Fertigkeiten

Kinder müssen lernen, ihre eigenen Handlungen und Bewegungen auf die anderer Personen abzustimmen. Sie müssen einschätzen können, was andere Kinder tun werden und entsprechend reagieren. Ohne diese Fähigkeit bleibt ein Kind isoliert und von sozialer Interaktion ausgeschlossen. Im gemeinsamen Spiel benötigt ein Kind noch weitergehende Fähigkeiten: Es muss in der Lage sein, Handlungsweisen der anderen Kinder vorherzusehen. Tragfähige Freundschaften entwickeln sich oft unter Kindern, die Verständnis füreinander sowie ein ausgeprägtes Gespür entwickeln, was der andere tut, denkt und sich in einer bestimmten Situation wünscht.

Förderschwerpunkt

Erwerb der Fähigkeit, Handlungen anderer zu antizipieren und das eigene Handeln darauf abzustimmen.

⟫ ÜBUNG: Schattenjäger

Klassenstufe: 1.–4. Schuljahr   **Dauer:** 15–30 min

Anleitung

1. Für dieses Spiel brauchen Sie eine große Fläche mit viel Licht, z. B. den Schulhof oder einen Sportplatz bei sonnigem Wetter.
2. Bestimmen Sie ein Kind als „Schattenjäger". Der „Schattenjäger" läuft hinter den anderen Schülern her und versucht, ihren Schatten einzufangen. Dazu „umarmt" er den Schatten mit dem Schattenwurf seiner Arme.
3. Die anderen Kinder laufen vor dem „Schattenjäger" weg und versuchen, zu verhindern, dass er ihren Schatten berühren kann.
4. Dem Spiel kann ein emotionaler Aspekt hinzugefügt werden. Dabei reagieren die Schüler auf Kontakt mit ihrem Schatten, z. B. indem sie betont Freude demonstrieren, wenn ihr Schatten umarmt wird, oder sie zeigen Enttäuschung und Ärger, wenn jemand auf ihren Schatten tritt.

Das Spiel kann mit oder ohne Gewinner gespielt werden. Bei der Gewinnervariante sammelt der jeweilige „Schattenjäger" Punkte. Wer die meisten Punkte erreicht, gewinnt. Wird das Spiel ohne Gewinner gespielt, gibt der „Schattenjäger" seine Rolle an das Kind ab, dessen Schatten er eingefangen hat. Berücksichtigen Sie bei der Entscheidung, welche Variante gespielt wird, dass das Spiel vor allem Spaß machen soll.

Gesprächsimpulse

- ☑ Besprechen Sie, in welchen Situationen es besonders wichtig ist, die eigenen Aktionen auf die Handlungen und Bewegungen anderer abzustimmen.
- ☑ Überlegen Sie nach dem Spiel gemeinsam, wie einfach oder schwierig es für den „Schattenjäger" war, die Bewegungen der Mitschüler zu antizipieren und gleichzeitig auf ihre Schatten zu achten.

4 WARUM MACHST DU DAS?

Förderstrategien

🌿 Entwicklung schrittweise planen

Bei Kindern, die motorisch verlangsamt sind und deshalb ihren Schatten nicht rechtzeitig vor dem „Schattenfänger" retten können, wird die Aktivität vermutlich zu Enttäuschung und Frustration führen. Für diese Kinder kann das Spiel differenziert werden. Bestimmen Sie einen schattigen Flecken in der Spielfläche als „Rettungsinsel" (z. B. Baum- oder Gebäudeschatten), wo die Kinder ihren Schatten vor dem Fänger verstecken können. Motorisch gewandte Schüler mit einer ausreichenden Antizipationsfähigkeit dürfen diesen Schutzraum fünf Sekunden lang nutzen. Kinder mit beeinträchtigtem Reaktionsvermögen dürfen sich hingegen unbegrenzt auf oder in der Nähe der „Rettungsinsel" aufhalten.

> **Die individuellen Bedürfnisse von Kindern gleichermaßen zu berücksichtigen sollte nicht mit Gleichbehandlung verwechselt werden.**

🌿 Lernsituationen schaffen

Achten Sie während des Spiels auf die Interaktionen der Schüler. Wenn sie sich während des Spiels ausschließlich auf ihre Schatten konzentrieren, ohne miteinander zu interagieren, schaffen Sie interaktive Spielsituationen. *Beispiel:* Hat der Fänger einen Schatten gefangen, wendet er sich dem betreffenden Mitschüler mit einem freundschaftlichen Kommentar zu, etwa „Hallo, Sarah!"

🌿 Non-verbale Hinweise

Signalisieren Sie mit Ihrem Blick, wohin der „Schattenfänger" schauen und in welcher Richtung er einen Schatten verfolgen sollte.

🌿 Denkanstöße und Entscheidungshilfen geben

Geben Sie den Kindern Tipps, wie sie auf unachtsame Mitschüler eingehen können. *Beispiel:* „Wenn ein anderes Kind an dir vorbeigeht, ohne aufzupassen, bleibe selbst stehen und sage ‚Hallo'. Wenn das Kind nicht darauf reagiert, zeige und erkläre ihm, wie man es richtig macht: ‚Als du in die Klasse gekommen bist, habe ich meine Aufgabe unterbrochen und ‚Hallo' zu dir gesagt. Dann bin ich dir entgegengegangen. Wenn keiner von uns stehengeblieben wäre, wären wir zusammengestoßen. Also bin ich ausgewichen, damit wir uns nicht gegenseitig anrempeln.'"

BEDÜRFNISSE ANDERER WAHRNEHMEN

Beobachtungsschwerpunkte

Anzeichen von Beeinträchtigungen der Fähigkeit, die Bedürfnisse anderer wahrzunehmen:
- ☑ Der Schüler berücksichtigt nicht die Bedürfnisse anderer.
- ☑ Die Bedürfnisse einer anderen Person werden von ihm nicht erkannt oder akzeptiert.

Bedürfnisse anderer wahrnehmen – Fähigkeiten und Fertigkeiten

Kinder müssen lernen, als Teil einer Gruppe zu handeln. Diese Kompetenz ermöglicht es ihnen, mit anderen zu harmonieren und sich ins Gruppengeschehen zu integrieren. Eine wesentliche Voraussetzung dafür ist kognitive Flexibilität. Sie befähigt Kinder, eigene Wünsche und Prioritäten zurückzustellen und Gruppenintentionen anzunehmen und mitzutragen.

Förderschwerpunkt

Erwerb der Fähigkeit, die Bedürfnisse und Handlungsweisen anderer zu akzeptieren und das eigene Handeln darauf abzustimmen.

⟫⟫ ÜBUNG: Gemeinsames Ziel

Klassenstufe: 1.–4. Schuljahr **Dauer:** 30 min

🖉 Anleitung
1. Stellen Sie den Schülern mehrere Teppichfliesen bereit.
2. Die Schüler stellen sich in Vierergruppen auf einer Seite des Raums auf. Jede Gruppe erhält drei Teppichfliesen.
3. Aufgabe: Jede Gruppe muss die andere Seite des Raums erreichen. Dabei dürfen die Schüler nur auf die Teppichfliesen treten. Der Boden jenseits einer Teppichfliese darf nicht berührt werden.

4 WARUM MACHST DU DAS?

Gesprächsimpulse

- ☑ Sprechen Sie mit den Kindern über die Vorteile von Teamarbeit und der gemeinsamen Arbeit für ein gemeinsames Ziel.
- ☑ Besprechen Sie nach dem Spiel, wie die Kinder untereinander kommuniziert haben: Verbal? Non-verbal? Mit welchen Gesten und non-verbalen Signalen haben sie sich verständigt?

Förderstrategien

✏ Gruppenbildung

Achten Sie auf eine ausgewogene Verteilung von Kompetenzen innerhalb der Gruppen. Wenn z. B. ein dominanter, unflexibler Schüler mit drei anpassungswilligen Kindern zusammenarbeitet, wird er das Kommando übernehmen. Ein solcher Schüler sollte mit einem Mitschüler arbeiten, der ihm in freundlichem Ton eigene Vorschläge entgegensetzen und ggf. beruhigend auf ihn einwirken kann.

✏ Vorbild

Kommt es in einer Gruppe zu Problemen, arbeiten Sie selbst im Team mit. Zeigen Sie den Kindern am eigenen Beispiel, welcher Sprachgebrauch bei Diskussionen und Problemlösungen angemessen ist. Demonstrieren Sie auch motorische Kniffe, die den Schülern helfen können, den Raum zu durchqueren.

✏ Denkanstöße und Entscheidungshilfen geben

Beispiel: „Gut gemacht, Melanie. Du passt deine Ideen und Bewegungen an die Gruppe an. Du akzeptierst, was andere Kinder vorschlagen und tun."

✏ Schüler-Schüler-Interaktion

Im Schulalltag ergeben sich viele Möglichkeiten, Schüler ein gemeinsames Ziel verfolgen zu lassen. Nutzen Sie solche Gelegenheiten und leiten Sie die Schüler an, zusammen Herausforderungen zu meistern. Würdigen und loben Sie hinterher ihren Teamgeist, ihre Zusammenarbeit und Kommunikationsfähigkeit.

DISTANZVERHALTEN

Beobachtungsschwerpunkte

Anzeichen von Beeinträchtigungen des Distanzverhaltens:
- ☑ Der Schüler respektiert die körperlichen Grenzen anderer nicht.
- ☑ Der Schüler äußert sich wahllos oder indiskret.

Distanzverhalten – Fähigkeiten und Fertigkeiten

In den vorangegangenen Kapiteln wurden häufig Kinder in den Blick genommen, die sozial isoliert und vom Spiel anderer ausgeschlossen sind, weil es ihnen an Anpassungsvermögen an die Gruppe fehlt. Es gibt allerdings auch Schüler, die zwar durchaus anpassungsfähig sind, aber gleichzeitig zu physischer und verbaler Distanzlosigkeit neigen. Diese Kinder brauchen konkrete Hilfen, um den angemessenen Umgang mit Nähe und Distanz zu erlernen.

Förderschwerpunkt

Nähe mit anderen teilen und dabei angemessenen Abstand halten.

⟫⟫⟫ ÜBUNG: Oktopus

Klassenstufe: 1.–2. Schuljahr   **Dauer:** 15–30 min

Anleitung

1. Die Aktivität ist eine Variante des Fangenspiels: Die Spieler sind „Eindringlinge" und bewegen sich frei durch das Spielfeld.
2. Ein Schüler ist „Wächter". Er bewegt sich ebenfalls durch das Spielfeld. Die Eindringlinge versuchen, sich dem Wächter so dicht wie möglich zu nähern. Der Wächter versucht, jeden Eindringling zu berühren, der näher als eine Armlänge an ihn herankommt.
3. Hat der Wächter einen Eindringling berührt, setzt sich das betreffende Kind dort auf den Boden, wo der Wächter es „gefangen" hat. Jedes gefangene Kind wird zum Wächter und versucht, ebenfalls Eindringlinge zu fangen. Dazu strecken sie von ihrem Platz aus die Arme nach Mitschülern aus, die versuchen, ihnen zu nahe zu kommen („wie ein Oktopus").

4 WARUM MACHST DU DAS?

4. Sie können Materialien als Hilfsmittel einsetzen, die die Schüler dazu anhalten, angemessenen Körperabstand voneinander zu halten. Dazu bewegen sich die Eindringlinge paarweise durch den Raum und halten zusammen einen Gegenstand auf Armlänge zwischen sich. Gemeinsam versuchen sie, sich dem Wächter zu nähern und ihm wieder auszuweichen, bevor sie gefangen werden. Gleichzeitig müssen sie den Abstand zwischen sich einhalten.

Gesprächsimpulse

- ☑ Besprechen Sie mit den Schülern, welche körperlichen Funktionen (z. B. Augen – sehen, Ohren – hören, Gehirn – denken) an ihren Handlungen beteiligt sind.
- ☑ Überlegen Sie nach dem Spiel gemeinsam, wie einfach oder schwierig es war, von den anderen den erforderlichen Abstand einzuhalten.

Förderstrategien

🌿 Lernsituationen schaffen
Reagieren Sie mit einer Geste, wenn ein Schüler den gebotenen Körperabstand zwischen sich und Ihnen überschreitet: Treten Sie einen großen Schritt zurück und zeigen Sie auf den Abstand zwischen Ihnen.

🌿 Lernsituation steuern
Kinder ohne Gespür für die körperlichen Grenzen anderer neigen besonders dann zu distanzlosem Verhalten, wenn sie verunsichert oder emotional aufgebracht sind. Dieses Verhalten kann sich zeigen, wenn z. B. Auslöser in der Umgebung des Kindes sein inneres Befinden beeinflussen. Wann immer möglich, lassen Sie entspannende Musik laufen. Sie werden feststellen, dass das Kind seltener seinen Mitschülern zu nahe kommt.

🌿 Unterstützung durch Mitschüler
Zeigen Sie den Schülern, wie sie einem distanzlosen Mitschüler auf wohlwollende und freundliche Weise signalisieren können, dass er den Körperabstand zu ihnen nicht einhält. Leiten Sie sie dazu an, mit dem betreffenden Kind das Problem auf freundschaftlichem Weg zu lösen. *Beispiel:* Wenn Leon zu dicht vor einem Mitschüler steht, kann dieser sich freundlich zu

Leon wenden, ihm sanft beide Hände auf die Schultern legen und seinen Wunsch nach mehr Distanz äußern: „Ich habe gern etwas Abstand zwischen mir und den Kindern, mit denen ich spreche. Ich fühle mich wohler, wenn wir einen Schritt voneinander entfernt stehen. Wenn du damit einverstanden bist, nehme ich meine Hände wieder herunter. Aber ich möchte gern, dass wir diesen Abstand zwischen uns einhalten."

Mithilfe solcher Ich-Botschaften und einer konkreten Erklärung des erwünschten Verhaltens befähigen Sie den Schüler, einem anderen Kind auf positive Art seine eigenen Bedürfnisse zu vermitteln. Auf diese Weise unterstützt der Schüler seinen Mitschüler darin, mehr Gespür für angemessenen Körperabstand zu gewinnen, selbst wenn Sie selbst gerade nicht in der Nähe sind.

SELBSTREFLEXION

Beobachtungsschwerpunkte

Anzeichen von Beeinträchtigungen, das eigene Verhalten zu reflektieren:
- ☑ Der Schüler beobachtet und ärgert sich über das Fehlverhalten anderer.
- ☑ Der Schüler erkennt nicht, dass Regeln auch für ihn gelten.
- ☑ Der Schüler versucht, die Klasse zu kontrollieren und Regeln durchzusetzen, die er selbst nicht einhält.

Selbstreflexion – Fähigkeiten und Fertigkeiten

Um ein positives Klassenklima ohne sozial negative Wertungen zu schaffen, sollte Schülern vermittelt werden, dass sie vor allem auf ihr eigenes Verhalten achten und sich nicht um tatsächliche oder vermeintliche Regelverletzungen anderer kümmern sollten.

Wenn ein Kind lernt, sich auf das eigene Verhalten zu konzentrieren, gewinnt es an Eigenverantwortlichkeit und Handlungskompetenz. Vermeiden Sie es darum, Schüler dafür einzuspannen, das Verhalten ihrer Mitschüler zu überwachen. Eine solche Maßnahme wirkt sozial kontraproduktiv für alle Beteiligten und schadet dem Klassenklima.

4 WARUM MACHST DU DAS?

Förderschwerpunkt

Entwicklung der Fähigkeit, das eigene Verhalten zu reflektieren.

⟫ ÜBUNG: Nicht gucken!

Klassenstufe: 1.–4. Schuljahr   **Dauer:** 30 min

Anleitung

1. Die Schüler sitzen im Kreis.
2. Erklären Sie ihnen, dass es bei diesem Spiel keinen Gewinner oder Verlierer gibt. Stattdessen ist das Spiel ein Versuch, etwas zu beweisen. Ermuntern Sie die Schüler, während des Spiels zu erraten, was bewiesen werden soll. (Das Spiel zeigt, dass es zwecklos oder sogar nachteilig ist, nur auf das Verhalten der anderen zu achten, anstatt sich um das eigene Verhalten zu kümmern.)
3. Erklären Sie den Schülern, dass es nur eine Regel gibt: Alle Spieler halten während des Spiels die Augen geschlossen. Niemand darf versuchen, heimlich zu gucken, was die anderen Kinder tun. Wer beim „Spionieren" erwischt wird, schließt die Augen wieder und spielt weiter.
4. Fordern Sie nun die Schüler auf, ihre Augen zu schließen. Erinnern Sie sie noch einmal an die Grundregel. Warten Sie einen Moment ab. Versuchen Sie dann gezielt, die Kinder zur Regelverletzung zu verleiten: „Sagt mir Bescheid, wenn ihr jemanden beim Gucken erwischt."

Gesprächsimpulse

- ☑ Besprechen Sie mit den Kindern, welche Erfahrungen sie in dem Spiel gemacht haben. Wichtigste Erkenntnis: Wer seine Augen öffnet (die Spielregel verletzt), um andere beim Regelbruch zu ertappen, wird selbst erwischt.
- ☑ Sprechen Sie über die Schlussfolgerung, die sich ergibt: Wer nicht selbst erwischt werden will, sollte die Regel einhalten und nicht versuchen, andere zu überführen.
- ☑ Vergleichen Sie Alltags- und Schulsituationen, in denen jemand das Verhalten anderer überwacht, aber sich selbst nicht an Regeln hält. (Stellen Sie sicher, dass keine Schülernamen genannt werden.)
- ☑ Sprechen Sie darüber, was die einzelnen Schüler während des Spiels getan haben oder tun wollten: Haben sie die Regel eingehalten? Wie leicht oder schwer fiel es ihnen? Wie groß war die Versuchung, trotzdem zu gucken? Haben sie der Versuchung nachgegeben?

Förderstrategien

✐ Lernsituation steuern

Achten Sie während des Spiels auf die Stimmungslage der Kinder. Reagieren sie mit Ärger oder Frustration, legen Sie eine Pause ein und erinnern Sie sie an die Klassenregeln. Machen Sie mit den Kindern ein paar Entspannungsübungen (z. B. Atemübungen), damit sie sich beruhigen und wieder konzentrieren können.

✐ Teilerfolge bestätigen

Bei der gebräuchlichen Variante des Spiels gewinnt der Spieler, der die meisten Mitspieler beim Gucken ertappt, ohne selbst erwischt zu werden. Konkurrenzspiele können jedoch solche Schüler überfordern, denen es schwerfällt, zu akzeptieren, wenn ein anderes Kind gewinnt. Das Spiel wurde verändert, um Schülern zu vermitteln, worauf es beim gemeinsamen Spiel ankommt: die Reflexion des eigenen Verhaltens.

Loben Sie die Kinder, wenn es ihnen gelingt, beim Spiel die Augen geschlossen zu halten. Bestärken Sie sie darin, dass sie diejenigen sind, die nicht beim „Schummeln" ertappt werden. Betonen Sie in Ihrem Feedback, dass diese Kinder sich mit Erfolg an Regeln halten und auf ihr eigenes Verhalten achten können.

4 WARUM MACHST DU DAS?

Belohnungssystem

Grundsätzlich sollten Schüler darin bestärkt werden, Mitschülern zu helfen –, nicht darin, sie in Schwierigkeiten zu bringen. Helfen Sie den Kindern, diesen Unterschied zu verstehen. Wenn sie sich z. B. über das Fehlverhalten eines Mitschülers beim Lehrer beschweren und damit bewirken, dass das betreffende Kind dafür bestraft wird, dann wollten sie ihm offensichtlich schaden. Verhindert ihr Eingreifen aber, dass eine Person oder eine Sache durch das Fehlverhalten eines Mitschülers Schaden erleidet, dann ersparen sie ihm zusätzliche Probleme.

Belohnen Sie Schüler, wenn sie, statt zu „petzen", anderen konstruktiv bei der Einhaltung von Regeln helfen. Belohnen Sie die Kinder auch, wenn sie sich positiv über ihre Mitschüler äußern. *Beispiel:* „Prima, dass du mir über Jennys tolle Ideen erzählt hast. Du darfst ein Sternchen in deine Liste malen, weil du von der guten Arbeit in deiner Gruppe berichtet hast."

WARUM MACHST DU DAS?

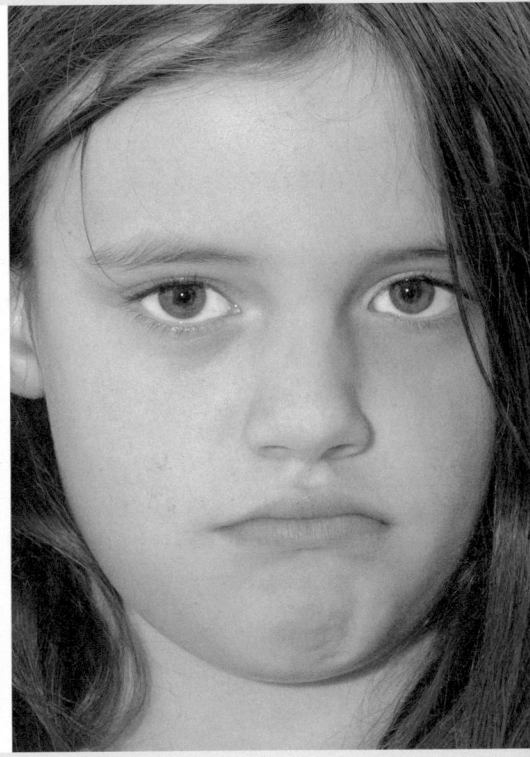

5

FÖRDERUNG EMOTIONALER FÄHIGKEITEN

5 WARUM MACHST DU DAS?

GEFÜHLE AUSDRÜCKEN

Beobachtungsschwerpunkte

Anzeichen von Beeinträchtigungen der Fähigkeit, Gefühle auszudrücken:
- ☑ Der Schüler ist sich seiner Reaktionen auf seine eigenen Gefühle nicht bewusst.
- ☑ Der Schüler zeigt übertriebene emotionale Reaktionen, ohne sich bewusst zu sein, wie er auf andere wirkt.

Gefühle ausdrücken – Fähigkeiten und Fertigkeiten

Nicht alle Kinder sind sich bewusst, wie sich Gefühle äußerlich zeigen – weder bei sich, noch bei anderen. Kinder, die diese Fähigkeit noch erlernen müssen, zeigen oft übersteigerte Reaktionen. Sie wissen jedoch nicht, wie sie dabei auf andere wirken. Solche Schüler sollten zunächst mit ihren eigenen Gefühlen vertraut gemacht werden. Im nächsten Schritt sollte daran gearbeitet werden, wie sie diese Gefühle nach außen hin zeigen. Ob ihre Reaktionsweise in einer gegebenen Situation angemessen ist, ist dabei von untergeordneter Bedeutung. Dieser Aspekt sollte von Gefühlen und ihrem Ausdruck getrennt und separat betrachtet werden. Wenn man z. B. von einem überreagierenden Kind die Einsicht erwartet, dass es sich über Nichtigkeiten aufregt, verknüpft man zwei verschiedene Problemstellungen. Wenden Sie sich darum zuerst der Gefühlsqualität selbst und ihrem Ausdruck zu. Davon getrennt sollte dem Kind vermittelt werden, in welchen Situationen es angemessen ist, starke Emotionen zu empfinden und zu zeigen.

> Die Gefühle der Schüler sollten ohne Bewertung betrachtet werden. Manche Kinder erleben bereits das Betreten des Klassenraums als Stresssituation. Diesen Kindern ist nicht damit geholfen, wenn man ihnen vorhält, der Schulbesuch sei völlig normal und lohne die Aufregung nicht. Stattdessen sollten sie mit ihren eigenen Gefühlen vertraut gemacht werden.

Förderschwerpunkt

Erwerb der Fähigkeit, Gefühle angemessen zu zeigen.

»»» ÜBUNG: Gefühle erkennen

Klassenstufe: 1.–3. Schuljahr   **Dauer:** 30–45 min

Anleitung

1. Schneiden Sie Kreise aus Papier aus. Schreiben Sie über jeden Kreis ein Wort, das eine Emotion bezeichnet (Freude, Trauer, Wut usw.). Die Schüler erhalten jeweils einen identischen Satz Vorlagen.
2. Besprechen Sie mit den Schülern, dass Gefühle sich aus unseren Gedanken und unserem Körperempfinden ergeben. Erklären Sie ihnen, dass wir diese Gedanken und Gefühle in unserem Gesichtsausdruck zeigen können.
3. Fordern Sie die Schüler auf, in jeden Kreis den Gesichtsausdruck zu zeichnen, der zu dem jeweiligen Wort passt (Freude, Trauer, Wut …). Loben Sie die Arbeit der Schüler und korrigieren Sie sie nicht. Die Zeichnungen geben Ihnen wertvolle Hinweise auf die Gefühlswelt Ihrer Schüler.
4. Erweitern Sie die Aktivität, indem sie ein „Stimmungsdiagramm" erstellen. Dazu benötigen Sie einen großen Papierstreifen (z. B. von einer Packpapierrolle). Schreiben Sie an den linken Rand ICH BIN WÜTEND und an den rechten Rand ICH BIN FROH.
5. Erstellen Sie eine Liste mit intensiven Gefühlsqualitäten, z. B. begeistert, überglücklich, verzückt, erschüttert, tieftraurig, erbost, zornig. Fordern Sie die Schüler auf, den jeweiligen Gesichtsausdruck anzunehmen.
6. Fertigen Sie von jeder Emotion eine Zeichnung an und beschriften Sie die Abbildung entsprechend. Die Darstellungen werden ins „Stimmungsdiagramm" eingefügt. Besprechen Sie mit den Schülern, in welche der beiden Kategorien die Bilder jeweils passen.
7. Betrachten Sie jetzt die Abbildungen auf der rechten Seite des Diagramms. Überlegen Sie gemeinsam, wie das Gesicht aussieht und es sich anfühlt, wenn man gut gelaunt und in positiver Stimmung ist. Betrachten Sie die Bilder auf der linken Seite. Besprechen Sie, wie das Gesicht bei negativen Empfindungen aussieht und sich anfühlt.
8. Wenden Sie sich der Leerstelle in der Mitte des Diagramms zu. Erstellen Sie eine Liste mit gemäßigten Emotionen, z. B. heiter, ruhig, zufrieden, unsicher, entspannt, betrübt, enttäuscht, entmutigt. Lassen Sie die Schüler wieder den jeweils entsprechenden Gesichtsausdruck annehmen. Fertigen Sie jeweils ein Bild an und ordnen Sie es in das Diagramm ein.
9. Betrachten Sie die Bilder in der Mitte des „Stimmungsdiagramms". Sprechen Sie über gemäßigte Gefühlslagen und wie sie unser Befinden beeinflussen.

Gesprächsimpulse

- ☑ Sprechen Sie darüber, was die unterschiedlichen Gefühle für die einzelnen Schüler bedeuten.
- ☑ Denken Sie mit den Schülern über Situationen nach, in denen sie bestimmte Gefühle empfunden haben. Was verbinden die Schüler damit?

Förderstrategien

Vorbild

Zeigen Sie die Verbindung von Emotion und Gesichtsausdruck am konkreten Vorbild. Beispiele: „Meine Augen sind weit geöffnet und ich starre die andere Person an. Mein Mund ist angespannt und verzogen. Ich bin sehr wütend."; „Ich weine und halte den Kopf gesenkt, weil ich traurig bin."

Denkanstöße und Entscheidungshilfen geben

Beispiel: „Dein Gesichtsausdruck teilt mir etwas mit. Deine Augen glänzen, dein Gesicht ist entspannt und du lachst. Dein Gesicht zeigt mir, dass du sehr froh bist."

Lernsituationen schaffen

Betonen Sie Ihre mimischen und gestischen Reaktionen. Dazu eignet sich das Vorlesen von Geschichten. Zeigen Sie anhand Ihres Gesichtsausdrucks, was in den handelnden Figuren vorgeht. Besprechen Sie mit den Schülern, warum man vermuten kann, dass die Gesichter der Figuren in bestimmten Situationen ein bestimmtes Aussehen annehmen.

Non-verbale Hinweise

Hängen Sie das „Stimmungsdiagramm" im Klassenraum auf und zeigen Sie je nach Situation und Bedarf auf einzelne Abbildungen.

Konkret-beschreibendes Lob

Geben Sie positives Feedback, wenn ein Schüler, der zu übersteigerten Reaktionen neigt, gemäßigte Emotionen zeigt. Benennen Sie die betreffende Emotion und loben Sie den Schüler für sein Verhalten. *Beispiel:* „Super, Nils. Zuerst hast du beim Basketballspiel sehr angespannt ausgesehen. Dann hast du die Anspannung abgeschüttelt, als sei die Sache nur ein kleines Ärgernis. Ich bin sehr stolz auf dich. Zuerst schien es, als ob du die Sache für ein großes Problem halten würdest. Aber dann bist du zu deiner Mannschaft zurückgegangen und hast mit den anderen gelacht. Du hast es geschafft, dich nicht in das Problem und in Wut hineinzusteigern."

Schüler-Schüler-Interaktion

Geben Sie einem Kind, das gerade auf einen Mitschüler wütend ist, keine Gelegenheit, einseitig Vorwürfe zu äußern. Ein Dialog, bei dem ein Schüler einem anderen Kind sein Fehlverhalten vorhält, ist kontraproduktiv. Helfen Sie den Kindern stattdessen, Einsicht in das eigene Verhalten zu gewinnen sowie den eigenen Beitrag zur Entstehung und Eskalation des Problems zu erkennen. Halten Sie die Schüler zu Ich-Botschaften an, die vermitteln, wie sie sich in der Situation fühlen. *Beispiel:* „Ich wünschte, ich hätte dich nicht gehauen, als du mein Spielzeug weggenommen hast."

Übungen für zu Hause

Schicken Sie per E-Mail eine Beschreibung der Aktivität an die Eltern des Schülers und fügen Sie folgende Anleitung hinzu:
Wenn es Ihrem Kind schwerfällt, die non-verbalen Botschaften im Gesichtsausdruck anderer zu deuten, können Sie diese Fähigkeit zu Hause üben. Suchen Sie dafür z. B. in Zeitschriften Abbildungen von Kindergesichtern, die unterschiedliche Gefühle ausdrücken. Schneiden Sie die Bilder aus und betrachten Sie sie gemeinsam mit Ihrem Kind. Sie können die Abbildungen auch für spielerische Aktivitäten nutzen, z. B. Wahrnehmungsspiele, bei dem Ihr Kind Gesichter mit gleichem Gefühlsausdruck einander zuordnet. Gestalten Sie anhand der Abbildungen ein Plakat, das Sie zu Hause aufhängen. Auf diese Weise können Sie sich immer wieder auf die Bilder beziehen und mit Ihrem Kind darüber sprechen.

FALLBEISPIEL

Nils

Nils neigt in seinen Gefühlsreaktionen zu Extremen. Er schwankt ständig zwischen „himmelhoch jauchzend" und „zu Tode betrübt". Diese Stimmungswechsel beeinträchtigen sein Verhalten. Nils braucht Hilfe, um mit der Vielfalt seiner Gefühle vertraut zu werden und sie zu erweitern (siehe Tabelle S. 189).

EMOTIONEN INTERNALISIEREN

Beobachtungsschwerpunkte

Anzeichen von Beeinträchtigungen der Fähigkeit, Emotionen und Gefühle zu internalisieren:
- ☑ Der Schüler erkennt nicht, welche Körperreaktionen durch Emotionen und Gefühle hervorgerufen werden.
- ☑ Der Schüler verwechselt Gefühlsqualitäten.

Emotionen internalisieren – Fähigkeiten und Fertigkeiten

Schüler, die Schwierigkeiten haben, ihre Gefühle zu kontrollieren, können Emotionen nicht den assoziierten Körperreaktionen zuordnen. Sie sind nicht in der Lage, neurophysiologische Reaktionen wie Muskelspannung, Schwindelgefühl, Magenschmerzen, Rotwerden oder beschleunigten Herzschlag zu deuten. Alle kleinen Kinder weinen, wenn sie übermüdet oder hungrig sind. Mit zunehmendem Alter lernen sie, Gefühle und Körpersignale miteinander in Verbindung zu bringen. In manchen Kindern ist die Entwicklung dieser Fähigkeit jedoch verlangsamt. Sie erkennen z. B. nicht, dass ihre Magenschmerzen oder ihr Kopfweh durch die Angst vor einer bevorstehenden Klassenarbeit verursacht werden. Diese Kinder sollten darin unterstützt werden, den Zusammenhang zwischen ihren physischen Reaktionen und den Ursachen für ihre Empfindungen zu erkennen.

Förderschwerpunkt

Üben der Fähigkeit, Körperempfindungen bestimmten Emotionen zuzuordnen.

》》》 ÜBUNG: Gefühlslandkarte

Klassenstufe: 1.–2. Schuljahr   **Dauer:** 30–45 min

Anleitung

1. Zeichnen Sie von jedem Schüler einen Körperumriss. Dazu legen sich die Kinder rücklings auf einen großen Papierbogen (z. B. von einer Packpapierrolle).

2. Erklären Sie die Aufgabe: „Wir können unsere Gefühle an verschiedenen Stellen im Körper spüren. Zeichnet in euren Körperumriss ein, wo ihr bestimmte Gefühle spüren könnt und was ihr dabei empfindet."
3. Erarbeiten Sie ein Beispiel mit der ganzen Klasse. Wählen Sie eine Emotion, die in der Klasse bereits Thema und eventuell sogar Ursache vorangegangener Konflikte war (z. B. Neid). Fordern Sie die Schüler auf, ihre Augen zu schließen und sich Neidgefühle vorzustellen. An welcher Stelle im Körper können sie sie spüren? Wie fühlen sie sich an?
4. Wählen Sie eine Farbe aus, mit der das betreffende Gefühl gekennzeichnet wird (siehe Tabelle unten). Fordern Sie die Schüler auf, die entsprechende Körperstelle in ihrem Körperumriss in dieser Farbe auszumalen. Verwenden Sie Schattierungen derselben Farbe, um Differenzierungen eines Grundgefühls zu kennzeichnen, z. B. zwei verschiedene Helligkeitsstufen von Rot für Ärger und Wut. Ermutigen und loben Sie die Kinder. Greifen Sie nicht korrigierend ein. Die Äußerungen und Zeichnungen der Schüler werden Ihnen Einsichten in deren Gefühlswelt ermöglichen.

Emotion	Nuancen und Differenzierungen
Glück: gelb	Zufriedenheit: hellgelb
Wut: rot	Ärger: hellrot
Angst: orange	Verunsicherung: hellorange
Überraschung: braun	Schock: dunkelbraun
Bedauern: blau	Trauer: dunkelblau
Widerwillen: grau	Abscheu: dunkelgrau

Beispiel für eine Gefühlskarte: Wut

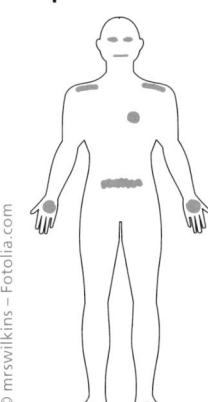

- ☑ große Augen
- ☑ zusammengepresster Mund
- ☑ angespannte Schultern
- ☑ Herzklopfen
- ☑ geballte Fäuste
- ☑ Flattern im Bauch
- ☑ stampfende Füße

5. Geben Sie den Schülern Zeit, sich mit jeder Gefühlsqualität separat auseinanderzusetzen.
6. Fertigen Sie für jede Emotion ein Streichholzmännchen an und versehen Sie es mit einem kleinen Schild, auf dem die betreffenden Körperreaktionen eingetragen sind. Fügen Sie die Figuren in das „Stimmungsdiagramm" ein (siehe S. 184–187).

Gesprächsimpulse

☑ Sprechen Sie darüber, wie Gefühle auf den Körper wirken.
☑ Lassen Sie die Schüler über Situationen nachdenken, in denen sie Kopf- oder Bauchschmerzen hatten oder sich schlapp und müde fühlten. Welche Emotionen spürten sie in diesen Momenten? In welchen Situationen fühlten sie sich gesund, munter und voller Energie? Empfanden sie gleichzeitig positive Gefühle wie Freude oder Glück?

Förderstrategien

Vorbild
Zeigen Sie im Unterricht am eigenen Vorbild die Wirkung von Emotionen auf den Körper, z. B. Muskelspannung in den Schultern bei Ärger oder Frustration, weil die Lösung einer Rechenaufgabe nicht gelingt. Demonstrieren Sie, wie man die Arme strecken und wieder entspannen kann, um ruhig zu bleiben.

Lehrerhilfe
Wenn ein Kind unter Versagensängsten leidet, helfen Sie ihm, den Zusammenhang von Gefühl und Körperempfinden zu erkennen. Erklären Sie, dass etwa eine schwierige Rechenaufgabe Unsicherheit und Nervosität auslösen kann. Das Gehirn sendet dann Botenstoffe durch den ganzen Körper, die Gefahr signalisieren. Das Gefahrensignal kann zu Übelkeit, Herzklopfen oder verspannten Schultern führen.

Übungen für zu Hause
Schicken Sie per E-Mail eine Beschreibung der Aktivität an die Eltern des Schülers und fügen Sie folgende Anleitung hinzu:

Schneiden Sie einen lebensgroßen Körperumriss Ihres Kindes aus Papier aus und hängen Sie ihn an zentraler Stelle bei sich zu Hause auf, z.B. im Flur. Beschriften Sie die einzelnen Körperpartien. Kennzeichnen Sie die Körperteile, die sich bemerkbar machen, wenn Ihr Kind belastende Emotionen erlebt. Zeigen Sie Ihrem Kind einfache Entspannungstechniken, die bei körperlichem Stress entlastend wirken, z.B. Anspannen und Loslassen bestimmter Muskelgruppen.

EMOTIONEN EXTERNALISIEREN

Beobachtungsschwerpunkte

Anzeichen von Beeinträchtigungen der Fähigkeit, Emotionen und Verhalten zu kontrollieren:
- ☑ Dem Schüler fehlt die Fähigkeit, den Ursache-Wirkung-Zusammenhang zwischen positiven und negativen Emotionen, Körperempfinden und Verhaltensreaktionen zu erkennen.
- ☑ Der Schüler versteht nicht, dass bestimmte Verhaltensreaktionen sozial inakzeptabel sind.

Emotionen externalisieren – Fähigkeiten und Fertigkeiten

Extreme Stimmungen lösen bei Kindern, die noch keine emotionale Selbstkontrolle erlernt haben, oft Problemverhalten aus – mit den negativen Konsequenzen, die sich für sie selbst daraus ergeben. Wenn es gelingt, ihnen den Zusammenhang von Emotion und Verhalten zu vermitteln, können sie auch verstehen, wie sehr sie von ihren Gefühlen beherrscht werden.

Im Laufe der Förderung sollten die Kinder die Einsicht gewinnen, dass Gefühle wie Ärger und Wut zwar legitim sind, sie aber nicht zu wahllosem Ausleben berechtigen. Anders ausgedrückt: das konkrete Verhalten ist problematisch, nicht die Emotionen als solche.

Für den Umgang mit Kontrollverlusten (siehe auch Kapitel 7) ist es wichtig, zwei Aspekte voneinander zu trennen: die Ursache für den emotionalen Kontrollverlust und das Verhalten, das das Kind in dieser Situation zeigt.

5 WARUM MACHST DU DAS?

Förderschwerpunkt

Den Zusammenhang zwischen Gefühlen und Verhalten erkennen.

⟫⟫ ÜBUNG: Fühlen und Handeln

Klassenstufe: 1.–2. Schuljahr **Dauer:** 30–45 min

Anleitung

1. Diese Aktivität bezieht sich auf das „Stimmungsdiagramm" von S. 184–187. Es sollte so im Raum platziert sein, dass alle Schüler es sehen können.
2. Wählen Sie eines der dargestellten Gefühle aus und zeigen Sie auf das entsprechende Bild. Fordern Sie die Schüler auf, ihre Augen zu schließen und sich vorzustellen, was sie bei dem angesprochenen Gefühl normalerweise tun. Lassen Sie die Schüler ihr Verhalten beschreiben.
3. Schreiben Sie das Verb „schreien" auf einen rechteckigen Papierstreifen (Rechteck steht für „handeln"). Sammeln Sie weitere Schülerbeiträge.
4. Befestigen Sie den Papierstreifen auf dem „Stimmungsdiagramm".
5. Sprechen Sie weitere Emotionen an und gehen Sie wie in den vorherigen Schritten vor.
6. Nach Abschluss der Aktivität kann das „Stimmungsdiagramm" weiter ergänzt werden. Wann immer Sie Verhalten beobachten, das durch eine Emotion ausgelöst wird, vermerken Sie die jeweilige Handlung als Verb in der entsprechenden Liste im Diagramm.

Gesprächsimpulse

- ☑ Sprechen Sie darüber, dass negative Gefühle destruktives Verhalten bewirken und positive Gefühle zu konstruktivem Verhalten führen.
- ☑ Lassen Sie die Schüler über Situationen nachdenken, in denen sie wütend waren. Was haben sie in der Situation getan? Wie denken sie jetzt darüber? Bedauern sie ihr Verhalten?

Förderstrategien

Non-verbale Hinweise

Vermitteln Sie den Schülern, dass es bei Wut oder Stress oft sinnvoll ist, sich nicht weiter verbal zu äußern. Anstatt an das Kind heranzutreten und mit Worten aufzufordern, sich zu beruhigen, vereinbaren Sie spezifische non-verbale Signale. Diese Signale sagen dem Kind, dass es seine Hände nah am Körper halten und nicht mehr sprechen soll. Ermöglichen Sie es ihm, sich aus der Situation zu entfernen und sich in einem geeigneten Raumbereich zu beruhigen.

🖉 Denkanstöße und Entscheidungshilfen geben

Ein emotionaler Kontrollverlust ist nicht die geeignete Situation für einsichtsvolle Gespräche. Warten Sie, bis der Schüler sich beruhigt hat und ansprechbar ist. Erklären Sie ihm, dass Emotionen legitim sind, unangemessenes Verhalten jedoch nicht: „Meistens sind es nicht unsere Gefühle wie Wut oder Aufregung, die von anderen abgelehnt werden. Was uns und anderen Menschen Probleme macht, ist das, was wir bei Wut oder Aufregung tun. Es ist darum notwendig, das eigene Verhalten zu kontrollieren, wenn man wütend oder aufgeregt ist. Wenn wir uns angemessen verhalten, sind die anderen eher bereit, unsere Meinung zu hören und zu erfahren, warum wir so wütend oder aufgeregt sind."

🖉 Aktivitäten und Verhaltenserwartungen ankündigen

Beispiel: „Ich weiß, warum du wütend bist, und wir können später darüber sprechen. Im Moment mache ich mir über dein Verhalten Sorgen. Du darfst enttäuscht, wütend oder ängstlich sein, aber es ist nicht in Ordnung, deshalb andere zu stoßen, zu schubsen oder zu schlagen. Komm', lass uns eine ruhige Ecke finden."

EMOTIONEN STEUERN

Beobachtungsschwerpunkte

Anzeichen von Beeinträchtigungen der Fähigkeit, Emotionen zu steuern:
- ☑ Der Schüler gibt extremen, negativen Gefühlen spontan nach.
- ☑ Der Schüler steigert sich in emotionale Erregung hinein und ist nicht in der Lage, sich von sich aus zu beruhigen.
- ☑ Dem Schüler fehlen konkrete Handlungsmöglichkeiten, um sich bei emotionaler Erregung beruhigen zu können.

5 WARUM MACHST DU DAS?

Emotionen steuern – Fähigkeiten und Fertigkeiten

Kinder mit emotionalen Steuerungsproblemen verlieren die Kontrolle über ihre Gefühle dann, wenn Emotionen rationales Denken überlagern. Techniken zur Entlastung von emotional bedingtem körperlichem Stress helfen Kindern, die Kontrolle über ihre Gefühle zu behalten. Solche Techniken können proaktiv eingesetzt werden, wenn sich in einem Schüler emotionaler Druck aufbaut. In dieser Situation ist es sinnvoll, ihm eine Auszeit in einer ruhigen Umgebung zu geben, damit er sich selbst entspannen und von innerer Spannung entlasten kann.

Förderschwerpunkt

Erwerb der Fähigkeit, Stimmungen und Gefühle zu erkennen, zu verstehen und zu kontrollieren.

»» ÜBUNG: Ich weiß, was ich tun kann

Klassenstufe: 1.–4. Schuljahr   **Dauer:** 15–45 min

Anleitung

1. Ziehen Sie die Techniken zur Selbstkontrolle in der Tabelle auf S. 107–108 heran. Fertigen Sie für jede Technik eine Skizze an und beschriften Sie sie mit einer kurzen Beschreibung.
2. Sammeln Sie im Unterrichtsgespräch Ideen: Welche Technik eignet sich für welchen Körperbereich? *Beispiel:* Yoga-Übungen helfen bei verspannten Schultern.
3. Ziehen Sie die „Gefühlslandkarte" von S. 188–191 heran. Schreiben Sie die genannten Techniken auf Haftnotizen und kleben Sie sie auf die Körperpartien, bei denen sie wirksam sind.

Gesprächsimpulse

- ☑ Besprechen Sie, welche Techniken sich besonders gut für bestimmte Körperstellen eignen.
- ☑ Überlegen Sie gemeinsam mit den Kindern, in welchem Maß sie die Techniken selbst einsetzen können, z. B. bei Wutgefühlen.

Förderstrategien

✎ Lernsituation steuern

Legen Sie eine Pause ein, wenn Sie bemerken, dass sich in einem Schüler negative Emotionen anstauen. Unterbrechen Sie die Aktivität für die ganze Gruppe und fordern Sie die Kinder auf, sich ruhig hinzusetzen. Sie können auch den betreffenden Schüler zu sich rufen – nicht, um ihn zu disziplinieren, sondern um ihn von seinen Gefühlen abzulenken. *Beispiel:* Nils wird von seiner Lehrerin mit einem Lächeln herbeigerufen. Dann stellt sie ihm eine Frage über seinen Lieblings-Comic. In dem Maß, in dem sich zwischen Ihnen und dem Schüler eine vertrauensvolle Beziehung entwickelt, wird er Ihre Intervention deuten können und als Hilfe begreifen.

✎ Lehrerhilfe

Wenn Sie wissen, welche Entspannungstechnik einem Schüler hilft, fordern Sie ihn nicht verbal auf, sie anzuwenden. Zeigen Sie sie stattdessen am eigenen Vorbild oder wenden Sie sie gemeinsam mit dem Kind an. *Beispiel:* Einem Schüler mit Sinn für Humor wäre nicht damit geholfen, wenn man ihn dazu auffordern würde, einen Witz zu erzählen. Eine lustige Bemerkung, die den Schüler zum Lachen bringt, eignet sich viel besser, um ihn von seiner inneren Anspannung abzulenken und zu entlasten. Manchen Kindern hilft ein Vorgehen nach dem Prinzip „Aus den Augen, aus dem Sinn". Sagen Sie ihnen nicht explizit, dass sie vom Stressauslöser wegschauen sollen. Nähern Sie sich stattdessen behutsam, stellen Sie sich zwischen das Kind und den Auslöser und bedeuten Sie ihm non-verbal, in eine andere Richtung zu sehen.

✎ Übungen für zu Hause

Schicken Sie per E-Mail eine Beschreibung der Aktivität an die Eltern des Schülers und fügen Sie folgende Anleitung hinzu:
Damit Ihr Kind in Stresssituationen Techniken zur Beruhigung anwenden kann, müssen diese Techniken zunächst in stressfreier Umgebung geübt werden. Finden Sie Gelegenheiten im Alltag, mit Ihrem Kind darüber zu sprechen, wie Sie sich bei Anspannung und Unruhe selbst helfen. Besprechen Sie auch, welche Strategien Ihrem Kind helfen können. Zeigen Sie Ihrem Kind konkret, wie Sie sich in einer Stresssituation verhalten. Beispiel: „Ich spüre, dass ich ungeduldig und ärgerlich werde. Also mache ich jetzt eine Pause und schließe meine Augen. Es beruhigt mich, wenn ich für eine Weile an etwas anderes denke und mich entspanne." Sprechen Sie über die Vorteile

verschiedener Strategien und die Situationen, in denen sie angewendet werden können. Vermeiden Sie es, mit Ihrem Kind solche Techniken zu üben, wenn es sich in einer emotionalen Krise befindet – es wird dann nicht in der Lage sein, sich auf Ihre Vorschläge einzulassen.

EMOTIONAL ANGEMESSEN REAGIEREN

Beobachtungsschwerpunkte

Anzeichen von Beeinträchtigungen der Fähigkeit, emotional angemessen zu reagieren:
- ☑ Der Schüler regt sich übermäßig über geringfügige Probleme auf.
- ☑ Der Schüler zeigt bei Problemen extreme emotionale Reaktionen.
- ☑ Die Auffassung des Schülers von der Schwere eines Problems weicht von der Sichtweise anderer Personen ab.

Emotional angemessen reagieren – Fähigkeiten und Fertigkeiten

Manchen Kindern fehlt die Fähigkeit, die die Art ihrer Reaktionen am Schweregrad einer Problemstellung zu orientieren. Jede Anforderung oder Schwierigkeit erscheint ihnen als unlösbares Problem. Diese Kinder mögen durchaus reale Ängste in Situationen empfinden, die von den meisten anderen Menschen für völlig normal gehalten werden.
Es wäre kontraproduktiv, die Problemsicht der betreffenden Schüler als irrelevant abzutun. Dadurch werden sie nicht verstehen können, wie sich ihre übersteigerten Reaktionen auf sie selbst und auf andere auswirken. Diese Einsicht gewinnen sie, indem ihnen geholfen wird, das Verhältnis von Problemen zu Herausforderungen realistisch einzuschätzen.

Förderschwerpunkt

Erwerb der Fähigkeit, das Ausmaß eines Problems und die Bedeutung von Umgebungsbedingungen einzuschätzen und emotional angemessen darauf zu reagieren.

»» ÜBUNG: Großes oder kleines Problem?

Klassenstufe: 1.–3. Schuljahr   **Dauer:** 30–45 min

Anleitung

1. Erstellen Sie ein „Problemdiagramm". Dazu benötigen Sie einen großen Papierstreifen (z. B. von einer Packpapierrolle). Notieren Sie vom linken äußeren Rand zum rechten Rand in regelmäßigen Abständen die folgenden vier Überschriften: GROSSES PROBLEM, MITTLERES PROBLEM, KLEINES PROBLEM, KEIN PROBLEM.
2. Bereiten Sie Karteikarten vor, auf denen Problemsituationen beschrieben sind (Anregungen auf S. 200–201). Wählen Sie eine beliebige Karte und lesen Sie die jeweilige Situationsbeschreibung vor. Besprechen Sie die Situation mit der Klasse.
3. Schätzen Sie im Unterrichtsgespräch gemeinsam mit den Schülern das Ausmaß des Problems ein: Handelt es sich um ein großes, mittleres, kleines oder gar kein Problem? Befestigen Sie die Karte an der entsprechenden Stelle im „Problemdiagramm".
4. Vermeiden Sie es, die Einschätzungen der Schüler zu bewerten oder zu korrigieren. Die Diskussionsergebnisse spiegeln die authentische Wahrnehmung der Schüler wider. Wenn das Diagramm fertiggestellt ist, gehen Sie es noch einmal mit den Schülern durch. Nicht selten korrigieren die Schüler ihre Einschätzung, wenn sie die Ergebnisse im Zusammenhang sehen.
5. Besprechen Sie mit den Schülern die Möglichkeit, durch positives Selbstgespräch ein Problem zu relativieren. *Beispiel:* Eine Verabredung mit einem Spielfreund muss abgesagt werden. Die momentane Enttäuschung kann durch ein Selbstgespräch überwunden werden („Wie schade, dabei macht es mir großen Spaß, mit meinem Freund spielen! Vielleicht kann ich ihn fragen, ob wir an einem anderen Tag zusammen spielen können."). Halten Sie zur Veranschaulichung Sprechblasen bereit, die Sie vorab aus Papier ausgeschnitten haben. Schreiben Sie das Selbstgespräch in eine Sprechblase und befestigen Sie sie unter der Problembeschreibung.
6. Leiten Sie die Schüler nun an, auf Zetteln oder kleinen Karteikarten Situationsbeschreibungen zu notieren und ihre eigenen „Problemdiagramme" zu erstellen. Auf diese Weise sehen die Kinder, ob und wie ihre eigene Problemwahrnehmung von der anderer Personen abweicht. Weisen Sie ausdrücklich darauf hin, dass denkbare Problemsituationen und ihre Einschätzung lediglich gesammelt und nicht bewertet werden.

5 WARUM MACHST DU DAS?

Das „Problemdiagramm" kann zusammen mit dem „Stimmungsdiagramm" auf S. 184–187 eingesetzt werden. Dafür sollte das „Problemdiagramm" etwa halb so breit sein wie das „Stimmungsdiagramm", da es sich nur auf negative Emotionen bezieht. Ordnen Sie zunächst eine Situationsbeschreibung auf dem „Problemdiagramm" ein. Besprechen Sie dann mit den Schülern, ob die Schwere des Problems und die korrespondierende Emotion auf dem „Stimmungsdiagramm" einander entsprechen.

Gesprächsimpulse

- ☑ Fragen Sie die Schüler, was sie fühlten und in ihrem Körper empfanden, als sie über Beispiele für ein großes Problem nachdachten.
- ☑ Besprechen Sie gemeinsam, wie Selbstgespräch-Strategien helfen können, Abstand zu einem Problem zu gewinnen und sich zu beruhigen.
- ☑ Fordern Sie sie zu einer Selbsteinschätzung auf: Wie einfach oder schwierig ist es für sie, bei einem großen Problem ruhig zu bleiben?

Förderstrategien

Entwicklung schrittweise planen

Manchen Kindern wird es nicht möglich sein, bereits während dieser Aktivität ihre eigene Problemsicht zu ändern. Das betrifft vor allem solche Schüler, die am meisten von der Übung profitieren würden. Dennoch bietet diese Aktivität die Möglichkeit, mehr über die innere Einstellung dieser Kinder zu erfahren. Das sollte jedoch nicht zu der Annahme führen, dass ihre verzerrte Problemsicht durch einfache Hinweise korrigiert werden kann. Vielmehr ist es wichtig, zu wissen, wie der Schüler Probleme aufgrund seiner persönlichen Weltsicht wahrnimmt. Diese Sicht sollte zunächst als seine persönliche Realität akzeptiert werden. Damit wird der Weg frei, um ihn in spezifischen Situationen und entsprechend seinen Bedürfnissen zu unterstützen.

Vorbild

Demonstrieren Sie am eigenen Beispiel (z. B. im Ein-Personen-Rollenspiel) die Verhältnismäßigkeit bzw. Unverhältnismäßigkeit von emotionalen Reaktionen auf bestimmte Situationen. *Beispiel:* Ein Bleistift fällt zu Boden, offensichtlich kein großes Problem. Spielen Sie den Schülern nun eine völlig übertriebene Reaktion vor, etwa „Oh nein, wie furchtbar! Mein Bleistift ist heruntergefallen – was mache ich jetzt nur! Das ist eine Katastrophe!" Weisen Sie die Schüler vorab auf den fiktiven Charakter der Situation hin.

Belohnungssystem

Geben Sie systematisch positives Feedback, wenn der Schüler auf solche Probleme und Auslöser ruhig und verhältnismäßig reagiert, bei denen er sonst zu extremen Reaktionen neigt. Es sollte sich dabei um Situationen handeln, die ein gleichaltriges Kind als normal empfinden würde. Dabei ist zu beachten, dass Verhaltensfähigkeiten auch dann gelobt und belohnt werden sollten, wenn sie bei Schülern derselben Altersgruppe bereits selbstverständlich sind. *Beispiel:* Eine Schülerin trägt dienstags immer rote Kleidung. Sich andersfarbig kleiden zu müssen, etwa weil alle roten Sachen in der Wäsche sind, betrachtet sie als buchstäblich untragbares Problem. Sie kennen die Sichtweise der Schülerin, weil sie diese Situation als „riesiges Problem" auf dem „Problemdiagramm" eingeordnet hat. Belohnen und verstärken Sie das Verhalten der Schülerin jedes Mal, wenn sie dienstags in einer anderen Farbe als Rot in der Schule erscheint.

Individuelle Lernvoraussetzungen einschätzen

Dem Verhalten mancher Schüler liegen oft Ängste zugrunde. Um den Kindern bei der Bewältigung ihrer Ängste zu helfen, sollten man ihnen mit Empathie begegnen und sie gleichzeitig behutsam durch die angstauslösende Situation begleiten. Vermitteln Sie dem Kind zu Beginn, dass Sie seine Verunsicherung gegenüber der betreffenden Anforderung verstehen. Vermeiden Sie allerdings übermäßige Zuwendung, die einen kontraproduktiven Belohnungseffekt bewirken könnte.

Bemühen Sie sich um eine neutrale Körpersprache und signalisieren Sie dem Schüler durch ein Kopfnicken oder einen freundlichen Blick, dass Sie seine Ängste wahrnehmen. Wenn Sie das Kind ansprechen, bestätigen Sie zunächst, dass Sie seine Gefühlslage erkennen; geben Sie ihm dann konkrete Hilfestellungen, damit es diese Gefühle überwinden kann. *Beispiel:* „Guten Morgen, Melanie. Ich kann sehen, dass es dir schwergefallen ist, heute in die Schule zu kommen. Ich freue mich, dass du es trotzdem geschafft hast. Du darfst dir dein Lieblingsbuch holen und an deinem Platz darin lesen. Versuche dabei, gleichmäßig zu atmen. Das hilft dir, dich zu beruhigen und dich auf die Geschichte zu konzentrieren."

5 WARUM MACHST DU DAS?

Situationsbeschreibungen

 Deine Mutter sagt dir, dass sie dir kein Eis kaufen wird.

 Du darfst vor dem Zubettgehen nur eine halbe Stunde fernsehen.

 Es gibt nur blaue Trinkbecher, deine Lieblingsfarbe ist nicht dabei.

 Die Campingtour am Wochenende muss wegen Regen ausfallen.

 Dein Freund ist ein besserer Schwimmer als du.

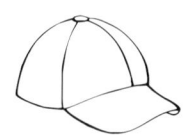 Du hast in der Schule deine Mütze verloren.

 Deine Freundin trägt das gleiche Karnevalskostüm.

 Du siehst, wie ein anderes Kind deine Schwester auslacht.

 Deine Schwester war in deinem Zimmer und hat deine Bücher durcheinandergebracht.

 Alle deine Freunde gehen zu einem Kinderfest. Sie haben dich nicht gefragt, ob du mitkommen willst.

 Dein Freund hat eine höhere Zahl gewürfelt als du. Also fängt er mit dem Spiel an.

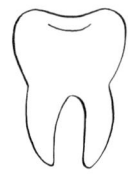 Du musst eine Verabredung zum Spielen absagen, weil du zum Zahnarzt musst.

Förderung emotionaler Fähigkeiten

	Dein Goldfisch ist gestorben.		Du verlierst bei einem Kartenspiel.
	Deine Freundin ist wütend auf dich, weil du ihr Buch verloren hast.	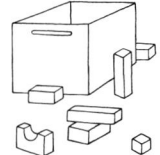	Deine Mutter sagt dir, dass du dein Zimmer aufräumen sollst.
	Dein Freund hat gesagt, dass deine Jacke langweilig und hässlich aussieht.		Dein Bruder geht zu einem Kindergeburtstag, aber du bist nicht eingeladen.
	In der Bücherei hat dein Freund das Buch ausgeliehen, das du lesen wolltest.		Du hast deine Hausaufgaben nicht gemacht, deshalb darfst du nicht in die Pause.
	Dein Freund will etwas anderes spielen als du.	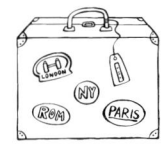	Deine Familie zieht in eine andere Stadt.
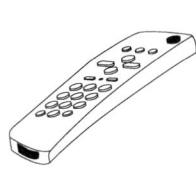	Im TV läuft ein Film, den du sehen möchtest. Aber deine Schwester ist an der Reihe, einen Film auszusuchen.	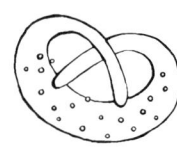	Dein Vater hatte keine Zeit zum Einkaufen. Deshalb gibt es zum Frühstück keine Brezel.
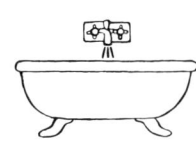	Es ist Zeit fürs Bad, also musst du ins Badezimmer gehen.	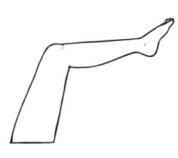	Du hast dein Bein gebrochen und kannst acht Wochen lang nicht draußen spielen.

5 WARUM MACHST DU DAS?

GEBRAUCH VON STIMME UND TONFALL

Beobachtungsschwerpunkte

Anzeichen von Beeinträchtigungen der Fähigkeit, Stimme und Tonfall angemessen zu gebrauchen:
- ☑ Der Schüler gibt seiner Stimme eine emotionale Färbung, die nicht zum Inhalt der verbalen Botschaft passt.
- ☑ Der Schüler drückt seine Stimmungen durchgängig in negativem Tonfall aus.

Angemessener Gebrauch von Stimme und Tonfall – Fähigkeiten und Fertigkeiten

Kinder sind sich oft nicht bewusst, wie sich Körpersprache und Tonfall auf ihre Kommunikation auswirken. Sie benötigen Vorbilder, Anleitung und Übung, um ihre Stimme und ihre Körpersprache angemessen gebrauchen zu können. Oft genug werden Kinder ermahnt, bei ihren Äußerungen einen konstruktiven Ton anzuschlagen. Dabei bedient sich der Erwachsene häufig selbst eines ungehaltenen Tonfalls und unfreundlicher non-verbaler Signale. Um Schüler zu einem angemessenen Gebrauch von Stimme und Ton zu führen, sollten ihnen die unterschiedlichen Effekte stimmlichen Ausdrucks gezeigt und Alternativen mit ihnen geübt werden.

Förderschwerpunkt

Erwerb der Fähigkeit, Stimme und Tonfall angemessen einzusetzen.

⟫ ÜBUNG: Anderer Ton, bitte!

Klassenstufe: 1.–4. Schuljahr   **Dauer:** 15 min

🖉 Anleitung

1. Die Schüler sitzen im Kreis oder an ihren Plätzen.
2. Wählen Sie eine Karte aus den Vorschlägen von S. 206 („Stimmt der Ton?"). Benennen Sie die Gefühlslage, die auf der Karte vermerkt ist, und zeigen Sie auf die entsprechende Stelle im „Stimmungsdiagramm" (siehe S. 184–187).

3. Fordern Sie die Schüler auf, die Aussage auf der Karte laut vorzulesen. Dabei sprechen sie in dem Tonfall, der zu der Emotion passt, die Sie zuvor vorgegeben haben. Wiederholen Sie diesen Schritt mehrmals.
4. Teilen Sie die Klasse in zwei Gruppen auf. Platzieren Sie die Gruppen in einigem Abstand zueinander.
5. Fordern Sie die erste Gruppe auf, den gleichen Satz wie zuvor leise zu flüstern. Geben Sie dann der anderen Gruppe das Signal, den Satz etwas lauter zu sprechen.
6. Die erste Gruppe wiederholt den Satz noch ein wenig lauter. Lassen Sie die Gruppen abwechselnd den Satz sprechen, wobei sie allmählich immer lauter werden.
7. Halten Sie die Schüler dazu an, unabhängig von der Lautstärke den emotionalen Ton der Aussage beizubehalten.
8. Setzen Sie die Tabelle (siehe unten) ein und fordern Sie die Schüler auf, einen der Sätze in unterschiedlichem Tonfall auszusprechen.
9. Wiederholen Sie die Aktivität mit Sätzen Ihrer Wahl.

Beispiele: „Wie sagst du es?"

Aussagen	☑ Ich kann es nicht leiden, wenn du meine Spielsachen wegnimmst. ☑ Nein, ich will etwas anderes spielen. ☑ Kann ich noch ein Bonbon haben?
Tonfall	☑ laut ☑ leise ☑ schreien ☑ kreischen ☑ ruhig ☑ singen ☑ weinerlich

Gesprächsimpulse

☑ Sprechen Sie mit den Kindern darüber, wie sie sich fühlen, wenn ein Mitschüler unfreundlich mit ihnen spricht oder sie anschreit.

☑ Denken Sie gemeinsam über eine Situation nach, in der die Kinder weder wütend noch verärgert waren, aber wegen ihres Tonfalls dafür gehalten wurden.

Förderstrategien

🖉 Gruppenbildung
Die Aktivität eignet sich für die ganze Klasse bzw. für Gruppen mit heterogenem Lern- und Entwicklungsstand.

🖉 Lehrerhilfe
Eventuell brauchen einzelne Schüler etwas Zeit, um das Sprechen in einem bestimmten Tonfall zunächst zu proben. Falls möglich, erlauben Sie den betreffenden Kindern, vorab auf dem Flur oder ggf. in einem Nebenraum zu üben. Alternativ können Sie mit der ganzen Gruppe einen „Probelauf" durchführen.

🖉 Denkanstöße und Entscheidungshilfen geben
Weisen Sie Schüler darauf hin, wenn ihre verbal geäußerten Informationen ihrem stimmlichen Ausdruck widersprechen. *Beispiel:* „Das ist wirklich verwirrend. Deine Stimme sagt mir etwas anderes als deine Worte."

🖉 Vorbild
Demonstrieren Sie, wie ein bestimmter Tonfall auf Sie wirkt. Setzen Sie z. B. eine betont ratlose oder verletzte Miene auf, wenn ein Schüler einen scharfen Tonfall wählt, der nicht zur verbalen Botschaft passt.

🖉 Umformulieren
Gelegentlich äußern Schüler sich untereinander in unfreundlichem Ton oder es fallen harte Worte. In vielen Fällen erweist es sich als ineffektiv, eine emotional negative Ausdrucksweise mit Disziplinierung oder einem empörten Donnerwetter zu beantworten. Damit wird lediglich ein negatives Vorbild geschaffen. Stattdessen sollte dem Schüler konkret gezeigt werden, wie man ruhig und freundlich miteinander spricht. Wiederholen Sie darum den Satz, den das Kind gebraucht hat, mit ruhiger und freundlicher Stimme.

FALLBEISPIEL

Nils
Nils' scharfer Tonfall ist oft ein Frühwarnzeichen für einen bevorstehenden Kontrollverlust. Wenn Nils lernt, seinen Tonfall unter Kontrolle zu behalten, wird ihm ein wichtiges Werkzeug zur emotionalen Selbstkontrolle an die Hand gegeben.

Folgende Strategien unterstützen Nils beim Erwerb dieser Kompetenz:
- ➜ Der Lehrer ist Vorbild für eine ruhige Sprechweise.
- ➜ Spricht Nils in unfreundlichem, hartem Tonfall, wird der Satz mit ruhiger und freundlicher Stimme wiederholt.
- ➜ Der Lehrer vermeidet es bewusst, Nils' Tonfall mit harter und strenger Stimme zu bewerten oder zu korrigieren.
- ➜ Klingt Nils' Stimme beim Sprechen ruhig und freundlich, wird er mit konkret-beschreibenden Formulierungen gelobt.
- ➜ Er wird in positiven Worten daran erinnert, dass ruhiges Sprechen dazu beiträgt, auch emotional ruhig bleiben zu können.

5 WARUM MACHST DU DAS?

Stimmt der Ton?

Sie ist wirklich witzig.
Ich bin unheimlich gern mit ihr zusammen. Sie muntert mich immer auf.

(niedergeschlagen)

Ich habe eine 6 in der Mathearbeit, weil ich nicht genug gelernt habe.

(freudig)

Ich bin so müde,
ich muss ins Bett.

(erstaunt)

Ich bin ein super Hockey-Spieler.

(schüchtern)

Ich habe gerade ein neues Computer-Spiel bekommen.
Ich freue mich riesig.

(ängstlich)

Möchtest du zum Spielen zu mir nach Hause kommen?

(wütend)

Hier, du kannst die Hälfte von meinem Pausenbrot haben.

(schuldbewusst)

Ich kann dich nicht leiden.

(verliebt)

POSITIVES DENKEN

Beobachtungsschwerpunkte

Anzeichen von Beeinträchtigungen der Fähigkeit, positiv und optimistisch zu denken:
- ☑ Der Schüler deutet Situationen grundsätzlich negativ.
- ☑ Der Schüler betrachtet Situationen von einem negativen Standpunkt aus.

Positives Denken – Fähigkeiten und Fertigkeiten

In der kognitiven Verhaltenstherapie wird davon ausgegangen, dass eine Veränderung unserer Denkgewohnheiten auch unser Fühlen verändert. Kindern sollte gezeigt werden, dass es verschiedene Möglichkeiten gibt, einer Situation gedanklich zu begegnen.

Förderschwerpunkt

Die Einsicht gewinnen, dass Denken positiv beeinflusst werden kann und dass sich damit auch Fühlen und Handeln in positiver Weise ändern.

››› ÜBUNG: Gute Gedanken – gute Gefühle

Klassenstufe: 1.–4. Schuljahr   **Dauer:** 30–45 min

Anleitung

1. Schneiden Sie pro Schüler mehrere Kreise aus Papier aus und verteilen Sie sie.
2. Fordern Sie die Kinder auf, in jeden Kreis ein Gesicht mit einem bestimmten Gefühlsausdruck einzuzeichnen, z. B. froh, neidisch, wütend, schuldbewusst, ängstlich, mitleidig, traurig, verlegen, verärgert, stolz, freundlich, aufgeregt.
3. Wählen Sie aus der Tabelle „Deine Gedanken – deine Gefühle" (siehe S. 209–210) eine Situation aus. Lesen Sie die Situationsbeschreibung und die damit assoziierten Gedanken vor. Die Schüler halten die Zeichnung hoch, die die Stimmung repräsentiert, die sie bei den jeweiligen Gedanken empfinden würden.
4. Regen Sie die Schüler dazu an, selbst Beispiele zu finden.

5 WARUM MACHST DU DAS?

Gesprächsimpulse

- ☑ Sprechen Sie mit den Schülern darüber, wie verschiedene Denkweisen ihre Gefühle beeinflussen können.
- ☑ Überlegen Sie nach der Übung gemeinsam, welche Gefühle sie mit den Beispielsituationen verbunden haben.

Förderstrategien

Lernsituation steuern

Bilden Sie einen Sitzkreis und lassen Sie die Schüler die einzelnen Situationen nachspielen.

Lernsituationen schaffen

Diese Aktivität eignet sich für Schüler, deren Grundhaltung von pessimistischen, abschätzigen und negativen Gedanken bestimmt ist. Diesen Kindern kann gezeigt werden, dass positive und optimistische Gedanken sich positiv auf Wahrnehmung und Befinden auswirken.

Selbstgespräch

Koppeln Sie durchgängig Gedanken und Emotionen. Nutzen Sie dazu Beispiele, die sich auf Probleme und Anforderungen beziehen, denen einzelne Schüler in Ihrer Klasse ausgesetzt sind. Vermeiden Sie es dabei, die betreffenden Kinder beim Namen zu nennen. *Beispiel:* Wenn Ihre Schüler die Absichten ihrer Mitschüler häufig falsch deuten, übertragen Sie diese Verhaltensweise in ein anderes Szenario und tun Sie so, als ob Sie die Absichten Ihrer Kollegen falsch deuten: „Ich wollte in diesem Schuljahr gern die Leichtathletik-AG übernehmen. Ich habe mich sehr darauf gefreut und hatte auch schon ein paar tolle Ideen. Aber als ich mich dazu bereit erklären wollte, fand ich heraus, dass sich schon ein anderer Lehrer dazu gemeldet hatte und nun die AG leitet. Immer werde ich von den anderen so behandelt. Das machen sie mit Absicht und nehmen sich immer genau das, was ich gern haben oder tun möchte. Das ist so unfair!" Besprechen Sie mit den Schülern, ob diese Gedanken den Tatsachen entsprechen und realistische Erwartungen widerspiegeln. Sehr wahrscheinlich werden die Kinder Ihnen genau sagen können, wo Sie falsch liegen. Fordern Sie sie dazu auf, ähnliche Irrtümer aufzuzählen, die
ihnen selbst passieren könnten.

Deine Gedanken – deine Gefühle

Situation	Gedanken
In der Pause musst du noch in der Klasse bleiben, um deine Hausaufgaben nachzuholen. Als dir erlaubt wird, auf den Schulhof zu gehen, haben zwei deiner Freunde schon angefangen, im Sandkasten zu spielen.	Ihnen scheint es Spaß zu machen, ohne mich zu spielen. Ich wette, sie wollen nicht, dass ich mitspiele.
	Prima, das Spiel scheint Spaß zu machen. Ich frage, ob ich mitspielen kann.
	Die beiden lachen zusammen. Ob sie über mich reden?
Sandra nähert sich deiner Gruppe und sieht dabei sehr wütend aus.	Oje, ich frage mich, was sie so wütend gemacht hat; normalerweise ist sie immer fröhlich.
	Sandra scheint sehr wütend auf mich zu sein. Sie wird sich immer noch darüber ärgern, dass ich vorige Woche ohne sie nach Hause gegangen bin.
	Sandra findet immer etwas, über das sie sich beschweren kann.
Du sprichst mit einem Mitschüler, aber er schaut dich nicht an, sondern sieht ständig in eine andere Richtung.	Ob ich ihn langweile? Bestimmt kann er mich nicht leiden.
	Ich glaube, es fällt ihm schwer, mich beim Sprechen anzugucken. Ich rede einfach weiter und versuche, mich nicht ablenken zu lassen, wenn er wegsieht.
	Warum schaut er immer weg? Hat er etwas zu verbergen oder ist er einfach nur unfreundlich?

5 WARUM MACHST DU DAS?

Deine Mutter ist bei Freunden zum Abendessen eingeladen und du bist allein zu Hause.	Das ist in Ordnung. Mama geht gern mal zu ihren Freunden. Aber sie kommt immer zurück. Wenn ich einschlafe, weiß ich, dass sie morgens da ist. Ich finde bestimmt etwas, womit ich mich ablenken kann, falls ich Angst bekomme.
	Wenn Mama weggeht, könnte ihr etwas Schlimmes passieren. Dann wäre ich ganz traurig und allein.
	Es ist ungerecht, dass Mama zu ihren Freunden geht, anstatt etwas mit mir zu unternehmen. Sie mag ihre Freunde mehr als mich.
Immer wenn du deinem Freund etwas erzählst, redet er dazwischen und sagt: „Ja, ich weiß! Ja, ich weiß! Ja, ich weiß!"	Was ich sage, ist langweilig für ihn, weil er schon alles weiß. Ich höre besser auf, zu reden, denn ich habe nichts Interessantes zu sagen.
	Er weiß, dass ich Recht habe. Darum ist er mit jedem Wort einverstanden, das ich sage. Er denkt dasselbe wie ich.
	Ich habe ihn richtig gern und er ist ein guter Freund. Es fällt ihm nur ein bisschen schwer, sich zu unterhalten. Manchmal unterbricht er andere, aber das macht er nicht mit Absicht. Er hat eben eine andere Art, mit Leuten zu reden, aber das macht nichts.

EMOTIONEN ANDERER POSITIV BEEINFLUSSEN

Beobachtungsschwerpunkte

Anzeichen von Beeinträchtigungen der Fähigkeit, die Gefühle anderer in positiver Weise zu beeinflussen:

- ☑ Der Schüler versteht nicht, dass andere Kinder auch Gefühle haben.
- ☑ Der Schüler versteht nicht, dass seine Gefühle und Stimmungen die Emotionen anderer beeinflussen.

Emotionen anderer positiv beeinflussen – Fähigkeiten und Fertigkeiten

Kinder müssen lernen, dass Gefühle übertragbar sind. Es ist wichtig, dass sie erkennen, wie ihr Verhalten und ihre Emotionen auf die Menschen in ihrer Umgebung wirken. Betritt ein Schüler morgens den Klassenraum mit einem einsilbigen, grantigen „Hallo", wird dieser unfreundliche Gruß wahrscheinlich im gleichen Ton erwidert. Das Ergebnis sind oft negative Rückkoppelungen unter den Schülern, die sich während des ganzen Unterrichtstags fortsetzen können.

> Es sollte nicht davon ausgegangen werden, dass ein Kind sich mit Absicht unsensibel verhält. Oft ist Kindern nicht bewusst, wie ihre eigenen Emotionen auf andere wirken. Sie sollten darin unterstützt werden, den Zusammenhang zwischen ihren Gefühlen und den Gefühlen anderer zu erkennen.

Förderschwerpunkt

Lernen, dass Menschen die Gefühle anderer positiv beeinflussen können.

5 WARUM MACHST DU DAS?

⟫⟫ ÜBUNG: Meine Gefühle – Deine Gefühle

Klassenstufe: 1.–4. Schuljahr   **Dauer:** 15 min

Anleitung

Bestimmen Sie zwei Schüler, die sich jeweils am entgegengesetzten Ende des Raums aufstellen. Ein Kind ist Gefühls-Sender, das andere ist Gefühls-Empfänger.

1. Bereiten Sie Karteikarten vor, auf denen Sie jeweils die Bezeichnung für eine Emotion notiert haben. Die Rolle des Senders besteht darin, während der ganzen Übung die Emotion nachzuspielen, die auf seiner Karte vermerkt ist. Der Empfänger imitiert im Laufe der Übung die Emotion, die der Sender darstellt.
2. Zu Beginn der Aktivität erhalten der Sender und der Empfänger je eine Karteikarte. Auf der Karte des Senders steht eine andere Emotion als auf der Karte des Empfängers (z. B. „Ärger" auf der einen Karte, „Freude" auf den anderen).
3. Die Schüler gehen aufeinander zu. Dabei spielen sie die Emotion nach, die auf ihrer Karte notiert ist. Nach etwa der Hälfte des Weges übernimmt der Empfänger die Emotion des Senders und ahmt sie für den Rest des Weges nach.
4. Wenn die Schüler diese Übung mehrmals durchgeführt haben, können sie selbst Gefühle aussuchen, die sie darstellen wollen.
5. Beginnen Sie mit klar definierten Grundgefühlen. Haben die Schüler eine Weile damit gearbeitet, werden Varianten dieser Gefühlsqualitäten und die entsprechenden Bezeichnungen hinzugefügt (siehe Tabelle auf S. 214).

Regen Sie die Schüler an, möglichst viel non-verbale Körpersprache zu gebrauchen.

Gesprächsimpulse

- Sprechen Sie mit den Schülern darüber, wie andere unsere Gefühle in der Schule oder zu Hause verändern können.
- Lassen Sie die Schüler über Situationen nachdenken, in denen ihre Stimmung durch die Stimmung einer anderen Person beeinflusst wurde.

Förderstrategien

🍃 Lernumgebung strukturieren

Als Gruppenaktivität kann die Übung vereinfacht werden. Setzen Sie die Schülerpaare einander gegenüber, sodass sie eine Gasse bilden. Zeigen Sie auf eine der beiden Reihen. Alle Schüler dieser Reihe (Sender) stellen dieselbe Emotion dar. Lassen Sie die Kinder in der anderen Reihe (Empfänger) zunächst eine andere Emotion darstellen. Fordern Sie sie dann auf, die Darstellung ihres Gegenübers nachzuahmen. Üben Sie diesen Ablauf mehrmals, wobei die Reihen sich abwechseln. Gehen Sie dann zu Übungen mit einzelnen Schülerpaaren über.

🍃 Denkanstöße und Entscheidungshilfen geben

Beispiel: „Wenn wir schlecht gelaunt sind und unsere Laune an anderen auslassen, beeinflusst das ihre Gefühle. Es beeinflusst auch, was sie für uns empfinden. Wir sollten darum aufpassen, was wir sagen, wenn wir schlecht gelaunt sind. Wir wollen nicht, dass andere sich deswegen schlechter fühlen oder uns weniger mögen. Was sollte ich also tun, wenn ich weiß, dass ich die Gefühle anderer beeinflussen kann – sollte ich versuchen, andere froh zu stimmen? Oder sollte ich sie traurig machen?"

🍃 Konkret-beschreibendes Lob

Wenn Sie beobachten, dass sich die positive Gefühlslage einzelner Schüler günstig auf die Stimmung in der Gruppe auswirkt, sparen Sie nicht mit konkretem Lob: „Schön, euch alle so gut gelaunt zu sehen – bei so viel Lachen und Fröhlichkeit macht der Unterricht richtig Spaß!" Verzichten Sie jedoch darauf, emotionales Feedback für negative Gefühle zu geben. Das gilt besonders für Konflikt- oder Krisensituationen. Die Rückmeldung negativer Gefühle und ihre Wirkung auf andere werden die innere Anspannung und/oder das Schuldgefühl des betreffenden Schülers steigern und die Situation eskalieren lassen.

🍃 Vorbild

Zeigen Sie den Schülern am eigenen Beispiel, dass Sie ihre negativen Gefühle und ihre Wirkung auf andere kennen. Manche Schüler reagieren besonders stark auf die negativen Gefühle anderer. Als Folge steigert sich die Destruktivität ihres Verhaltens in dem Maße, indem sich negative emotionale Botschaften seitens des Erwachsenen verstärken. Für Lehrkräfte ist es wichtig, diesen Zusammenhang zu erkennen und zu berücksichtigen.

Zum Beispiel werden Leons Kontrollverluste durch negative Reaktionen auf sein Verhalten beeinflusst. Spürt er, dass sein Verhalten missbilligt wird, versteht er das nicht als Signal, um sich zu kontrollieren. Vielmehr besteht die Gefahr, dass er sich immer weiter in destruktives Verhalten hineinsteigert, weil er die Reaktion der Lehrkraft als persönliche Ablehnung wertet.

Übungen für zu Hause

Schicken Sie per E-Mail eine Beschreibung der Aktivität an die Eltern des Schülers und fügen Sie folgende Anleitung hinzu:

Eventuell braucht Ihr Kind zunächst etwas Unterstützung, um seine eigenen Gefühle und die Gefühle anderer Menschen erkennen zu können. Als Vorübung für das Spiel eignet sich folgende Aktivität: Fertigen Sie einfache Skizzen an, die Gesichter mit unterschiedlichem Gefühlsausdruck zeigen. Die Darstellungen können zur Veranschaulichung etwas überzeichnet sein. Halten Sie eine Zeichnung, die z. B. große Freude darstellt, neben Ihr Gesicht. Zeigen Sie selbst die entsprechende Mimik. Nehmen Sie die Zeichnung herunter und fordern Sie Ihr Kind auf, Ihr Gesicht anzuschauen und Ihren Gesichtsausdruck nachzuahmen. Halten Sie die Zeichnung wieder neben Ihr Gesicht. Geben Sie Ihrem Kind nun die Zeichnung und wiederholen Sie die Übung mit umgekehrten Rollen. Gehen Sie mit den übrigen Skizzen ebenso vor. Wenn Ihr Kind mit den betreffenden Emotionen vertraut ist, wird die Übung erweitert: Geben Sie Ihrem Kind alle Zeichnungen. Nehmen Sie einen bestimmten Gesichtsausdruck an (z. B. traurig). Ihr Kind sucht die entsprechende Zeichnung aus den Skizzen heraus und hält sie neben sein Gesicht.

Begriffe für Emotionen und Stimmungen

aggressiv	erleichtert	interessiert	teilnahmslos
albern	erniedrigt	melancholisch	traurig
angeekelt	erschöpft	misstrauisch	trotzig
ängstlich	erschrocken	neidisch	überrascht
ärgerlich	erschüttert	nervös	unentschlossen
aufgebracht	erstaunt	neugierig	unglücklich
begeistert	friedlich	panisch	unzufrieden
beschämt	froh	pessimistisch	verärgert
beschwingt	fröhlich	ratlos	verlegen
besorgt	gelangweilt	ruhig	verletzt
dankbar	gelassen	scheu	verliebt

durcheinander	geschmeichelt	schläfrig	verträumt
einsam	gestresst	schlapp	verwirrt
entmutigt	gleichgültig	schüchtern	verzückt
entschlossen	glücklich	schuldig	wild
entspannt	gut gelaunt	schwach	wütend
enttäuscht	hämisch	selbstsicher	zornig
erfreut	hysterisch	stolz	zufrieden

REAKTIONEN AUF AUSLÖSER

Beobachtungsschwerpunkte

Anzeichen von Beeinträchtigungen der Fähigkeit, emotionale Reaktionen auf Auslöser (z. B. Verhaltensweisen anderer Personen) einzuschätzen und damit umzugehen:

- ☑ Der Schüler stellt keine Verbindung zwischen einem Auslöser (z. B. das Verhalten anderer Personen) und seinen Gefühlen her.
- ☑ Der Schüler versteht nicht, dass sein eigenes Verhalten emotionale Reaktionen bei sich und anderen auslösen kann.

Reaktionen auf Auslöser – Fähigkeiten und Fertigkeiten

Das Verhalten anderer Personen ruft in uns emotionale Reaktionen hervor. Diese Reaktionen finden ihren Widerhall in unserem geistigen und körperlichen Befinden. Kinder können dafür sensibilisiert werden, wie sich das Verhalten anderer auf ihre Emotionen und ihr Körpergefühl auswirkt. Wird dieser Zusammenhang am Beispiel positiver und negativer Gefühlsreaktionen thematisiert, können Kinder mehr Eigenverantwortlichkeit im Umgang mit ihren emotionalen Reaktionen in Auslösesituationen entwickeln.

Förderschwerpunkt

Erkennen, dass positives und negatives Verhalten Gefühlsreaktionen bei anderen Menschen auslöst.

5 WARUM MACHST DU DAS?

⟫⟫ ÜBUNG: Verhalten erzeugt Gefühle

Klassenstufe: 1.–4. Schuljahr   **Dauer:** 30 min

Anleitung

1. Besprechen Sie mit den Schülern, was sie bisher im Unterricht über Gefühle erfahren haben.
2. Fordern Sie die Schüler auf, sich im Raum zu verteilen. Erlauben Sie ihnen, bei Bedarf die Augen zu schließen.
3. Lesen Sie Fragen aus der folgenden Liste vor („Wie fühle ich mich, wenn …?"). Fordern Sie die Schüler auf, eine Körperhaltung und einen Gesichtsausdruck anzunehmen, die ihrer Gefühlsreaktion entsprechen.

Wie fühle ich mich, wenn …?

- ☑ Wie fühle ich mich, wenn jemand „Hallo" zu mir sagt?
- ☑ Wie fühle ich mich, wenn mich jemand schlägt?
- ☑ Wie fühle ich mich, wenn mich jemand anlächelt?
- ☑ Wie fühle ich mich, wenn mich jemand anschreit?
- ☑ Wie fühle ich mich, wenn jemand neben mir sitzen möchte?
- ☑ Wie fühle ich mich, wenn mich jemand unterbricht?
- ☑ Wie fühle ich mich, wenn jemand mir eine Geschichte vorliest?
- ☑ Wie fühle ich mich, wenn jemand sein Frühstück mit mir teilt?
- ☑ Wie fühle ich mich, wenn jemand zusammen mit mir Bilder ausmalt?
- ☑ Wie fühle ich mich, wenn jemand zusammen mit mir lacht?
- ☑ Wie fühle ich mich, wenn wir in die Turnhalle gehen?
- ☑ Wie fühle ich mich, wenn die Lehrerin schlechte Laune hat?
- ☑ Wie fühle ich mich, wenn jemand meine Spielsachen wegnimmt?
- ☑ Wie fühle ich mich, wenn mich jemand auslacht?
- ☑ Wie fühle ich mich, wenn jemand etwas sagt, das ich nicht verstehe?
- ☑ Wie fühle ich mich, wenn jemand mich nicht beachtet?
- ☑ Wie fühle ich mich, wenn jemand nur über sich selbst spricht?
- ☑ Wie fühle ich mich, wenn mir jemand zu nahe kommt?
- ☑ Wie fühle ich mich, wenn jemand mir nicht zuhört?
- ☑ Wie fühle ich mich, wenn sich jemand für mich interessiert?
- ☑ Wie fühle ich mich, wenn mich jemand vorlässt?
- ☑ Wie fühle ich mich, wenn jemand meine Sachen kaputtmacht?
- ☑ Wie fühle ich mich, wenn jemand fragt, wie es mir geht?
- ☑ Wie fühle ich mich, wenn die Klasse laut ist?
- ☑ Wie fühle ich mich, wenn mir jemand sagt, dass ich nicht mitspielen darf?

4. Verwenden Sie konkrete Begriffe, um während der Übung die verschiedenen Varianten von Körperhaltung und Mimik zu beschreiben, z. B. „Wie würdest du diesen Gesichtsausdruck nennen: verlegen oder verärgert?"
5. Wiederholen Sie die Aktivität mit Fragen von der folgenden Liste („Wie fühlen sich andere Menschen, wenn ich …?").

Wie fühlen sich andere Menschen, wenn ich …?
- ☑ Wie fühlt sich deine Mutter, wenn du den Abwasch machst?
- ☑ Wie fühlt sich deine Mutter, wenn du deinen Bruder schlägst?
- ☑ Wie fühlt sich deine Mutter, wenn du Schimpfwörter benutzt?
- ☑ Wie fühlt sich deine Mutter, wenn du deinen Teller leer isst?
- ☑ Wie fühlt sich deine Mutter, wenn die Lehrerin ihr sagt, dass du im Unterricht gut mitarbeitest?
- ☑ Wie fühlt sich dein Vater, wenn du mit ihm Ball spielst?
- ☑ Wie fühlt sich dein Vater, wenn du brüllst und schreist?
- ☑ Wie fühlt sich dein Vater, wenn du im Keller Unordnung machst?
- ☑ Wie fühlt sich dein Vater, wenn du ihm abends erzählst, was du tagsüber erlebt hast?
- ☑ Wie fühlt sich dein Vater, wenn er dir bei den Hausaufgaben hilft und du dabei weinst?
- ☑ Wie fühlt sich deine Schwester, wenn du sie nicht mitspielen lässt?
- ☑ Wie fühlt sich deine Schwester, wenn du dich über sie lustig machst?
- ☑ Wie fühlt sich dein Bruder, wenn du ihn auslachst?
- ☑ Wie fühlt sich deine Oma, wenn du ihr den Rücken zukehrst?
- ☑ Wie fühlt sich deine Oma, wenn sie dir etwas vorliest und du ihr dabei zuhörst?
- ☑ Wie fühlt sich dein Opa, wenn du ihn dauernd unterbrichst?
- ☑ Wie fühlt sich dein Opa, wenn du nur über dich redest und ihn nicht zu Wort kommen lässt?
- ☑ Wie fühlt sich dein Freund, wenn du ihm sagst, dass es dir Spaß gemacht hat, mit ihm zu spielen?
- ☑ Wie fühlt sich dein Freund, wenn du immer bestimmen willst, was ihr spielt?
- ☑ Wie fühlt sich dein Freund, wenn du damit einverstanden bist, nach seinen Regeln zu spielen?
- ☑ Wie fühlt sich deine Lehrerin, wenn du im Unterricht an deinem Platz bleibst?

- ☑ Wie fühlt sich deine Lehrerin, wenn du deine Hausaufgaben machst?
- ☑ Wie fühlt sich dein Mitschüler, wenn du ihm sagst, er sei blöd?
- ☑ Wie fühlt sich dein Mitschüler, wenn du den anderen Kindern sagst, dass sie nicht mehr mit ihm reden sollen?
- ☑ Wie fühlt sich dein Mitschüler, wenn du ihm sagst, dass du ihn nicht leiden kannst?
- ☑ Wie fühlen sich deine Mitschüler, wenn du beim Spielen laut brüllst und schreist?

Gesprächsimpulse

- ☑ Sprechen Sie darüber, wie Freundlichkeit und Unfreundlichkeit auf das Körperempfinden wirken.
- ☑ Überlegen Sie mit den Schülern, was sie in ihrem Körper spüren, wenn jemand freundlich zu ihnen ist. Fordern Sie sie anschließend auf, zu überlegen, was sie spüren, wenn jemand unfreundlich zu ihnen ist.

Förderstrategien

Lernsituation steuern

Die Aktivität ist bewegungsintensiv und die Dynamik der Reaktionen auf die Fragen ist wenig kalkulierbar. Sollte Ihre Klasse damit überfordert sein, kann die Übung variiert werden: Alle Schüler bleiben an ihren Plätzen und erhalten je zwei Kreise aus Papier. Ein Kreis zeigt ein fröhliches, der andere ein betrübtes Gesicht. Je nachdem, ob die vorgelesene Frage positiv oder negativ auf die Schüler wirkt, halten sie das entsprechende Blatt hoch.

Denkanstöße und Entscheidungshilfen geben

Beispiel: „Wenn ich weiß, was mich froh oder wütend macht, dann weiß ich auch, was ich tun kann, um ruhig zu bleiben."

Lernsituationen schaffen

Greifen Sie konsequent günstige Gelegenheiten auf, um Gefühle und ihren Einfluss auf das Körperempfinden anzusprechen. Beschreiben Sie in konkreten Worten, wie man sich seine eigenen Empfindungen bewusst machen kann und welche Optionen sich für das Verhalten daraus ergeben. Sprechen Sie dabei nicht für die Schüler, sondern unterstützen Sie sie, in konkreten Auslösesituationen ihre Empfindungen zu reflektieren und eine Verbindung zwischen Emotion und Verhalten herzustellen.

Konkret-beschreibendes Lob
Spiegeln Sie positive Gefühle wider, indem Sie die Wirkung einer Auslösesituation auf die sichtbaren Emotionen des Schülers beschreiben: „Melanie, du siehst richtig froh aus. Ich habe gesehen, dass deine Mitschülerin eben sehr freundlich zu dir gewesen ist und dir geholfen hat. Ich frage mich, ob du dich deswegen so freust."

Übungen für zu Hause
Schicken Sie per E-Mail eine Beschreibung der Aktivität an die Eltern des Schülers und fügen Sie folgende Anleitung hinzu:
Erstellen Sie gemeinsam mit Ihrem Kind eine Liste von dem, was es froh macht, und eine weitere Liste von dem, was in ihm betrübte oder gedrückte Stimmungen erzeugt. Erstellen Sie die gleiche Liste für sich selbst. Bedenken Sie bei der Zusammenstellung Ihrer eigenen Liste, welche Beispiele sich eignen. Es sollte sich um Anliegen handeln, die Ihnen tatsächlich wichtig sind. Gleichzeitig sollte Ihr Kind sich damit identifizieren können.
Beispiel: Mit einem Ihre Arbeitskollegen kommt es hin und wieder zu Unstimmigkeiten (wenn es in der Klasse Ihres Kindes einen Mitschüler gibt, mit dem es sich nicht immer verträgt). Oder wenn Ihr Kind Angst vor Hunden hat, könnten Sie in Ihre Liste etwas aufnehmen, wovor Sie Angst haben. Gehen Sie mit Ihrem Kind Ihre Listen durch. Wählen Sie jeder eine Situation, die für Sie problematisch ist und denken Sie gemeinsam nach, welche Strategien Ihnen einen zufriedenstellenderen Umgang mit dem Problem ermöglichen würden.

VERANTWORTLICHER UMGANG MIT DEN GEFÜHLEN ANDERER

Beobachtungsschwerpunkte

Anzeichen von Beeinträchtigungen der Fähigkeit, verantwortlich mit den Gefühlen anderer umzugehen:
- ☑ Der Schüler versteht nicht, dass andere Menschen ebenfalls Probleme und Schwierigkeiten haben.
- ☑ Der Schüler kann sich nicht in die Gefühle anderer hineinversetzen.

Verantwortlicher Umgang mit den Gefühlen anderer – Fähigkeiten und Fertigkeiten

Unser Handeln wirkt sich auf die Gefühle anderer Menschen aus. Kindern sollte vermittelt werden, dass sie Teil dieses Ursache-Wirkungs-Zusammenhangs sind. Dazu gehört die Einsicht, dass die Menschen in ihrer Umgebung persönliche Stärken und Schwächen haben, die berücksichtigt werden müssen. Diese generelle Akzeptanz und die Fähigkeit, anderen etwas zu verzeihen, beruhen auf der Kompetenz, eine Situation aus der Perspektive eines anderen Menschen und nicht nur vom eigenen Standpunkt aus zu betrachten. Beharrt jemand in sozialen Konfliktsituationen ausschließlich auf einer ich-bezogenen Sichtweise, können keine Kompromisse oder gemeinsame Lösungen gefunden werden. Erwachsene sollten Kinder darum konsequent anleiten, sich in andere Personen hineinzuversetzen und zu berücksichtigen, wie ihr Verhalten auf andere wirkt.

Förderschwerpunkt

Erwerb der Fähigkeit, sich in die Gefühle anderer hineinversetzen zu können.

⟫⟫⟫ ÜBUNG: Wenn du wüsstest …

Klassenstufe: 1.–4. Schuljahr   **Dauer:** 30 min

🍃 Anleitung

1. Die Schüler liegen auf dem Boden und halten ihre Augen geschlossen. Erklären Sie ihnen, dass Sie ihnen einige Fragen stellen werden.

2. Lesen Sie die Fragen aus der Tabelle auf S. 223 („Wenn du wüsstest …") der Reihe nach vor.
3. Lassen Sie die Kinder still über jede Frage nachdenken.
4. Sie können die Aktivität erweitern, indem Sie mit den Schülern eine Tabelle zum Thema „Verhalten – Folgen" erarbeiten (siehe Beispiel auf S. 224). Wählen Sie dazu eine negative Verhaltensweise und ihre Folgen. Veranschaulichen Sie die Situation, indem Sie in die obere Zeile der Tabelle eine Problemstellung, ein bestimmtes Schülerverhalten und die resultierenden Empfindungen eines anderen Kindes notieren (oder entsprechende Skizzen einzeichnen). In der unteren Zeile tragen Sie dasselbe Ausgangsproblem und -verhalten ein und erarbeiten dann mit der Klasse eine positive Alternative.

Gesprächsimpulse

☑ Sprechen Sie darüber, in welcher Weise das eigene Verhalten die Gefühle anderer verletzen kann.
☑ Denken Sie gemeinsam über Situationen nach, in denen die Schüler etwas gesagt haben, womit sie ein anderes Kind verletzt oder traurig gemacht haben.

Förderstrategien

Individuelle Lernvoraussetzungen einschätzen

Die intensiven Eifersuchts- oder Unsicherheitsgefühle mancher Kinder können Verhaltensweisen auslösen, die zu Eskalationen mit negativen Folgen für alle Beteiligten führen. Vermitteln Sie diesen Schülern, dass sie lernen müssen, aufkeimender Eifersucht nicht spontan nachzugeben. Stattdessen sollten sie darüber nachdenken, wie sie sich den anderen in positiver Weise nähern können, ohne auf destruktives Verhalten zurückgreifen zu müssen.

Vorbild

Beispiel: „Es ist wichtig, die Bedürfnisse, Gedanken und Gefühle anderer zu berücksichtigen. Als Lehrerin muss ich mit euch, euren Stärken und Schwächen vertraut sein, damit ich euch helfen kann."

5 WARUM MACHST DU DAS?

✍ Lernsituationen schaffen

Das soziale Klima in Ihrer Klasse wird davon bestimmt, wie Sie reagieren, wenn Ihre Schüler sich über Mitschüler lustig machen oder sich abwertend über sie äußern. Solche Verhaltensweisen sollten nicht ignoriert werden, weil sonst die Botschaft vermittelt wird, dass dieses Verhalten akzeptabel sei. Ebenso wenig sollte der Lehrer mit strengen Moralpredigten reagieren. Dadurch wird der Eindruck vermittelt, dass Kinder andere Kinder nicht einschätzen können und diese Fähigkeit dem Lehrer vorbehalten ist. Sprechen Sie den Vorfall (nicht den Schüler) sofort oder bei der nächsten Gelegenheit an. Thematisieren Sie die Problemstellung im Unterricht: „Wenn in unserer Klasse jemand etwas tut, das uns seltsam vorkommt und wobei wir uns nicht wohlfühlen, – sollen wir den Mitschüler dann darauf ansprechen?"

Wenn der betreffende Schüler merkt, dass Sie ihn meinen, sprechen Sie mit ihm später unter vier Augen. Versichern Sie ihm, dass er sich nicht für den Vorfall zu schämen braucht. Geben Sie ihm zu verstehen, dass es nicht nur um das geht, was er getan hat, sondern vor allem darum, wie er sich in Zukunft verhält.

Wenn du wüsstest, dass ...

... der Junge, über den du dich in der Schule lustig gemacht hast, zu Hause den ganzen Nachmittag geweint hat – hättest du dich anders verhalten?	... dein Mitschüler sehr traurig war, als du zu ihm gesagt hast: „Ich will nicht in dieser Gruppe sein", – hättest du dich anders verhalten?
... Jenny dich gehört hat, als du allen anderen in der Schule gesagt hast: „Jenny ist blöd", und sie deshalb geweint hat, – hättest du dich anders verhalten?	... der Junge, über den du dich beim Basketball ärgerst, sich wegen seiner Beeinträchtigung langsamer bewegt als andere, – hättest du dich anders verhalten?
... deine hübsche und erfolgreiche Mitschülerin zu Hause große Probleme hat und sich so fühlt, als ob keiner sie lieb hat, – wärst du dann netter zu ihr?	... dein Sitznachbar nichts dafür kann, wenn er manchmal seltsame Dinge sagt, – würdest du dich immer noch über ihn lustig machen?
... es deinem Mitschüler wehgetan hat, als du ihn zu Boden geschubst hast, – hättest du dich anders verhalten?	... deine beiden Freunde sehr freundlich von dir gesprochen haben, als sie nach der Schule zusammen gespielt haben, – wärst du immer noch eifersüchtig, weil sie dich neulich nicht zum Spielen eingeladen haben?
... du deine Mitschülerin mit deinen Witzen über ihr Leseproblem sehr verletzt hast und sie deshalb zu Hause ihre kleine Schwester angeschrien hat, – hättest du dich anders verhalten?	... dein Mitschüler von der Schule verwiesen worden ist, weil er wegen deiner Hänseleien in Wut geraten ist und sich nicht mehr kontrollieren konnte, – hättest du dich anders verhalten?
... der Mitschüler, dem du laut ins Gesicht geschrien hast, dass du ihn nicht leiden kannst, die ganze Woche über sehr traurig war, – hättest du ihn freundlicher behandelt?	... andere Kinder Angst vor dir haben, weil du immer so laut brüllst, – würdest du damit aufhören?

5 WARUM MACHST DU DAS?

Beispieltabelle: Verhalten – Folgen

Problem	Verhalten	Folgen
Dein Freund macht einen Witz über dich.	Du schreist ihn an und sagst ihm, dass du ihn nicht leiden kannst.	Er geht nach Hause und ist sehr traurig.
So geht es besser: Dein Freund macht einen Witz über dich.	Du schreist ihn an und sagst ihm, dass du ihn nicht leiden kannst.	Er sagt, dass es ihm leidtut, und ihr spielt weiter zusammen.

Illustrationen: © Anja Boretzki

WARUM MACHST DU DAS?

6

FÖRDERUNG KOGNITIVER FÄHIGKEITEN

AUFMERKSAMKEIT

Beobachtungsschwerpunkte

Anzeichen von Beeinträchtigungen der Aufmerksamkeit:
- ☑ Der Schüler konzentriert sich nicht auf Dinge, für die seine Aufmerksamkeit erwartet wird.
- ☑ Der Schüler bleibt nicht bei der Aufgabe und ist schnell abgelenkt.
- ☑ Der Schüler beginnt eine Aufgabe, beendet sie jedoch nicht.

Aufmerksamkeit – Fähigkeiten und Fertigkeiten

Meistens fällt es Kindern leicht, sich intensiv einer Sache zuzuwenden, die sie interessiert und mit der sie sich gern beschäftigen. Bei weniger beliebten Aufgaben und wenn eine andere Person spricht oder bei einer Aktivität an der Reihe ist, schalten manche Schüler jedoch ab und passen nicht mehr auf. Das Resultat sind häufig unvollständig bearbeitete Aufgaben. Dazu kommt Frustration auf Seiten der Lehrkräfte, die das Kind unterstützen wollen, sowie der Mitschüler, die mit ihm zusammenarbeiten. In solchen Fällen konzentriert sich die Förderung auf die Fähigkeit, dem Unterrichtsgeschehen zu folgen, auch wenn nicht das betreffende Kind, sondern Mitschüler aktiv beteiligt sind.

Förderschwerpunkt

Üben der Fähigkeit, sich auf eine Aktivität zu konzentrieren, auch wenn sie vom Schüler nicht selbst gewählt wird oder andere Kinder an der Reihe sind.

⟫⟫ ÜBUNG: Pfadfinder

Klassenstufe: 1.–2. Schuljahr   **Dauer:** 30 min

Anleitung

1. Legen Sie zwölf große Papierquadrate auf den Boden und ordnen Sie sie in vier Reihen zu je drei Quadraten an.
2. Bestimmen Sie einen Schüler als „Kartenleser". Der Kartenleser denkt sich einen Pfad aus, den die anderen Kinder erraten müssen.

3. Der Kartenleser zeichnet zunächst ein Feld mit zwölf Quadraten auf ein Stück Papier und markiert darauf die Vierecke, die den Pfad bilden. Als Startpunkt wählt er ein Quadrat in der untersten Reihe (ihm am nächsten gelegen) und als Ziel ein Quadrat in der obersten Reihe (am weitesten von ihm entfernt). Dazwischen markiert er vier Quadrate als Pfad.
4. Die Schüler stellen sich vor dem Feld mit den Papierquadraten auf.
5. Der Reihe nach übernehmen die Schüler die Aufgabe des „Pfadfinders". Der Pfadfinder stellt sich auf ein Viereck und sieht den Kartenleser an. Ohne zu sprechen, bestätigt der Kartenleser, ob der Pfadfinder richtig oder falsch geraten hat, z. B. durch Nicken oder Kopfschütteln.
6. Hat der Pfadfinder richtig geraten, darf er solange weiterspielen, bis er einen Fehler macht. Dann wird das nächste Kind zum Pfadfinder.
7. Durch Zusammenarbeit und anhand der Hinweise, die die Kinder durch richtiges Raten erhalten, finden sie schließlich den richtigen Weg zum Ziel.

Statt Papierbögen eignen sich auch Teppichfliesen. Alternativ können die Quadrate mit Kreide oder Klebeband auf dem Boden markiert werden. Um das Spiel zu vereinfachen, kann jedes Quadrat in einer anderen Farbe gekennzeichnet werden.

Gesprächsimpulse

- ☑ Sprechen Sie mit den Schülern darüber, wie wichtig es ist, aufzupassen, auch wenn man selbst nicht an der Reihe ist.
- ☑ Überlegen Sie nach der Aktivität gemeinsam, welche Strategien die Kinder genutzt haben, um sich die richtigen Quadrate entlang des Pfads zu merken.

Förderstrategien

🖉 Teilerfolge bestätigen

Erinnern Sie die Schüler vor Beginn der Aktivität daran, dass sie als Team zusammenarbeiten und dass sie besonders dann aufpassen müssen, wenn ein anderes Kind an der Reihe ist, – nur so bekommen sie wichtige Informationen, die sie als Pfadfinder benötigen. Sie sollten auch die Mitschüler ermutigen und keinen Ärger zeigen, wenn jemand aus Versehen den Rateversuch eines anderen Kindes wiederholt.

6 WARUM MACHST DU DAS?

Bei dem Spiel kommt es nicht auf Gewinnen oder Verlieren an – es sollte vor allem Spaß machen. Um Wetteifer einzudämmen, können Sie den Kindern eine Zählaufgabe geben: Wie oft mussten sie sich abwechseln, bis sie den richtigen Pfad gefunden hatten? Der Schüler, der das letzte Quadrat richtig errät, ist nicht der Gewinner, sondern bringt lediglich die gemeinsame Aufgabe zum Abschluss. Betonen Sie ggf. mehrmals, dass das wichtigste bei dem Spiel die Zusammenarbeit aller Kinder ist.

Individuelle Lernvoraussetzungen einschätzen

Wenn ein Schüler abgelenkt ist, heißt das nicht unbedingt, dass er mit Absicht ungehorsam ist oder Sie provozieren will. In vielen Fällen möchte er sogar bei der Aufgabe bleiben, aber seine Gedanken wandern unwillkürlich ab. Einen solchen Schüler können Sie unterstützen, indem Sie ihm immer wieder non-verbal signalisieren, wohin er schauen und sich wenden sollte.

Lehrerhilfe

Es ist sinnvoll, Lern- und Leistungserwartungen an das individuelle Lernverhalten des Schülers anzupassen. Beobachten Sie sein Verhalten, um sein Lernverhalten zu verstehen und ihn in seinem Lernprozess unterstützen zu können.

FALLBEISPIEL

Jenny
Jenny kann Lerninhalte besonders effektiv aufnehmen, wenn sie das Schulbuch beim Lesen direkt vor ihr Gesicht hält. Sie kann den Text deutlicher sehen und ist weniger abgelenkt, als wenn sie das Buch in größerem Abstand halten würde. Jenny sollte deshalb auf diese Weise arbeiten dürfen.

Pausen einplanen

Nutzen Sie Übergänge zwischen Unterrichtsaktivitäten, um den Schülern eine kurze Pause zu gönnen, damit sie sich ein wenig entspannen und danach umso besser konzentrieren können. Geben Sie der Klasse zwischen einer Lesephase und einer schriftlichen Aufgabe z. B. ein paar Minuten Zeit, um sich zu strecken, etwas zu trinken zu holen oder kurz auf der Stelle zu laufen und zu hüpfen.

Non-verbale Hinweise

Beschränken Sie verbales Korrigieren auf das Notwendige. Vermeiden Sie es auch, den Schüler beim Namen zu nennen, um ihn zur Aufmerksamkeit zurückzuführen. Wiederholte Namensnennung im Unterricht kann sich negativ auf die sozialen Interaktionen des Schülers auswirken. Verwenden Sie stattdessen non-verbale Signale. Zeigen Sie auf eine Aufgabe, deuten Sie auf eine Symbolkarte oder korrigieren Sie sanft die Körperhaltung des Kindes (z. B. Drehen des Schultergürtels oder des Kopfes als Erinnerung, wohin der Schüler schauen soll).

Übungen für zu Hause

Schicken Sie per E-Mail eine Beschreibung der Aktivität an die Eltern des Schülers und fügen Sie folgende Anleitung hinzu:

Spielverabredungen können zum Problem werden, wenn die beteiligten Kinder schnell ablenkbar sind. Für Spielnachmittage bei Ihnen zu Hause sollten Sie Spiele wählen, die sich an der Dynamik zwischen Ihrem Kind und seinem Spielfreund orientieren. Dieses Spiel eignet sich besonders für Kinder mit vergleichbaren Schwierigkeiten, denn es bietet beiden Teilnehmern Gelegenheit zur Interaktion. Gleichzeitig erfordert es Zusammenarbeit. Bleiben Sie in der Nähe und leiten Sie ggf. das Spiel, um Streit zu vermeiden.

INTEGRATION VON WAHRNEHMUNGS- UND VERARBEITUNGSFUNKTIONEN

Beobachtungsschwerpunkte

Anzeichen von Beeinträchtigungen der Integration von Wahrnehmungs- und Verarbeitungsfunktionen:

- ☑ Der Schüler bewältigt Anforderungen ausschließlich durch eine einzelne Wahrnehmungs- oder Verarbeitungsfunktion.
- ☑ Dem Schüler fällt die Bewältigung von Aufgaben schwer, die den gleichzeitigen oder abwechselnden Gebrauch von zwei Funktionen erfordern.

6 WARUM MACHST DU DAS?

Integration von Wahrnehmungs- und Verarbeitungsfunktionen – Fähigkeiten und Fertigkeiten

Viele Kinder hören Musik, während sie ihre Hausaufgaben erledigen. Anderen hingegen fällt es schwer, sich auf eine Aufgabe zu konzentrieren oder ein Gespräch zu führen, sobald Musik zu hören ist. Für diese Kinder ist es sehr schwierig, zwei Wahrnehmungs- und Verarbeitungsfunktionen miteinander zu vereinbaren, z. B. das Erfassen und Äußern von Sprache bei gleichzeitigem Zuhören. Ebenso schwer fällt ihnen der Wechsel zwischen den beiden Funktionen. Diese Beeinträchtigung sollte im Unterricht berücksichtigt werden. Wenn solche Schüler sich z. B. auf eine Gruppenarbeit konzentrieren, können sie nicht gleichzeitig über das Gehör weitere Informationen aufnehmen (z. B. im Hintergrund geäußerte Hinweise des Lehrers). Soziale Interaktionen leben vom ständigen Wechsel von Sprechen und Zuhören. Je größer die Arbeitsgruppe, desto öfter muss ein Schüler beim Sprechen Nebeninformation über das Hören erfassen und verarbeiten. Gelingt ihm die Integration dieser beiden Funktionen nicht, bleibt er von wesentlichen Gruppenentscheidungen ausgeschlossen.

Förderschwerpunkt

Erwerb der Fähigkeit, gleichzeitig auf unterschiedliche Informationsquellen zu achten und zwischen Wahrnehmungs- und Verarbeitungsfunktionen zu wechseln.

⟫⟫⟫ ÜBUNG: Wer ist in meiner Gruppe?

Klassenstufe: 1.–4. Schuljahr   **Dauer:** 30 min

Anleitung

1. Erklären Sie den Schülern, dass Sie jedem von ihnen ein bestimmtes Tier zuordnen. Dazu können Sie den Kindern den Namen eines Tieres ins Ohr flüstern, ein Bild zeigen oder das betreffende Wort auf eine Karteikarte schreiben. Ordnen Sie jeweils vier Schülern dasselbe Tier zu.
2. Fordern Sie die Schüler auf, sich durch den Raum zu bewegen und dabei die Laute „ihres" Tieres zu imitieren. Dabei dürfen sie nicht sprechen oder andere Geräusche machen.
3. Während sie durch den Raum gehen, versuchen sie herauszuhören, welche Mitschüler dieselben Tierstimmen nachahmen.

4. Wenn sich zwei Schüler gefunden haben, bleiben sie zusammen und suchen gemeinsam weiter.
5. Ist eine Vierergruppe komplett, setzen diese Schüler sich hin.
6. Das Spiel kann erweitert werden, indem die Kinder die Bewegungen der Tiere imitieren oder die Tiere verbal beschreiben. Alternativ kann das Thema variiert werden, z. B. Verkehrsmittel (Bus, Zug, Schiff usw.) oder berühmte Helden (Superman, Robin Hood usw.).

Gesprächsimpulse

- Sprechen Sie mit den Schülern darüber, dass das Spiel zwei wichtige Fähigkeiten erfordert: erkennbare Geräusche produzieren, um anderen Informationen zu geben; genaues Zuhören, um wichtige Informationen zu erhalten.
- Überlegen Sie hinterher gemeinsam, welche Strategien die einzelnen Schüler genutzt haben, um sich gleichzeitig auf zwei verschiedene Dinge konzentrieren zu können.

Förderstrategien

Entwicklung schrittweise planen

Wählen Sie für jüngere Kinder Tiere mit leicht erkennbaren Stimmen und für ältere Schüler Tiere mit komplexeren Lauten. Zum Beispiel sind Katze und Hund eindeutig zu erkennen, während Eule oder Affe schwieriger nachzuahmen sind. Für Kinder, denen die Erfüllung der Anforderung des Spiels schwerfällt, können die Gruppen vergrößert werden: Je mehr „Hunde" im Raum sind, desto einfacher ist es für die betreffenden Kinder, Gruppenmitglieder zu finden, und umso mehr Mitschüler sind an der Suche beteiligt.

Lernsituation steuern

Möglicherweise muss dieses Spiel hin und wieder durch die Lehrkraft unterbrochen werden, damit sie einzelne Schüler ansprechen oder Tipps geben kann. Es ist sinnvoll, mit der Klasse bestimmte Signalwörter zu vereinbaren, an denen die Schüler erkennen, dass sie in ihrer Aktivität innehalten und zuhören sollen. Manchen Lehrkräften mag dieses Verfahren frustrierend vorkommen – schließlich ist (fast) alles, was ein Lehrer sagt, wichtig und entsprechend sollten Schüler durchgängig aufpassen. Allerdings entspricht das weder der Schul- noch der Alltagsrealität. Signalwörter helfen, die Aufmerksamkeit der Klasse zu fokussieren, wenn Sie wichtige Hinweise und Zusatzinformationen geben.

🖉 Non-verbale Hinweise

Zeigen Sie auf Ihre Ohren, um den Schülern zu signalisieren, dass sie bei dem Spiel zuhören und aufpassen müssen.

🖉 Selbstgespräch

Beispiel: „Ich war so damit beschäftigt, den Tierlaut nachzumachen, dass ich ganz vergessen habe, zuzuhören. Zuhören ist sehr wichtig. Wenn ich nicht auf die Laute der anderen achte, kann ich meine Gruppe nicht finden."

INFORMATIONEN FOLGERICHTIG VERARBEITEN

Beobachtungsschwerpunkte

Anzeichen von Beeinträchtigungen der Fähigkeit, Informationen folgerichtig zu verarbeiten:
- ☑ Der Schüler kann visuelle Reize nicht adäquat verarbeiten.
- ☑ Der Schüler zeigt keine bewusste visuelle Aufmerksamkeit für seine Umgebung.

Informationen folgerichtig verarbeiten – Fähigkeiten und Fertigkeiten

Schüler sollten darin unterstützt werden, sich auf einen mehrschrittigen Handlungsablauf zu konzentrieren, die einzelnen Schritte folgerichtig im Gedächtnis abzuspeichern und später wieder abzurufen. Schüler mit visuellen Wahrnehmungsproblemen verfügen physiologisch zwar über Sehfähigkeit, sie nehmen jedoch ihre Umgebung nicht bewusst in den Blick und konzentrieren sich nicht auf visuelle Information. Daher fehlt ihnen oft die Fähigkeit, visuell aufgenommene Informationen adäquat zu speichern und zu nutzen, um eine Aufgabe zu bearbeiten oder sich Kenntnisse anzueignen. Im Unterricht erhalten diese Schüler oft auditive Lernhilfen, damit ihnen sprachlich vermittelt werden kann, was sie sich visuell nicht erschließen können. Obwohl es sich dabei um eine wirksame Unterrichtstrategie handelt, sollte dennoch versucht werden, die visuelle Verarbeitungsfähigkeit der betreffenden Schüler zu fördern.

Förderschwerpunkt

Aufbau der Fähigkeit, visuelle Informationen aufzunehmen, sich auf sie zu konzentrieren und in folgerichtiger Reihenfolge zu verarbeiten.

⟩⟩⟩ ÜBUNG: Einer nach dem anderen

Klassenstufe: 1.–4. Schuljahr   **Dauer:** 15 min

Anleitung

1. Fordern Sie einige Kinder auf, sich vor der Tafel aufzustellen. Die genaue Anzahl richtet sich nach der Merkfähigkeit Ihrer Schüler. Die Klasse hat die Aufgabe, sich die Namen der Kinder vor der Tafel in der richtigen Reihenfolge zu merken.
2. Stellen Sie die Schüler in gerader Linie vor der Klasse auf, sodass sie ihre Mitschüler ansehen.
3. Die Schüler an ihren Arbeitstischen haben ca. zehn Sekunden Zeit, sich die Mitschüler genau anzusehen und sich ihre Reihenfolge zu merken.
4. Fordern Sie die Kinder in der Reihe nun auf, sich wieder an ihre Plätze zu setzen.
5. Für den nächsten Schritt werden zwei freiwillige Schüler benötigt. Sie arbeiten zusammen und beraten sich, in welcher Reihenfolge ihre Mitschüler vorn gestanden haben. Dann rufen sie die betreffenden Kinder einzeln auf und ordnen sie in der entsprechenden Reihenfolge an.

Gesprächsimpulse

☑ Überlegen Sie gemeinsam, welche Merkhilfen Schüler nutzen können, um sich die Reihenfolge ihrer Mitschüler zu merken.
☑ Sprechen Sie darüber, wann im Unterricht dieselben Fähigkeiten wie bei dem Spiel benötigt werden.

6 WARUM MACHST DU DAS?

Förderstrategien

Lernumgebung strukturieren

Von Lehrern wird oft erwartet, visuelle und auditive Inhalte in kleine Einheiten aufzuteilen. Bei dieser Aktivität können Schüler lernen, diese Unterteilung selbst vorzunehmen. Dazu erhält jeder Schüler in der Reihe einen Bogen Papier, auf dem sein Name und seine Position in der Reihe vermerkt sind. Die übrige Klasse konzentriert sich auf die Schülernamen und die jeweiligen Ziffern. Anschließend zählt die Klasse im Chor die Mitschüler in der richtigen Reihenfolge auf. Auf diese Weise prägen sich die Informationen ins Gedächtnis ein. Die Aktivität kann variiert werden, indem eine Hälfte der Klasse im Chor die Ziffern ausruft und die andere Hälfte den jeweiligen Schülernamen nennt.

Lernsituationen schaffen

Wiederholen Sie das Spiel einige Male, damit die Kinder üben können, sich die Reihenfolge ihrer Mitschüler zu merken. Anschließend können Sie non-verbale Interaktionen in die Aktivität einbeziehen. Dazu überlegt jeder Schüler zunächst, wer als erster, zweiter, dritter usw. in der Reihe gestanden hat, darf sich aber nicht verbal mit den anderen austauschen. Die Verständigung unter den Kindern geschieht durch Zeigen, Nicken oder Kopfschütteln. Auf diese Weise einigen sie sich, welcher Schüler als nächster in der Reihe stehen sollte. Haben die Kinder sich entschieden, geben sie sich ein vereinbartes Signal und rufen dann gleichzeitig im Chor den betreffenden Schülernamen.

Non-verbale Hinweise

Anstatt ein Kind verbal anzusprechen, zeigen Sie ihm durch eine Geste, wo es hinschauen sollte.

Schüler-Schüler-Interaktion

Schüler, denen die Übung leichtfällt, erklären ihren Mitschülern, wie sie sie bewältigen und welche Merkhilfen sie dafür nutzen.

KONTEXTUELLE WAHRNEHMUNG

Beobachtungsschwerpunkte

Anzeichen von Beeinträchtigungen der Fähigkeit, Gesamtzusammenhänge wahrzunehmen:

- ☑ Der Schüler konzentriert sich auf Einzelheiten statt sich dem Unterrichtsgeschehen, einer Spielaktivität oder den Äußerungen anderer Personen zuzuwenden.
- ☑ Dem Schüler entgehen übergeordnete Aspekte, Ideen und Konzepte.

Kontextuelle Wahrnehmung – Fähigkeiten und Fertigkeiten

Wenn Kinder kleine Details und minimale Veränderungen in ihrer Umgebung bemerken, zeugt das zunächst von einer ausgeprägten Beobachtungsgabe. Sie versetzt sie in die Lage, zentrale Elemente einer Sachlage oder Situation zu erfassen. Aus dieser Beobachtungsgabe ergibt sich oft die Fähigkeit, detailgetreu zu zeichnen oder exakte Landkarten zu erstellen.

Intensive Zuwendung zu Details kann allerdings dazu führen, dass diese Einzelheiten nicht mehr in einen Gesamtkontext eingeordnet werden. Im Unterricht verlieren die betreffenden Schüler die Situation aus dem Blick, sodass ihnen wesentliche Informationen entgehen. Bei aufgabenbezogenen Anforderungen konzentrieren sie sich intensiv auf einen Einzelaspekt, ohne die Aufgabe als Ganzes zu erfassen.

Förderschwerpunkt

Erwerb der Fähigkeit, sich auf eine Aktivität zu konzentrieren und sich dabei der Umgebung bewusst zu bleiben.

»»» ÜBUNG: Was passiert um mich herum?

Klassenstufe: 1.–2. Schuljahr   **Dauer:** 30 min

🍃 Anleitung

1. Die Schüler sitzen im Kreis. Alternativ können die Schülertische im Kreis angeordnet werden.

6 WARUM MACHST DU DAS?

2. Bilden Sie zwei Dreierteams, ein „rotes Team" und ein „blaues" oder „grünes" Team. Zur Kennzeichnung tragen die Schüler Mannschaftsbänder oder T-Shirts in der jeweiligen Farbe. Beide Teams werfen sich reihum einen Ball zu.
3. Fordern Sie die übrigen Schüler auf, mitzuzählen, wie oft der Ball im roten Team geworfen wird.
4. Erklären Sie ihnen den weiteren Spielverlauf: Sie werden während der Aktivität drei verschiedene Dinge tun. Anschließend werden Sie die Schüler fragen, welche Aktionen Sie ausgeführt haben. Bei Vorschulkindern oder Schulanfängern sollten Ihre Aktionen offensichtlich sein (z. B. „Hampelmann"-Sprünge oder Liegestütz). Für ältere Schüler eignen sich unauffällige Bewegungen, z. B. vier Finger in die Höhe halten oder sich am Ohr zupfen.

Gesprächsimpulse

- ☑ Reflektieren Sie anschließend den Spielverlauf: Die Schüler mussten ständig zwischen Ihnen und dem roten Team hin- und herschauen, um zwei Anforderungen gleichzeitig zu bewältigen.
- ☑ Überlegen Sie gemeinsam, welche Strategien den einzelnen Kindern dabei geholfen haben, die Würfe zu zählen und dabei auf Ihre Aktionen zu achten und sie sich zu merken.

Förderstrategien

✎ Entwicklung schrittweise planen

Diese Aktivität gelingt nur dann, wenn sie sorgsam auf die Altersstufe und den Lernstand der Schüler abgestimmt ist. Beginnen Sie mit unübersehbaren Aktionen, z. B. können Sie sich in die Kreismitte stellen und dort wie ein „Hampelmann" springen. Wenn die Kinder sich daran gewöhnt haben, auf zwei Dinge gleichzeitig zu achten, können Sie subtilere Aktionen wählen, z. B. mit den Augen zwinkern.

✎ Denkanstöße und Entscheidungshilfen geben

Beispiel: „Bei diesem Spiel müsst ihr euch auf zwei Dinge gleichzeitig konzentrieren. Einerseits müsst ihr auf den Ball im roten Team achten. Andererseits dürft ihr nicht vergessen, was sonst noch passiert. Es ist oft so, dass wir uns auf eine Einzelheit konzentrieren und gleichzeitig im Auge behalten müssen, was um uns herum vorgeht. Was im Hintergrund geschieht, ist genauso wichtig wie das, womit wir uns gerade beschäftigen. Wenn wir z. B. im Unterricht an einer Aufgabe arbeiten, müssen wir gleichzeitig darauf achten, was die Lehrerin sagt oder was die anderen Kinder in unserer Gruppe tun."

🍃 Teilerfolge bestätigen

Wenn einer Ihrer Schüler dazu neigt, sich in Einzelheiten zu verlieren, bestätigen Sie sein Verhalten in Situationen, in denen er auf den Gesamtkontext achtet. *Beispiel für Feedback:* „Das Spiel scheint dir Spaß zu machen. Ich glaube, das liegt daran, dass du den ganzen Spielverlauf im Auge behältst und nicht nur auf deinen Freund achtest. So ein Spiel macht nur dann Spaß, wenn wir wissen, was die anderen tun und was gerade im Spiel passiert."

🍃 Lernsituation steuern

Manche Kinder lassen sich von peripheren Geräuschen oder visuellen Eindrücken ablenken und finden nicht mehr in die Unterrichtssituation zurück. Wenn Sie z. B. eine Aktivität in einem anderen Raum planen, erlauben Sie dem Schüler, sich vorher für ein paar Minuten dort aufzuhalten und sich umzuschauen. Eventuell hat er auch Fragen zu Einzelheiten, die ihm aufgefallen sind und die Sie ihm vorab beantworten können. Auf diese Weise kann sein Interesse an Details im Raum gedämpft werden und er wird in der Lage sein, sich intensiver auf das Unterrichtsgeschehen zu konzentrieren.

FLEXIBILITÄT

Beobachtungsschwerpunkte

Anzeichen von Beeinträchtigungen der kognitiven Flexibilität:
- ☑ Der Schüler ist auf einen Gedanken oder ein bestimmtes Resultat fixiert.
- ☑ Der Schüler versucht denselben Lösungsweg oder äußert denselben Vorschlag, auch wenn seine Lösung nicht funktioniert oder sein Beitrag von anderen nicht akzeptiert wird.
- ☑ Dem Schüler fällt es schwer, von seinem ursprünglichen Gedanken abzuweichen und sich auf ein anderes Vorgehen einzulassen.

6 WARUM MACHST DU DAS?

Flexibilität – Fähigkeiten und Fertigkeiten

Viele Kinder haben Mühe, das Versteckspiel zu erlernen. Sie suchen und verstecken sich immer wieder an derselben Stelle. In dem Maße, in dem sie Kreativität entwickeln und sich für neue Möglichkeiten öffnen, fällt ihnen dieses Spiel leichter. Manche Kinder brauchen länger als andere, um diese Flexibilität zu erlernen. Es ist ein Lernprozess, der viele Lebensbereiche betrifft. Kindern muss gezeigt werden, wie wichtig es ist, nach alternativen Lösungen und Handlungsoptionen zu suchen, wenn naheliegende Antworten auf ein Problem nicht verfügbar sind.

Von Schülern wird im Unterricht erwartet, sich tolerant und flexibel an die Bedürfnisse und Wünsche anderer anzupassen. Kommt ein Schüler diesem Anspruch nicht nach, wird oft angenommen, dass er sich bewusst dafür entscheidet, anderen Steine in den Weg zu legen. Tatsächlich kann nicht davon ausgegangen werden, dass das Verhalten des betreffenden Kindes auf einen böswilligen, unkooperativen oder dominierenden Charakter zurückzuführen ist. Flexibilität sollte stattdessen als Fähigkeit aufgefasst werden, die einige Kinder leicht erwerben können, während andere mehr Unterstützung brauchen.

Förderschwerpunkt

Erwerb der Fähigkeit, eigene Vorstellungen, Bedürfnisse und Wünsche an die Bedürfnisse anderer anzupassen.

››› ÜBUNG: Verstecken

Klassenstufe: 1.–2. Schuljahr   **Dauer:** 30 min

Anleitung

1. Die Schüler sitzen an ihren Plätzen, im Stuhlkreis oder am Gruppentisch. Zeigen Sie ihnen einen Gegenstand (z. B. kleines Stofftier, Puppe, Ball).
2. Bestimmen Sie ein Kind, das den Gegenstand versteckt.
3. Während seine Mitschüler ihre Augen geschlossen halten, „versteckt" das Kind den Gegenstand im Klassenzimmer. Dabei sollte das Objekt ganz oder teilweise zu sehen sein.
4. Wenn das Kind wieder an seinem Platz sitzt, dürfen die anderen Schüler ihre Augen öffnen und nach dem Gegenstand suchen. Dabei dürfen sie ihre Plätze nicht verlassen und keine Fragen stellen.

5. Wenn die Schüler den Gegenstand nicht entdecken können, darf das Kind Tipps geben.
6. Wenn der Gegenstand gefunden ist, ist ein anderes Kind an der Reihe, ihn zu verstecken.

Damit das Spiel gelingt, kann mit einem großen Objekt begonnen werden, das in einem begrenzten Raumbereich versteckt wird.

Gesprächsimpulse

- ☑ Überlegen Sie mit den Schülern, welche Folgen es hat, wenn niemand sich ein neues Versteck ausdenkt und der Gegenstand immer wieder an derselben Stelle versteckt wird.
- ☑ Sprechen Sie mit dem betreffenden Kind über Situationen, in denen es ständig dasselbe tat und sich keine neuen Ideen einfallen ließ.

Förderstrategien

🌿 Lernumgebung strukturieren

Machen Sie die Kinder auf die unterschiedlichen Optionen im Raum aufmerksam, z. B. unterschiedlich hohe Regale, Klassenschrank, niedrige und hohe Fächer. Unterrichtsmaterialien sollten normalerweise so aufbewahrt werden, dass Schüler sie leicht erreichen können. Dieses Spiel bietet den Kindern die Gelegenheit, Bereiche in ihrem Klassenzimmer zu erkunden, auf die sie im Alltag nicht bewusst achten.

🌿 Denkanstöße und Entscheidungshilfen geben

Beispiel: „Wir müssen lernen, uns etwas Neues einfallen zu lassen. Nur so können wir bei Aufgaben oder Problemen weiterkommen. Das können wir tun, indem wir uns genau umschauen, nach neuen Ideen suchen und Neues ausprobieren. Wenn wir immer nur dasselbe tun, haben wir keine Chance, etwas besser zu machen als zuvor."

🌿 Lehrerhilfe

Ein Schüler mit rigiden Denkstrukturen wird in Spielsituationen und bei Gruppenarbeiten auf Probleme stoßen. Sein Spielverhalten wird sich nicht an das der anderen Kinder anpassen können und er wird auf bestimmte Dinge, Bewegungen und Gedanken fixiert sein. Ein Kind mit diesen Schwierigkeiten braucht mehr als rein verbale Unterstützung. Es hilft ihm nicht, wenn ihm nur gesagt wird, dass es teilen, sich flexibler zeigen oder die Wünsche der anderen respektieren soll. Solche Anweisungen wird das Kind als zusätzliche Anforderung verstehen, die es verstärkt unter Druck setzen. Folglich wird es sich noch weiter in seine Rigidität flüchten.

Wirksamere Hilfe erfährt es hingegen durch die Nähe der Lehrkraft, wenn sie sich zu ihm setzt und beim Spiel zwischen ihm und den anderen vermittelt. Das kann geschehen, indem die Lehrkraft die Spielideen der anderen Kinder bestätigt. Wenn ein Mitspieler z. B. einen Vorschlag macht, nicken Sie und signalisieren Sie, dass Sie der Idee zustimmen. Loben und bekräftigen Sie das Spiel auch verbal in einer Weise, die es dem betroffenen Kind ermöglicht, die Vorschläge der anderen als interessant und nachahmenswert zu betrachten: „Das ist eine tolle Idee! Da wäre ich nie darauf gekommen, dass man es auch so machen kann. Das klingt prima!"

Unterstützung durch Mitschüler

Geben Sie Mitschülern die Möglichkeit, einem unflexiblen Kind ihre Wünsche und Anliegen selbst zu erklären, anstatt Problemlösungen zu verordnen.

FALLBEISPIEL

Melanie
Melanie möchte kontrollieren, was die anderen Kinder tun. Sie wird allerdings keine größere Flexibilität lernen, wenn sie nur angewiesen wird, die anderen auf ihre eigene Weise spielen zu lassen. Die Mitschüler sollte man wiederum nicht anweisen, Melanie zu ignorieren. Stattdessen kann der Erwachsene die anderen Kinder dabei unterstützen, mit Melanie zu sprechen und ihr dabei zu vermitteln, dass sie eigene Spielideen haben und diese Spiele gern spielen möchten.

Beobachtet man die Dynamik zwischen einem kognitiv unflexiblen Kind und seinen Mitschülern, wird man in manchen Fällen feststellen, dass die anderen Schüler nach einer Weile das betreffende Kind als Autorität auffassen. Das kann so weit gehen, dass sie das Kind für dieses und jenes um Erlaubnis bitten. In so einem Fall sollte den Schülern vermittelt werden, welche Folgen es haben kann, wenn sie dieses Verhalten zur Gewohnheit werden lassen: Sie überantworten dem Kind ein Übermaß an persönlicher Einflussnahme. Unterstützen Sie die Schüler dabei, auf ihren Rechten und

Entscheidungen zu bestehen. Zum Beispiel können Sie sie darin bestärken, zu einem Kind wie Melanie zu sagen: „Ich erzähle jetzt eine Geschichte", anstatt zu fragen: „Melanie, kann ich eine Geschichte erzählen?"

SYMBOLISCHES DENKEN

Beobachtungsschwerpunkte

Anzeichen von Beeinträchtigungen des symbolischen Denkens:
- ☑ Der Schüler kann sein Denken nicht vom Konkreten lösen, um alternative Strategien auszuprobieren.
- ☑ Der Schüler deutet seine Umgebung und Sprache in konkreten, nicht-repräsentativen Begriffen.
- ☑ Der Schüler beteiligt sich nicht an kreativem Spiel und Fantasiespielen.

Symbolisches Denken – Fähigkeiten und Fertigkeiten

Die Fähigkeit, sich gedanklich vom konkreten Gegenstand zu lösen und in repräsentativen Begriffen zu denken, ist eine wichtige Kompetenz, die Kinder im Laufe ihrer kognitiven Entwicklung erwerben. Sie erlaubt ihnen gedankliche Flexibilität und kann gestärkt werden, indem man Kindern zeigt, dass Dinge nicht nur eine einzige Erklärung oder einen einzigen Zweck haben.

Beim kooperativen Spiel können soziale Interaktionen beeinträchtigt werden, wenn eines der Kinder darauf beharrt, dass es für ein Spielzeug oder ein Objekt nur eine spezifische Funktion und eine bestimmte Umgangsweise gibt. Erfolgreiche Teilnahme an kreativem Spiel und Fantasiespielen bedingt die Fähigkeit, mehr in Dingen und Handlungsweisen zu sehen als ihre ursprüngliche Absicht oder ihren unmittelbaren Verwendungszweck. Diese Fähigkeit beruht auf einer gedanklichen und sprachlichen Beweglichkeit, die manchen Kindern verwehrt ist. Sie brauchen Unterstützung, damit sie ihre Wahrnehmung und ihr Denken zu einer vielseitigen Deutung ihrer Umgebung nutzen können. Eine pragmatische Fördermöglichkeit besteht darin, Schülern zu erlauben, die Gegenstände und Spielmaterialien im Klassenraum sowie ihre vielfältigen Verwendungsoptionen zu erkunden.

6 WARUM MACHST DU DAS?

Förderschwerpunkt

Erwerb der Fähigkeit, die Umgebung in abstrakten, vielseitigen und repräsentativen Begriffen zu deuten.

⟫⟫ ÜBUNG: Was ist das?

Klassenstufe: 1.–4. Schuljahr   **Dauer:** 30 min

Anleitung

1. Die Schüler sitzen im Kreis.
2. Wählen Sie aus einer Materialkiste mit Gebrauchsgegenständen (z. B. Bleistift, Buch, Ball, CD) einen Gegenstand aus und legen Sie ihn in die Kreismitte.
3. Wenn die Schüler bereit sind, sich zu äußern, melden sie sich per Handzeichen.
4. Das Kind, das an der Reihe ist, tritt in den Kreis und hebt den Gegenstand auf. Ohne Worte spielt es den anderen eine „zweckentfremdete" Verwendungsart des Gegenstandes vor, z. B. wird ein Bleistift zum Mikrofon oder Telefonhörer; eine CD wird zum Lenkrad oder Teller.
5. Wenn alle Schüler an der Reihe waren, reichen sie den Gegenstand im Kreis herum. Jedes Kind, das den Gegenstand in der Hand hält, denkt sich dafür eine neue Verwendungsart aus.

Gesprächsimpulse

- ☑ Besprechen Sie mit den Kindern, welche Vorteile es hat, wenn man mit Dingen kreativ umgehen kann und für neue Ideen offen ist.
- ☑ Überlegen Sie gemeinsam, wie leicht oder schwer den Schülern die Aktivität gefallen ist: War es schwirig, sich für den Gegenstand etwas Neues einfallen zu lassen? Oder hatten sie viele verschiedene Ideen?

Förderstrategien

Gruppenbildung

Das Spiel eignet sich für altersheterogene Gruppen. Zwar ist eine altersübergreifende Gruppenzusammenstellung mit Organisationsaufwand verbunden, dennoch bietet sie Schülern eine lohnende Lernerfahrung.

Einige Punkte sollten dabei beachtet werden:
Wenn in einer altersgemischten Gruppe ein leistungsstarker Schüler ein jüngeres Kind während der gesamten Aktivität unter seine Fittiche nimmt, werden manche Kinder sich auf diese Unterstützung verlassen, ohne selbst die Helferrolle zu übernehmen und zu erlernen. Hat ein Schüler im Vergleich zu seinen Klassenkameraden keine spezifischen Stärken und kann sich deshalb nicht in der Helferrolle üben, sollte ihm diese Lernerfahrung bei Aktivitäten mit jüngeren Kindern geboten werden.

In Absprache mit anderen Lehrkräften können klassenübergreifende Gruppen gebildet werden. In einer solchen Gruppe arbeitet ein älterer Schüler, der bestimmte Fähigkeiten noch aufbauen oder üben muss, mit jüngeren Kindern zusammen, die wiederum von ihm lernen können.

Denkanstöße und Entscheidungshilfen geben

Beispiel: „Wenn wir mit anderen spielen, müssen wir berücksichtigen, dass es verschiedene Möglichkeiten für das Spiel gibt. Es kann vorkommen, dass wir am liebsten nur nach unseren eigenen Regeln spielen möchten. Dann sollten wir uns daran erinnern, dass unser Spiel deshalb so viel Spaß gemacht hat, weil jedes Kind eine andere und interessante Idee hatte. Das kann uns helfen, auch bei anderen Spielen die Ideen der anderen Kinder auszuprobieren."

Übungen für zu Hause

Schicken Sie per E-Mail eine Beschreibung der Aktivität an die Eltern des Schülers und fügen Sie folgende Anleitung hinzu:
Üben Sie mit Ihrem Kind den Gebrauch von Idiomen und Redensarten, um ihm den Unterschied zwischen wörtlicher und übertragener Sprachbedeutung zu vermitteln, Beispiele:

- ☑ *Hals- und Beinbruch*
- ☑ *gehupft wie gesprungen*
- ☑ *zwei Eisen im Feuer*
- ☑ *vom Regen in die Traufe*
- ☑ *Schnee von gestern*

6 WARUM MACHST DU DAS?

EIGENSCHAFTEN ANDERER PERSONEN WAHRNEHMEN

Beobachtungsschwerpunkte

Anzeichen von Beeinträchtigungen der Fähigkeit, persönliche Eigenschaften anderer Personen zu erkennen und zu beschreiben:

- ☑ Der Schüler beschreibt andere Menschen anhand isolierter, äußerlicher Attribute oder Verhaltensmerkmale anstatt sie ganzheitlich als Personen wahrzunehmen.

Eigenschaften anderer Personen wahrnehmen – Fähigkeiten und Fertigkeiten

Manchen Kindern fehlt der Zugang zu Sichtweisen anderer Menschen, weil sie andere nicht ganzheitlich als Persönlichkeiten mit eigenen Denkweisen, Zielsetzungen und Motiven wahrnehmen können. Kinder sollten im Laufe ihrer Entwicklung lernen, die verschiedenen persönlichen Charaktereigenschaften und Interessen anderer zu erkennen und zu beschreiben.
Können Kinder zufriedenstellend mit Gleichaltrigen spielen, sehen sie ihre Freunde in ihrer ganzen Individualität und nicht nur als Träger bestimmter physischer Merkmale. Wenn sie an einen Spielfreund denken, rufen sie Informationen über dessen Persönlichkeit, Vorlieben und Erfahrungen ab. Schüler, denen diese Fähigkeit fehlt, brauchen Unterstützung, um ein tieferes Verständnis von anderen Menschen gewinnen zu können.

Förderschwerpunkt

Stärkung der Fähigkeit, persönliche Eigenschaften anderer Menschen zu erkennen und zu beschreiben.

⟩⟩⟩ ÜBUNG: Personenbeschreibung

Klassenstufe: 1.–4. Schuljahr   **Dauer:** 30 min

🖉 Anleitung

1. Die Schüler verteilen sich im Raum.

2. Fordern Sie sie auf, eine bestimmte Person darzustellen. Wählen Sie von der nachfolgenden Liste mit Vorschlägen oder folgen Sie Ihren eigenen Ideen.
3. Geben Sie den Schülern etwas Zeit, damit sie sich gedanklich mit der Aufgabe vertraut machen können: Sagen Sie den Kindern, welche Rolle sie spielen sollen, und gewähren Sie ihnen ca. fünf Sekunden Bedenkzeit, bevor Sie das Startsignal geben.
4. Die Schüler dürfen nicht sprechen, sondern müssen die jeweiligen Charaktere anhand von Bewegungen, Körpersprache und Gesten darstellen. Bei Bedarf können sie dabei die Augen schließen.
5. Schreiben Sie an die Tafel, welche Rollen die Kinder gespielt haben. Besprechen Sie mit der Klasse, wie die einzelnen Schüler die betreffenden Personen dargestellt haben. *Beispiel:* Als Polizist traten sie mit Bestimmtheit und Autorität auf; sie hielten sich gerade und hatten einen ernsten Gesichtsausdruck; sie schrieben einen Strafzettel oder halfen jemandem über die Straße.
6. Erstellen Sie gemeinsam eine Personenbeschreibung.

Charaktere – Beispiele:

Prinz/Prinzessin	Lehrer	Koch	Feuerwehrmann
Zirkusartist	Babysitter	Mutter	Sportler
alter Mann	Polizist	Ritter	Batman
Rettungssanitäter	Katze	Fußballfan	Hund
Maler	Kellner	Arzt	Zauberer
Baby	Kaufmann	Friseur	Vater
Balletttänzer	Pferd	Flamingo	König/Königin

Gesprächsimpulse

☑ Sprechen Sie im Anschluss mit den Kindern darüber, woher sie wussten, was sie in ihrer Rolle zu tun hatten.

☑ Überlegen Sie gemeinsam, wie die einzelnen Kinder ihre Rolle gespielt haben. Was haben sie dabei gedacht und getan?

Förderstrategien

🍃 Denkanstöße und Entscheidungshilfen geben

Beispiel: „Gut gemacht, Tina. Du hast eine Friseurin gespielt, die einen Kunden berät. Dabei waren dein Gesichtsausdruck und deine Körpersprache freundlich und professionell."

🍃 Gruppenbildung

Führen Sie diese Aktivität anhand unterschiedlicher Gruppenzusammensetzungen durch. Teilen Sie die Klasse zunächst in Gruppen mit ungefähr gleichen Fähigkeiten und gleichem Lernstand ein. Auf diese Weise bewältigen die Schüler die Anforderung zunächst auf ihrer eigenen Lernstufe. Verteilen Sie die Schüler nun neu und bilden Sie dabei Gruppen mit Schülern auf unterschiedlichem Lernniveau. Schüler aus schwächeren Gruppen werden so dazu ermutigt, sich an erhöhten Anforderungen zu versuchen.

SOZIALE KOGNITION

Beobachtungsschwerpunkte

Anzeichen von Beeinträchtigungen der sozialen Kognition:
- ☑ Der Schüler ist sich seiner selbst, seiner persönlichen Eigenschaften und Qualitäten nicht bewusst.
- ☑ Der Schüler ist sich der Wirkung seiner persönlichen Eigenschaften und Qualitäten auf andere Personen nicht bewusst.

Soziale Kognition – Fähigkeiten und Fertigkeiten

Damit Kinder das eigene Verhalten kontrollieren können, sollte ihnen vermittelt werden, welche persönlichen Qualitäten auf positive Weise zu freundschaftlichen Beziehungen, Gruppendiskussionen und gemeinsamem Spiel beitragen.
Für manche Schüler ist Gruppenarbeit ein schwieriger Teil des Schullebens. Die Dynamik in einer Arbeitsgruppe kann zu Streit und negativen sozialen Erfahrungen führen. Bei der Zusammenstellung von Gruppen für eine Akti-

vität oder ein Projekt sollten darum Kinder einander zugeordnet werden, die konstruktiv zusammen arbeiten können. Genauso wichtig ist es, den einzelnen Schülern zu vermitteln, welche persönlichen Qualitäten sie in konstruktiver Weise in die Gruppe einbringen können.

Förderschwerpunkt

Aufbau einer Selbst- und Fremdwahrnehmung, die der jeweiligen sozialen Situation angemessen ist.

⟫⟫ ÜBUNG: Positiv wirken

Klassenstufe: 1.–4. Schuljahr   **Dauer:** 30 min

Anleitung

1. Beginnen Sie mit der ganzen Klasse. Die Schüler sitzen an ihren Plätzen oder im Kreis.
2. Erklären Sie den Schülern, dass Sie gemeinsam verschiedene persönliche Eigenschaften betrachten werden, die positiv auf eine Gruppe und auf Gruppenarbeit wirken.
3. Wählen Sie einen der Charaktere von der Liste auf S. 248. Die Schüler imitieren den Sprachgebrauch, die Körpersprache, den Tonfall und/oder den Gesichtsausdruck, um die persönlichen Eigenschaften der betreffenden Figur darzustellen.
4. Rufen Sie der Reihe nach Schüler auf, die freiwillig die jeweilige Rolle übernehmen und der Klasse vorspielen.
5. Erweitern Sie die Aktivität zu Rollenspielen. Thema sind Herausforderungen, denen Schüler im Unterricht beggenen. Bestimmen Sie zwei Schüler, die die Szene vor der Klasse spielen. Lassen Sie sie die betreffende Situation (z. B. eine schwigrige Partnerarbeit) aus der Perspektive einer der Charaktere darstellen, z. B. als „Herr und Frau Ja". Lassen Sie sie dann dieselbe Situation in den Rollen anderer Figuren durchspielen.

6 WARUM MACHST DU DAS?

Fiktive Charaktere und persönliche Eigenschaften – Beispiele:

Frau Ja	Herr Energisch
Herr Lob	Herr Friedlich
Frau Fröhlich	Frau Hilfsbereit
Herr Organisator	Herr Einverstanden
Frau Ich-finde-alles-prima	Frau Tolle-Idee
Herr Versöhnlich	Herr Flexibel
Frau Das-klingt-gut	Frau Höflich
Herr Optimist	Herr Zuhörer
Frau Freundlich	Herr Ich-erkläre-es-noch-einmal
Frau Ich-halte-die-Regeln-ein	Herr Jeder-darf-sich-äußern
Frau Jeder-kommt-dran	Frau Aus-Fehlern-wird-man-klug
Herr Ich-wende-mich-dir-zu-wenn-du sprichst	

Gesprächsimpulse

- ☑ Sprechen Sie darüber, wie ausgeprägte persönliche Eigenschaften eine Situation bestimmen und die Gefühle anderer Menschen beeinflussen können.
- ☑ Denken Sie gemeinsam über Situationen nach, in denen die Schüler einem anderen Kind mit starken persönlichen Qualitäten begegnet sind. Was haben sie in der Gegenwart eines Kindes mit ausgeprägten negativen Eigenschaften empfunden? Wie haben sie sich bei einem Kind mit starken positiven Eigenschaften gefühlt?

Förderstrategien

🍃 Vorbild

Eine der wichtigsten Hilfestellungen für Kinder mit Verhaltensschwierigkeiten besteht darin, ihnen konkret zu zeigen und zu vermitteln, mit welchen Verhaltensweisen sie sozial erfolgreich sein können.
Wenn Sie in Ihrer Klasse einen Schüler unterrichten, der ständig negative Stimmung verbreitet und bei allem widerspricht, sollten Sie mit ihm positives

Gruppenverhalten üben. Leiten Sie ihn an, bei Gruppenaktivitäten sich wie „Frau Ja", „Herr Einverstanden" oder „Frau Das-klingt-gut" zu verhalten. Zeigen Sie dem Schüler, wie positiv sein Verhalten auf seine Mitschüler wirkt, wenn er die positiven Eigenschaften dieser fiktiven Charaktere übernimmt.

Gruppenbildung

Achten Sie bei der Zusammenstellung von Gruppen auf die persönlichen Eigenschaften der Schüler. Es mag naheliegend erscheinen, Schüler mit ähnlichen Eigenschaften in einer Gruppe zusammenzufassen. Allerdings vermittelt dieses Vorgehen nicht unbedingt effektive soziale Lernerfahrungen. Wenn Sie in Ihrer Klasse ein kognitiv unflexibles Kind unterrichten und für eine Aufgabe Zweierteams bilden, berücksichtigen Sie nach Möglichkeit das Anforderungsniveau der Aktivität.

Bei einem hohen Anforderungsniveau mit einem hohen Stresspotential (schwierige Aufgabe, starke Dynamik der Arbeitsform, unstrukturiertes Setting, keine konkreten Regeln) sollte der unflexible Schüler mit einem anpassungsfähigen Kind zusammenarbeiten. Konflikte werden so vermieden, denn der anpassungsfähige Partner wird die Bedürfnisse eines eher rigiden Mitschülers tolerieren können.

Bei einer Aktivität mit niedrigem Stresspotential (motivierende Aufgabe, strukturiertes Setting, klare Regeln) sollte der unflexible Schüler mit einem Partner zusammenarbeiten, der eigene Ideen einbringen und sich konstruktiv für sie einsetzen kann.

Lernsituationen schaffen

Man sollte nicht versucht sein, sich nur auf die Förderung von Schülern mit offensichtlichem Problemverhalten zu konzentrieren. Von sozial-emotionalen Lernerfahrungen sollten alle Schüler der Klasse profitieren. Oft sind es gerade die unauffälligen und friedfertigen Kinder, die kaum oder wenig Unterstützung bekommen. Zwar ist Friedfertigkeit eine sehr positive persönliche Eigenschaft, denn sie trägt zur Entschärfung von Problemsituationen bei, befähigt zur Anpassung an die Bedürfnisse anderer und wirkt einnehmend auf Lehrer und Mitschüler. Aber sie kann auch dazu führen, dass das Kind nicht lernt, sich für seine Anliegen einzusetzen und sich nötigenfalls gegen andere abzugrenzen.

Kinder, die den Eindruck haben, aufgrund situativer Erfordernisse ständig den Bedürfnissen anderer nachgeben zu müssen, können im Laufe der Zeit eine nachtragende Haltung entwickeln. Die Fähigkeit dieser Schüler, sich auf konstruktive Weise zu behaupten, sollte gezielt unterstützt werden. Dazu kann es nötig sein, als Lernerfahrung einen Konflikt herbeizuführen. *Beispiel:* Nutzen Sie einen ruhigen Moment für ein Gespräch zwischen einer Schülerin wie Melanie und einem Mitschüler, der sich in allem nach ihr richtet. Begleiten Sie das Gespräch und unterstützen Sie den Schüler ggf. dabei, seine Interessen gegenüber Melanie auf angemessene Weise durchzusetzen.

Lernsituation steuern

Manche Lehrkräfte mögen vor dem Einsatz von Rollenspielen zurückscheuen. Kinder können auf unvorhergesehene Weise reagieren, vor allem in wenig strukturierten Situationen. Es mag darum zunächst als Herausforderung erscheinen, Rollenspiele im Unterricht einzusetzen. Trotzdem lohnt sich das Wagnis. Denn hierbei handelt es sich um eine der effektivsten Methoden, um mit Kindern in einem geschützten Raum zu üben, wie man schwierige soziale Situationen durchschaut und angemessen mit ihnen umgeht. Planen und strukturieren Sie vorab Ihr Vorgehen, damit das Rollenspiel gelingen kann. Legen Sie fest, in welchem Raumbereich es durchgeführt wird. Weisen Sie die Schüler eindeutig an, wo und wie sie sitzen sollen. Formulieren Sie klare, konkrete Verhaltenserwartungen, z. B. „Während des Rollenspiels berühren wir unsere Mitschüler nicht. Unsere Hände bleiben ruhig und fassen nichts an."

VERHALTEN AN SOZIALE ERWARTUNGEN ANPASSEN

Beobachtungsschwerpunkte

Anzeichen von Beeinträchtigungen der Fähigkeit, Verhalten an soziale Erwartungen anzupassen:
- ☑ Der Schüler weiß nicht, welches konkrete Verhalten in sozialen Situationen von ihm erwartet wird.
- ☑ Dem Schüler ist nicht bewusst, welche Verhaltensweisen zu positiven sozialen Erfahrungen führen und welches Verhalten negative soziale Interaktionen hervorruft.

Verhalten an soziale Erwartungen anpassen – Fähigkeiten und Fertigkeiten

Soziale Verhaltensweisen sind komplex. Sie unterliegen ihrer eigenen Dynamik und erfordern, dass Interaktionen ständig reflektiert werden und Verhalten entsprechend angepasst wird. Um in unterschiedlichen sozialen Situationen angemessen kommunizieren und handeln zu können, brauchen manche Kinder konkrete Anleitung und visuelle Hilfen.

Es genügt nicht, Kinder nur zu ermahnen, dass sie nicht so viel mit ihrem Nachbarn reden oder besser zuhören sollen. Ebenso wenig hilft es, einem Schüler verbal eine Verhaltensänderung zu verordnen, z. B. „Du musst dein Gesprächsverhalten verbessern." Was diese Kinder brauchen, sind pragmatische, konkrete Hilfen. Verhaltenserwartungen sollten explizit und detailliert benannt und veranschaulicht werden, damit das entsprechende Verhalten unter Anleitung erlernt und geübt werden kann.

Förderschwerpunkte

- ☑ Verstehen, welche Verhaltensweisen zu positiven sozialen Erfahrungen führen.
- ☑ Verhalten ändern und anpassen, um sozial erfolgreiche Interaktionsfähigkeit zu entwickeln.

》》》 ÜBUNG: Aktionsplan

Klassenstufe: 1.–4. Schuljahr   **Dauer:** 30–45 min

Anleitung

1. Zeichnen Sie eine Tabelle mit zwei Spalten an die Tafel. Schreiben Sie in eine der Spalten als Überschrift „Negative Folgen" und in die andere „Positive Folgen". Alternativ können Sie bei jüngeren Lerngruppen auch die Zeichnung eines lachenden und eines traurigen Gesichtes verwenden.
2. Wählen Sie eine Situation aus dem Schulleben und führen Sie darüber ein Klassengespräch, z. B. über einen bevorstehenden Ausflug. Listen Sie zunächst solche Verhaltensweisen auf (entweder schriftlich oder als Skizzen), die zu negativen Konsequenzen führen würden, z. B. über die Straße laufen, sich von der Gruppe entfernen, lautes Reden im Bus, vorlautes und unhöfliches Verhalten dem Busfahrer gegenüber. Erklären Sie den Schülern, wie Sie selbst solche Verhaltensweisen aufnehmen

würden, etwa „Solches Verhalten würde mir Sorgen bereiten. Es könnte sein, dass ich es vermeiden würde, mit der Klasse noch einmal einen Ausflug zu machen." Führen Sie das Thema weiter aus, behalten Sie jedoch einen sachlichen Ton und vermeiden Sie Drohungen oder wertende und abschätzige Untertöne.

3. Spielen Sie die gesammelten Verhaltensbeispiele auf eine Weise nach, die zeigt, wie solche Handlungsweisen auf andere wirken. Es dürfen dabei auch die unfreiwillig komischen oder absurden Seiten des jeweiligen Verhaltens deutlich werden.
4. Notieren oder skizzieren Sie nun für jede negative Verhaltensweise das korrespondierende positive Verhalten. Fordern Sie die Schüler auf, zu formulieren, was sie selbst sagen oder tun würden. Notieren Sie die Schülerkommentare.
5. Fordern Sie die Schüler auf, über die Wirkung der beschriebenen positiven und negativen Verhaltensweisen nachzudenken: „Was würdet ihr während des Ausflugs empfinden, wenn sich ein Schüler so verhält? Was würden eure Mitschüler davon halten?"
6. Spielen Sie die konstruktiven Verhaltensweisen nach. Betonen Sie Ihre positiven Reaktionen auf angemessenes Schülerverhalten.

Gesprächsimpulse

- ☑ Sprechen Sie mit den Schülern darüber, mit welchen Empfindungen Menschen auf das Verhalten anderer reagieren.
- ☑ Denken Sie gemeinsam über Situationen nach, in denen das Verhalten der Schüler sich in positiver Weise auf das Ergebnis einer Aktivität oder Aufgabe ausgewirkt hat.

Förderstrategien

✐ Proaktive Hinweise

Wenn Sie beobachten, dass einem Ihrer Schüler angemessenes Verhalten in bestimmten Situationen schwerfällt, geben Sie ihm vorab verschiedene Verhaltensoptionen. Beschreiben Sie eine Option, die sich auf sein Problemverhalten bezieht. Beschreiben Sie dann eine positive Alternative.

> **FALLBEISPIEL**
>
> **Melanie**
> Melanie soll mit einem Mitschüler an einem Projekt arbeiten. Ihr Lehrer überlegt vor Arbeitsbeginn gemeinsam mit ihr, welche Folgen sich aus jeder Verhaltensoption ergeben: „Wenn du allein über das Thema entscheidest, allein die Arbeitsweise bestimmst und deiner Teampartnerin immer sagst, was sie tun soll, – wird das Projekt dann gelingen und wird deine Partnerin gern mitarbeiten? Wenn du aber deine Partnerin das Thema mitbestimmen lässt und ihren Vorschlägen und Ideen zuhörst – wird sie dann Freude an der Zusammenarbeit mit dir haben?"

Es ist sinnvoll, einem Kind eine konkrete Handlungsstrategie an die Hand zu geben, z. B. was es bei Arbeitsbeginn sagen könnte. Im Fall von Melanie könnte die Vorgabe so lauten: „Zuerst kannst du deine Teampartnerin fragen, welches Thema sie am meisten interessiert."

Vorbild

Zeigen Sie den Schülern am eigenen Beispiel, dass auch Sie Verhaltensoptionen abwägen müssen. Thematisieren Sie konkret, welches Verhalten Sie sich als Lehrkraft vornehmen und auf welches Verhalten Sie verzichten. Erstellen Sie im Verlauf des Unterrichtsgesprächs an der Tafel eine entsprechende Tabelle. Auf diesem Weg zeigen Sie sich den Schülern als Mensch, der bestrebt ist, bei seiner Arbeit die bestmöglichen Ergebnisse zu erzielen.

Konkret-beschreibendes Lob

Positive Rückmeldung sollte das Verhalten eines Kindes beschreiben, nicht seinen Charakter. Wenn Sie das Vorbild anderer Schüler nutzen wollen, sollten Sie in sachlichen Worten ausschließlich das Verhalten benennen und auf jeglichen Bezug auf den Schüler als Person verzichten.
Beispiel: Für Jannis soll ruhiges Sitzen am Platz konkret veranschaulicht werden. Dazu wählt die Lehrerin Tom als Beispiel und beschreibt sein Verhalten: „Jannis, an Tom kannst du sehen, wie man ruhig am Platz sitzt. Tom sitzt auf dem Stuhl, seine Füße sind nebeneinander auf dem Fußboden und seine Hände liegen auf dem Tisch. Er wendet sich der Tafel zu und sieht die Lehrerin an. Auf diese Weise ist er nicht abgelenkt und kann mit seinen Augen und Ohren dem Unterricht folgen."

6 WARUM MACHST DU DAS?

> Positives Feedback für Verhalten sollte nicht anhand von persönlichen Vergleichen zwischen zwei Schülern erfolgen. Zwar können Kinder voneinander lernen, aber dieses Lernen sollte auf der Grundlage konstruktiver, objektiver Reflexion von Handlungsweisen geschehen und keinesfalls zu einer Wertung von Charakter und Persönlichkeit der betreffenden Schüler verleiten.

ÜBER SOZIALE SITUATIONEN BERICHTEN

Beobachtungsschwerpunkte

Anzeichen von Beeinträchtigungen, soziale Situationen im Gespräch wiederzugeben:
- ☑ Dem Schüler fehlt die Fähigkeit, alltägliche soziale Situationen zu erklären oder zu schildern.
- ☑ Der Schüler kann Erlebtes nicht von einer Situation in eine andere übertragen.

Über soziale Situationen berichten – Fähigkeiten und Fertigkeiten

Für manche Kinder ist es schwierig, von Ereignissen in der Schule zu erzählen. Wenn einer Ihrer Schüler von dieser Beeinträchtigung betroffen ist, beteiligen Sie ihn daran, seinen Eltern über seine Erlebnisse in der Schule zu berichten (anstatt dass Sie ausschließlich Lehrermitteilungen an die Eltern schreiben). Führen Sie gemeinsam mit ihm ein Mitteilungsheft (in Form von Text oder Zeichnungen), in der er aus seiner Sicht über den Schultag erzählt.

Förderschwerpunkt

Erwerb der Fähigkeit, soziale Erfahrungen und Situationen zu erklären und darüber zu berichten.

»»» ÜBUNG: Das habe ich erlebt

Klassenstufe: 1.–4. Schuljahr   **Dauer:** 15 min

Anleitung

1. Das Mitteilungsheft kann als regelmäßige Aktivität in den Unterricht integriert werden. Den Schülern wird so geholfen, Ereignisse nachzuvollziehen, über ihre Gedanken und Gefühle zu reflektieren und ihren Eltern über ihren Schultag zu berichten. Es bietet sich an, das Hausaufgabenheft gleichzeitig als Mitteilungsheft zu nutzen. Teilen Sie die Seiten dafür in zwei Hälften auf, eine Hälfte für die Hausaufgaben, die andere Hälfte für die Beschreibung der Tagesereignisse.
2. Nach einem Vorfall, z.B. einem Konflikt zwischen zwei Kindern, über den die Eltern informiert werden sollten, lassen Sie die beteiligten Schüler eine Skizze zu der Situation anfertigen. Diese Skizze sollte ein Strichmännchen, ein Herzsymbol und eine Sprechblase enthalten.
3. Unterstützen Sie die Schüler dabei, relevante Einzelheiten und Worte einzufügen. Leiten Sie sie an, eine Denkblase und/oder ein Rechteck hinzuzufügen, um Handlungsoptionen zu beschreiben (siehe Beispiel auf S. 256).
4. Fordern Sie die Schüler auf, die Zeichnung mit nach Hause zu nehmen und mit ihrer Hilfe den Eltern die Situation zu erklären.

Gesprächsimpulse

- ☑ Sprechen Sie mit den Schülern darüber, in welcher Weise ihnen die Zeichnung geholfen hat, über die Situation zu berichten.
- ☑ Überlegen Sie gemeinsam, warum die Zeichnung dabei hilft, die Gedanken zu ordnen.

Förderstrategien

Lehrerhilfe

Kommunizieren Sie durch das Kind, nicht über seinen Kopf hinweg. Mit dem Mitteilungsheft helfen Sie dem Schüler, seine Rolle in der Kommunikation zwischen Schule und Elternhaus zu übernehmen.

6 WARUM MACHST DU DAS?

Beispiel für eine Tagebucheintragung:

256

WARUM MACHST DU DAS?

7

UMGANG MIT KRISEN

7 WARUM MACHST DU DAS?

UMGANG MIT KRISEN

Ein wichtiger Teil des Prozesses, in dem ein Kind emotionale Kontrolle lernt, ist die Deeskalation momentaner emotionaler Überforderungssituationen. Im Augenblick der Krise oder wenn ein emotionaler Kontrollverlust droht, sollte das Kind zunächst beruhigt und erst dann eine Problemlösung versucht werden. In kritischen Situationen ist es daher das Beste, zunächst tief Luft zu holen, sich einen Moment zu sammeln und sich dann dem Problem mit Bedacht zuzuwenden. Oberste Priorität in solchen Momenten hat die Beruhigung des Kindes.

> Wenn ein Kind sich in einen emotionalen Erregungszustand hineinsteigert, sich in Unansprechbarkeit zurückzieht oder in vehemente Verweigerung flüchtet, sollten keine weiteren Problemlösungen versucht werden. Helfen Sie erst dem Kind, seine emotionale Kontrolle wiederzugewinnen.

In diesem Kapitel werden die einzelnen Stadien einer emotionalen Krise beschrieben und Hinweise für den Umgang damit gegeben. Dabei wird besonders berücksichtigt, welche Art der Unterstützung der Schüler jeweils benötigt.

SCHRITT 1: Gesprächsversuche einstellen

Erwachsene neigen dazu, angesichts eines Kindes, das kurz vor einem emotionalen Kontrollverlust steht, sofort nach einer Lösung zu suchen. Dabei halten wir am Unterrichtsverlauf fest, korrigieren und disziplinieren den betroffenen Schüler. Wir fordern ihn auf, sein Problem zu erläutern, und wir versuchen, mit ihm rational darüber zu reden.
Wenn das Kind keine Anzeichen zeigt, sein Verhalten oder seine Einstellung zu ändern, greifen wir verbal und non-verbal ein – mit Ermahnungen, der Verordnung von Lösungen, Anweisungen und dem Bestreben, den Unterricht irgendwie in Gang zu halten. In dieser Situation ist es oft der Erwachsene, der beginnt, seine Geduld und seine eigene emotionale Kontrolle zu verlieren. Mit wachsender Frustration und Unnachgiebigkeit auf Seiten des Erwachsenen steigern sich auch der Stress und die Unbeugsamkeit des Kindes. Diese Wechselwirkung führt zur Eskalation.

Erwachsene können unabsichtlich eine sich anbahnende Krise verschärfen, indem sie …
- ☑ unbeirrt weiter erklären, unterrichten und die Aktivität kontrollieren,
- ☑ überstürzt eingreifen,
- ☑ eine schnelle Lösung suchen,
- ☑ vom Kind erwarten, sein Problem zu erklären,
- ☑ jedes Argument hinterfragen, das vom Kind vorgebracht wird,
- ☑ die Situation zerreden und rationalisieren,
- ☑ persönliche Eigenschaften des Kindes wertend kommentieren oder das Problem verallgemeinern,
- ☑ sich unbeabsichtigt in hartem Ton und mit negativer Körpersprache äußern.

Effektiv auf eine beginnende Krise zu reagieren bedeutet jedoch, innezuhalten und sich einen Moment Zeit zu nehmen, um sich gedanklich auf die Situation einzustellen. Wenn wir verstehen, welche Anliegen dem Verhalten des Kindes zugrundeliegen, und wenn wir über seinen und unseren emotionalen Stress wissen, können wir gemeinsam mit dem Kind eine schwierige Situation konstruktiv bewältigen. Bevor wir ein Kind zur Selbstbeherrschung ermahnen, sollten wir uns zunächst mit unserer eigenen emotionalen Steuerungsfähigkeit auseinandersetzen.

> Halten Sie in einer Krisensituation bewusst inne. Versuchen Sie nicht, das Kind zu lenken, zu disziplinieren oder zu korrigieren.

SCHRITT 2: Eigene Emotionen kontrollieren

Wenn Erwachsene ihre emotionalen Reaktionen einschätzen und sie steuern können, ist ein wesentlicher Schritt zur Deeskalation einer Krisensituation getan. Sobald sich in einem Kind emotionale Spannung aufzubauen beginnt, sollte der Erwachsene bewusst ruhig bleiben, mit Bedacht über die Art seines Eingreifens entscheiden und der Situation den nötigen Raum geben. Dieses Verfahren ist weitaus konstruktiver, als dem Kind sofort Vorschläge oder Anweisungen entgegenzuhalten. Allerdings sollte diese Empfehlung nicht missverstanden werden – es ist nicht damit gemeint, dass der Erwachsene durch seinen verbalen Input eine Eskalation verursacht. Es soll damit auch nicht gesagt werden, dass das Kind sich allein dadurch beruhigt, dass der Erwachsene die Ruhe behält. Vielmehr sollen Sie als Lehrkraft darin bestärkt werden, nicht in Aktionismus zu verfallen, sondern Ruhe zu bewahren, über Ihr weiteres Vorgehen zu entscheiden und dann mit der gebotenen Umsicht einzugreifen.

Im Umgang mit einem Kind, das einen emotionalen Kontrollverlust erleidet, sollte Folgendes beachtet werden:
- ☑ nicht auf das Kind einreden,
- ☑ Verzicht auf Erklärungen, Belehrungen oder Argumente, warum das Kind dieses oder jenes tun oder begreifen soll,
- ☑ Körperabstand halten,
- ☑ zuerst zuhören,
- ☑ sich nicht durch Gegenargumente/Widerspruch des Kindes ablenken lassen,
- ☑ Erwähnung vergangener Konflikte oder Vorfälle unterlassen,
- ☑ negative Körpersprache bewusst vermeiden,
- ☑ der Beruhigung des Kindes Priorität einräumen, erst dann eine Problemlösung versuchen.

SCHRITT 3: Emotionen des Kindes steuern

Der erste Schritt zur Entschärfung einer Krisensituation besteht in der Beruhigung des Kindes. Für das betroffene Kind hat die Wiedergewinnung der emotionalen Kontrolle Vorrang. Rationale Gespräche über die Situation und Lösungen sollten davon klar getrennt werden.
Erwachsene neigen dazu, spontan zu dem betroffenen Schüler zu eilen und ihn zu fragen, worin sein Problem besteht. Es kann vorkommen, dass diese Handlungsweise das Kind nur noch mehr aufbringt. Als Nächstes wird versucht, vom Schüler eine Erklärung für seine Situation zu erhalten und darüber zu sprechen. Sobald der Schüler sein Anliegen formuliert hat, wird versucht, ihm klarzumachen, dass das Problem nicht so schwerwiegend ist, er etwas falsch verstanden hat oder dass es eine einfache Lösung dafür gibt. An diesem Punkt entwickelt sich oft ein Für und Wider, in dem das Kind überzeugt werden soll, seine Problemsicht zu ändern.
Nicht selten reagiert das Kind mit einem Wutausbruch oder einem kompletten Kontrollverlust. Was wurde übersehen? Die beschriebene Dynamik entsteht dann, wenn das Kind von einem Problem emotional überfordert wird und der Erwachsene einen rationalen statt einen emotionalen Zugang sucht. Die Aufnahmefähigkeit des Schülers beschränkt sich jedoch auf sein unmittel-

bares inneres Anliegen. Seine Gefühle haben so weit die Oberhand gewonnen, dass ihm rationales Denken zu diesem Zeitpunkt nicht möglich ist. Entsprechend ist Sprache kein geeignetes Mittel, um ihm zu helfen.
Um eine drohende Eskalation bereits im Anfangsstadium zu entschärfen und dem Schüler emotionale Kontrollverluste zu ersparen, sollte er befähigt werden, die ersten Anzeichen zu erkennen und Strategien zur Beruhigung und körperlichen Entspannung zu entwickeln.

Emotionale Kontrolle behalten

- ☑ Helfen Sie dem Schüler, frühzeitig emotionale Spannung abzubauen, indem Sie ihn anleiten, z. B. tief durchzuatmen oder aus dem Fenster zu schauen, um eine Denkblockade zu lösen.
- ☑ Finden Sie einen geeigneten Raumbereich (z. B. eine abgeschirmte Ecke im Klassenzimmer oder einen Nebenraum), wo der Schüler nicht länger der Auslösesituation ausgesetzt ist, die die emotionale Spannung verursacht. Nach einiger Zeit und mit etwas Übung wird der Schüler bereit sein, sich aus einer potenziellen Krisensituation zu entfernen, weil er weiß, dass diese Strategie zu seiner Entlastung beiträgt.
- ☑ Verzichten Sie darauf, dem Schüler zu erklären, weshalb er sich irrt oder die Situation falsch verstanden hat.
- ☑ Verzichten Sie auf Strafe, Ermahnung oder die Verordnung von Lösungen. Unterstützen Sie den Schüler stattdessen dabei, zu lernen, in Problemsituationen ruhig zu bleiben.
- ☑ Entscheiden Sie, welche Strategie am besten geeignet ist, um entweder einem einzelnen Schüler oder der ganzen Klasse zu helfen, ruhig zu werden oder zu bleiben. Setzen Sie diese Strategie konsequent ein.
  Beispiel: Vereinbaren Sie mit den Kindern ein inneres Bild, das sie selbst abrufen können. Wenn ein Schüler spürt, dass er emotional angespannt oder erregt ist, schließt er die Augen und stellt sich vor, so langsam wie möglich zehn Luftballons aufzublasen.

Eine emotionale Krise wird so lange anhalten, wie das zugrundeliegende, innere Bedürfnis des betroffenen Kindes nicht beantwortet wird. In manchen Situationen muss die Krise ganz durchgestanden werden, weil dem Anliegen des Kindes faktisch nicht entsprochen oder nachgegeben werden kann. In solchen Fällen sollten Sie auf den Versuch, einen Kompromiss zu erreichen, verzichten und dem Schüler durch die Krise hindurch emotionalen Halt geben.

7 WARUM MACHST DU DAS?

> **FALLBEISPIEL**
>
> **Melanie**
> Melanie kann in extreme Wut geraten, wenn sie nicht jeden Tag und bei jeder Aktivität als Erste an die Reihe kommt. Deshalb sind Klassenregeln unentbehrlich, die eindeutig festlegen, wann und wie die Schüler sich abwechseln. Melanie sollte eine klare Richtlinie erhalten: Sie kann nur dann als Erste eine Aktivität beginnen, wenn sie an der Reihe ist und nicht, wenn ein anderes Kind dran ist, – selbst wenn sie mit einem Wutausbruch reagiert. Zeigt Melanie in einer solchen Situation erste Anzeichen von Unmut, sollte der Erwachsene sie emotional unterstützen und nicht versuchen, ihr auf rationalem Weg die Grundsätze von Fairness und Abwechseln zu vermitteln.

In anderen Fällen kann der Erwachsene flexibel vorgehen und dem kindlichen Anliegen, das die Krise auslöst, entgegenkommen. Das ist jedoch nicht das Gleiche, wie einem Kind nachzugeben, weil es emotional erregt ist. Bekommt der Schüler seinen Willen, damit sein Problemverhalten aufhört, wird dieses Problemverhalten nur verstärkt. *Beispiel:* Ein Schüler schreit andere Kinder an, weil er mit ihrem Verhalten nicht einverstanden ist. Keinesfalls sollten die Mitschüler sofort angewiesen werden, ihr Tun zu unterlassen, damit der Schüler mit dem Schreien aufhört und sich nicht weiter in Wut bringt. Es sollte vermieden werden, dass der Schüler seinen emotionalen Kontrollverlust und die Befriedigung seines Willens miteinander in direkte Verbindung bringen kann. Zuerst sollte ihm geholfen werden, zur Kontrolle seiner Gefühle und seines Verhaltens zurückzufinden. Dann kann er angeleitet werden, sein Anliegen in angemessener Weise vorzubringen. Auf diese Weise lernt er, dass die sozial akzeptable Kommunikation von Bedürfnissen zuverlässiger zum Erfolg führt als inakzeptables Verhalten.

> **FALLBEISPIEL**
>
> **Melanie**
> Auf dem Schulhof ärgert Melanie sich, weil die anderen Schüler Blätter von den Bäumen pflücken. Die Lehrerin reagiert zunächst, indem sie Melanie erklärt, dass es nicht weiter schlimm ist, wenn die Mitschüler sich ein paar Blätter nehmen. Nach diesem kurzen Austausch merkt die Lehrerin jedoch, dass Melanie bereits sehr wütend ist und sich eine Eskalation anbahnt. Sie erkennt auch, dass nicht genügend Zeit bleibt,

um es auf einen Wutausbruch ankommen zu lassen und Melanie durch die Krise zu begleiten. Andererseits wäre es kontraproduktiv, Melanie in dieser Situation nachzugeben und die anderen Kinder anzuweisen, mit dem Pflücken der Blätter aufzuhören. Damit würde bei Melanie der Eindruck erweckt, dass sie mit Wut erreicht, was sie will.

Um Melanie wirksamer zu unterstützen, hilft die Lehrerin ihr zunächst, sich beruhigen. Hat Melanie ihre Gefühle wieder genügend unter Kontrolle, leitet die Lehrerin sie dazu an, in ruhigen Worten ihre Mitschüler zu bitten, die Blätter an den Bäumen zu lassen. Auf diese Weise kann sie eine Verbindung zwischen angemessenem Verhalten und der Befriedigung ihres Wunsches herstellen. Die Lehrerin wählt folgende Formulierung: „Melanie, ich kann dir nicht helfen, wenn du deine Mitschüler anschreist und so unfreundlich zu ihnen bist. Aber ich kenne die anderen Kinder sehr gut und weiß, dass wir uns in unserer Klasse gegenseitig zuhören und helfen. Sobald du dich etwas beruhigt hast, helfe ich dir, mit den anderen zu sprechen. Lass' uns erstmal durchatmen und ruhiger werden. Dann sprechen wir mit deinen Mitschülern." In dieser Situation wird Melanie ihren Willen bekommen, aber sie bekommt ihn, indem sie ihre Mitschüler in ruhigem Ton um einen Gefallen bittet und ihren Standpunkt erklärt. Sie lernt dabei eine wertvolle Kompetenz, die ihr auf Dauer bei der Lösung von Konflikten helfen wird.

KRISENPRÄVENTION

Im Idealfall gelingt es, einem Kind in einer Krisensituation zunächst zu helfen, die emotionale Kontrolle wiederzugewinnen, und es dann wieder in den Unterricht zurückzuführen. Es gibt jedoch Kinder, denen die Voraussetzungen dafür noch fehlen. Emotionale Selbststeuerung und unterrichtliche Teilnahmefähigkeit sind zwei verschiedene Kompetenzen und müssen ggf. separat gefördert werden. Diese Einsicht befähigt Lehrer, zu erkennen, wann ein Kind vor allem situative, emotionale Unterstützung braucht.

7 WARUM MACHST DU DAS?

> Solange in einer Krisensituation zwei verschiedene Zielsetzungen gleichzeitig verfolgt werden, wird sich das Problemverhalten des betreffenden Schülers weiter steigern. Wenn er beginnt, sich zu beruhigen, braucht er weiterhin die emotionale Unterstützung des Erwachsenen. Wird jedoch sofort zur Problemlösung übergegangen, Fehlverhalten angesprochen oder eine Verhaltensänderung verordnet, werden seine Emotionen wieder die Oberhand gewinnen.

Lehren/Fördern/Überleben

Lehren und Fördern geschieht für gewöhnlich im Unterricht und in Situationen auf niedrigem bis moderatem Anforderungsniveau mit dem entsprechenden Stresspotential:

- ☑ Lehren und Fördern = geeignete Unterrichtssituationen als Lernerfahrungen nutzen, um das Kind bei der Aneignung einer Kompetenz, bei einer Aktivität oder Aufgabe zu unterstützen

Sollte die Situation beim Kind eine Reaktion mit hohem Stresspotential auslösen, sind Strategien zum „Überleben" angezeigt:

- ☑ Überleben = situativ bedingte, emotionale Unterstützung, damit das Kind seine emotionale Kontrolle zurückgewinnen kann

Während des Lernprozesses, in dem sich das Kind Strategien zur emotionalen Selbststeuerung aneignet, benötigt es weiterhin in Situationen emotionaler Überforderung die Unterstützung des Erwachsenen. Folgende Techniken sind geeignet, eine drohende Krise zu entschärfen:

- ☑ Wirken Sie beruhigend auf die Situation ein.
- ☑ Wenden Sie sich dem Kind mit emotionaler Wärme und Empathie zu.
- ☑ Versuchen Sie, das Kind zu beruhigen, bevor Sie ihm zuhören oder ein Gespräch beginnen.
- ☑ Entfernen Sie sich und das Kind von der Auslösesituation.
- ☑ Fordern Sie das Kind auf, sich zu setzen und 10-mal tief durchzuatmen.
- ☑ Sprechen Sie so wenig wie möglich; zeigen Sie stattdessen deutliche, non-verbale Zuwendung (nehmen Sie einen mitfühlenden, ruhigen Gesichtsausdruck und eine entsprechende Körperhaltung an).

- ☑ Hören Sie dem Kind zu und lassen Sie es seine Anliegen, seine Deutung der Situation und seine Sicht auf den Vorfall in Ruhe formulieren. Signalisieren Sie Empathie und beginnen Sie erst danach, einfühlsam die Äußerungen des Kindes aufzugreifen und zu reflektieren.
- ☑ Bieten Sie ruhig und behutsam alternative Deutungen und Sichtweisen der Auslösesituation an.
- ☑ Nehmen Sie nach Möglichkeit das Kind in seiner emotionalen Ausnahmesituation wahr. Bleiben Sie bei ihm und vermitteln Sie durch Ihre Nähe Ruhe und emotionalen Halt. Begleiten Sie das Kind auf diese Weise durch seine intensiven Emotionen, bis sich die Gefühlsreaktion erschöpft hat.
- ☑ Geben Sie dem Kind zu verstehen, dass auch nach einem Kontrollverlust die Rückkehr zu emotionaler Kontrolle und eine rationale Lösung der Situation möglich sind – und dass man Krisensituationen nicht zu fürchten braucht.

DEESKALATIONSFÄHIGKEIT FÖRDERN

Beobachtungsschwerpunkte

Anzeichen von Beeinträchtigungen der Fähigkeit, Eskalationspotential zu erkennen und entsprechend zu handeln:
- ☑ Der Schüler steigert sich in negative Gefühle hinein und flüchtet sich in Problemverhalten, durch das sich der Konflikt oder die Krise verschärft.
- ☑ Der Schüler ist nicht in der Lage, ruhig zu bleiben und auf konstruktive Weise über eine Problemsituation zu sprechen.

Deeskalation – Fähigkeiten und Fertigkeiten

Kinder müssen lernen, zu erkennen, in welchen Momenten ihr Verhalten zum Problem wird. Sie sollten sich darüber bewusst werden, welche Verhaltensalternativen es gibt und sich für diese Optionen entscheiden, um ein Problem bereits im Ansatz zu vermeiden. Um diese Fähigkeit zu erwerben, müssen sie lernen, dass erfolgreiche und befriedigende soziale Interaktionen von ihren eigenen Handlungsabsichten abhängen anstatt vom Verhalten anderer.

7 WARUM MACHST DU DAS?

Förderschwerpunkt

- ☑ Verstehen, wie kleine Probleme sich zu großen Problemen entwickeln.
- ☑ Analysieren, wann, wo und wie Verhalten die Problementwicklung beeinflusst.
- ☑ Eine Situation wiederholen und sich dabei für eine positive Verhaltensalternative entscheiden.

⟩⟩⟩ ÜBUNG: Situationsanalyse – vorhersagbare Eskalation

Klassenstufe: 1.–4. Schuljahr **Dauer:** 30 min

Anleitung

1. Skizzieren und betrachten Sie zusammen mit den Schülern eine Situation, in der ein Problem schrittweise eskaliert (siehe Beispiel auf S. 268).
2. Besprechen Sie mit den Schülern, wie sich das kleine Problem zum großen Problem entwickelt.
3. Analysieren Sie, wie die beteiligten Personen durch ihr Verhalten das Problem vergrößern und wie jede Handlung die Situation verschlimmert.
4. Beziehen Sie sich wieder auf die Ausgangssituation und reflektieren Sie, mit welchen Gedanken, Gefühlen und Äußerungen die beteiligten Personen der Ausgangssituation begegnen. Erarbeiten Sie gemeinsam positive Alternativen.

Soll die Situation als Rollenspiel nachvollzogen werden, gilt die Regel, dass die Schüler sich nicht gegenseitig berühren dürfen und beim Spiel Körperabstand halten.

Gesprächsimpulse

- ☑ Sprechen Sie mit den Schülern darüber, wie negative Emotionen zu Verhaltensweisen führen, die soziale Probleme mit anderen Menschen verursachen können.
- ☑ Diskutieren Sie, wie jede negative Handlung einer Person eine noch destruktivere Handlung einer anderen Person nach sich ziehen kann.

Förderstrategien

Schüler-Schüler-Interaktion

Wenn zwei Kinder miteinander streiten, sollte der Erwachsene nicht vorschnell eingreifen und den Konflikt unter Kontrolle bringen. Unterstützen Sie die Schüler bei der Konfliktbewältigung, aber trennen Sie sie nicht sofort und verordnen Sie keine Lösungen. Ermöglichen Sie es ihnen, in Ihrer Gegenwart den Streit verbal auszutragen, miteinander zu verhandeln und zu einer Lösung zu gelangen. Schrecken Sie nicht davor zurück, dass der Austausch zeitweise etwas hitzig werden könnte – womit selbstverständlich keine Handgreiflichkeiten gemeint sind! Erlauben Sie den Kindern, ggf. mit Ihrer Hilfe ihren jeweiligen Standpunkt zu artikulieren und im Idealfall selbst eine Lösung zu finden.

Konkret-beschreibendes Lob

Beispiel: „Bravo, Lina. Du hast verhindert, dass aus einem kleinen Ärgernis ein großes Problem wird. Du hast genau das Richtige getan, damit sich die Situation nicht verschlimmert hat. Du hast dich nicht provozieren lassen und auf dein eigenes Verhalten geachtet. Gut gemacht!"

Veranschaulichung einer Eskalation – Beispiel

Kleines Problem – großes Problem

Kleines Problem

Ben macht einen Witz über Paul.

Problem

Paul beleidigt Ben.

Großes Problem

Ben tritt Paul.

SCHLUSSWORT

Nur wenn wir verstehen, dass jedes Kind einzigartig ist und über individuelle Fähigkeiten verfügt, können wir Kindern soziale Normen und Erwartungen vermitteln. Einen Schüler mit Regeln zu konfrontieren, ihm Anweisungen zu geben und Erwartungen an seine soziale Kompetenz zu richten ist kaum effektiv. Stattdessen sollten wir ihn davon überzeugen, dass es für ihn soziale Vorteile hat, wenn er gesellschaftliche Erwartungen erfüllt.

Es ist ein langsamer Prozess, in dem wir die soziale Kompetenz stärken und bei dem unsere Akzeptanz für den Schüler und für seine persönlichen Stärken und Schwierigkeiten wächst. Auf dieser Grundlage können wir ihm Schritt für Schritt, gezielt und auf positive Weise verdeutlichen, wie soziale Kompetenzen ihm helfen, Freunde zu finden und sich selbst als erfolgreich zu erleben.

Dieser Prozess kann nur angestoßen werden, wenn Lehrern und Eltern bewusst ist, welche Rolle sie in jeder Interaktion mit dem Kind spielen. Wenn Erwachsene Kinder mit Empathie und positivem Feedback begleiten, anstatt sie mit Strafe und Forderungen zu lenken, wird sich die kindliche Wahrnehmung sozialer Situationen differenzierter entwickeln und die Motivation zu aktiver Beteiligung an sozialen Interaktionen wird gestärkt.

Wenn ich auf die Jahre zurückblicke, in denen ich als Klassenlehrerin Schüler mit Asperger-Syndrom oder ADHS unterrichtet habe, sehe ich zweierlei: Einerseits brachte ich Empathie und Mitgefühl in die Arbeit ein, andererseits wusste ich zu wenig über wirksame Förderung. Mir war bewusst, dass diese Kinder in spezifischen Bereichen Probleme hatten, und ich nahm an, dass ich nicht das Gleiche von ihnen erwarten konnte wie von ihren Mitschülern. Heute weiß ich, dass es nicht darum geht, diesen Kindern mit anderen Erwartungen zu begegnen. Es geht darum, Kindern den Weg zu ebnen, diese Erwartungen auf ihre eigene Weise zu erfüllen. Manche Kinder benötigen mehr Zeit, mehr bewusste Planung und mehr Begleitung. Ihnen ist nicht geholfen, wenn hingenommen wird, dass sie eine Anforderung nicht bewältigen können oder wollen und dass diese Anforderung deshalb modifiziert werden muss. Vielmehr sollte davon ausgegangen werden, dass eine spezifische Anforderung ein bestimmtes Kind vor Probleme stellt und dass sich der Weg zur Bewältigung dieser Anforderung von den Strategien Gleichaltriger unterscheidet.

WARUM MACHST DU DAS?

Es nützt nichts, sich zu ärgern oder die Geduld zu verlieren, wenn ein Kind ein bestimmtes Lernziel nicht zu erreichen scheint. Verändern Sie stattdessen den Lernprozess und passen Sie ihn an das Kind an, um ihm Lernerfolg zu ermöglichen. Verlieren Sie nicht den Mut und bleiben Sie dabei, Kinder in ihrem Lern- und Entwicklungsprozess anzuregen, zu fördern, zu begleiten, zu bestärken und zu ermutigen.

WARUM MACHST DU DAS?

Notizen

WARUM MACHST DU DAS?

Notizen